优化营商环境的经济效应研究

阮舟一龙　许志端　著

中国财经出版传媒集团

经济科学出版社
Economic Science Press
·北京·

图书在版编目（CIP）数据

优化营商环境的经济效应研究/阮舟一龙，许志端
著. -- 北京：经济科学出版社，2024.2
ISBN 978 - 7 - 5218 - 5686 - 6

Ⅰ.①优… Ⅱ.①阮…②许… Ⅲ.①投资环境 - 研
究 - 中国 Ⅳ.①F832.48

中国国家版本馆 CIP 数据核字（2024）第 056002 号

责任编辑：李　雪
责任校对：齐　杰
责任印制：邱　天

优化营商环境的经济效应研究
YOUHUA YINGSHANG HUANJING DE JINGJI XIAOYING YANJIU

阮舟一龙　许志端　著
经济科学出版社出版、发行　新华书店经销
社址：北京市海淀区阜成路甲 28 号　邮编：100142
总编部电话：010 - 88191217　发行部电话：010 - 88191522
网址：www.esp.com.cn
电子邮箱：esp@esp.com.cn
天猫网店：经济科学出版社旗舰店
网址：http://jjkxcbs.tmall.com
固安华明印业有限公司印装
710×1000　16 开　18 印张　233000 字
2024 年 2 月第 1 版　2024 年 2 月第 1 次印刷
ISBN 978 - 7 - 5218 - 5686 - 6　定价：90.00 元

前　　言

　　技术创新、全要素生产率的增长是中国经济实现可持续发展的根本源泉。现阶段，中国政府又将优化营商环境作为深化"放管服"改革、"解放生产力，提升竞争力"的重要抓手，因此将营商环境纳入影响技术创新、全要素生产率的分析框架中，能够从更全面视角阐释中国经济的转型和发展，也是当前迫切需要深入研究的内容。本书研究拓展营商环境、技术创新和全要素生产率三者之间的影响关系文献；充实和完善营商环境对宏观经济影响的理论体系；破解营商环境与宏观经济的影响路径；丰富中国的情境化研究，为营商环境、技术创新和全要素生产率的影响关系提供全新视角。

　　本书深入探讨政府优化营商环境的本质内涵，全面阐述通过优化营商环境提升技术创新和全要素生产率的根本途径，具体剖析我国在转型升级和创新改革过程中经济高质量发展的影响机制。首先，本书回顾了营商环境的研究现状和理论基础以及其与技术创新、全要素生产率的影响关系；其次，从全球视角和中国视角剖析了营商环境的优化及评估现状；第三，从制度竞争理论视角解析了营商环境竞争的空间溢出效应；第四，基于国际贸易理论和创新理论视角，考察了营商环境对技术创新的时间累积性特征和空间溢出效应以及影响机制；最后，基于随机前沿分析方法测算全要素生产率，采用超越对数生产函数对其进行分解，并检验了营商环境对全要素生产率及其分解项的作用、影响机制及其地区差异性。

本书认为，不同区域的营商环境呈现显著正向空间依赖性和相关性，并存在反馈效应和溢出效应，而开办企业便利度和跨境贸易便利度尤为强烈；营商环境对技术创新具有显著正向影响；从动态空间视角上看，营商环境对技术创新的影响仅呈现反馈效应，并通过外商直接投资、对外直接投资、进口贸易和出口贸易等四种渠道的研发资本存量溢出，进一步影响技术创新；全要素生产率增长具有地区差异化，东部地区最佳，西部地区最差，但是西部地区在技术进步方面表现良好，进一步验证中国西部大开发战略的效果显著；营商环境总体上促进全要素生产率的增长，技术创新则加强营商环境对全要素生产率的影响。

本书共分为七章。阮舟一龙博士作为本书的负责人，完成本书的主要撰写工作，包括第一章至第六章；许志端教授作为本书的合作者，全程指导了本书的学术方向和内容深度，并负责了本书第七章的撰写工作，确保了全书的学术严谨性和实践价值。

阮舟一龙　许志端
于福建厦门
2024 年 1 月 10 日

目　　录

第一章
优化营商环境经济效应的研究
动机及研究方案

第一节 研 究 动 机

"法与金融"理论（La Porta, Lopez-de – Silanes, Shleifer, Vishny, LLSV）的核心论点指出，高质量的制度环境不仅为金融发展和经济增长提供强有力的保障，也对两者相辅相成的关系起到决定性作用（La Porta et al., 1997, 1998；吴超鹏，唐菂，2016）。在全球范围内，不同地域的经济体其营商环境存在很大差别。例如在乌干达，企业主需要花费大约1个月的时间，经历13项手续，需要与政府接触18次以上才能成功注册一家公司；而在丹麦，企业主注册一家公司仅需3.5天即可。直接结果则是丹麦注册公司的平均率达到千分之八，即每1000人就有8人创立公司，乌干达则不到1人。随着全球经济竞争愈演愈烈，优化营商环境也逐渐受到全球各个经济体的关注。印度为了打造成最受全球投资者追捧的制造业国家，早在2014年9月提出了"印度倡议"，在开办企业、保护少数投资者、跨境贸易和办理破产等营商环境领域采取了优化政策；自 2016 年以来，俄罗斯则在开办企业、获得电力、登记财产、纳税等相关领域实施了共计 17 项改善措施（World Bank，2020）。

一、动机一：深刻理解顶层设计驱动变革的历史使命

在我国，随着"简政放权、放管结合、优化服务"（简称"放管服"）深化改革的持续推进，政府正在加快厘清其和市场边界的进程，优化营商环境已被纳入改革议程的大框架中。习近平总书记在不同场合多次提出我国应"改善营商环境和创新环境，降低市场运行成本，提高运行效率，提升国际竞争力""营造稳定公平透明、可预期的营商环境，加快建设开放型经济新体制"① "打造市场化、法治化和国际化的营商环境"② "营商环境只有更好，没有最好"③ "营造国际一流营商环境""继续优化营商环境"④ "法治是最好的营商环境"⑤ 等一系列关于优化营商环境助推经济高质量发展的重要论述。2019 年 10 月，我国颁布首个《优化营商环境条例》（2020 年 1 月 1 日施行），填补了我国优化营商环境的法律空白。2021 年 3 月，《中华人民共和国国民经济和社会发展第十四个五年规划和 2035 年远景目标纲要》（以下简称"十四五"规划）专列一节提出"构建一流营商环境"，表明了我国现阶段已进入优化营商环境的法律制

① 习近平总书记在中央财经领导小组第十六次会议上的重要讲话。
② 习近平总书记在二十国集团领导人第十六次峰会第一阶段会议上的讲话。
③ 习近平总书记在首届中国国际进口博览会开幕式上的主旨演讲。
④ 习近平总书记在第二届中国国际进口博览会开幕式上的主旨演讲。
⑤ 习近平总书记主持召开中央全面依法治国委员会第二次会议并发表重要讲话。

度创新层面。然而，我国仍有企业因营商环境问题导致其经营不善，"桔子水晶之痛"等事件的发生说明了我国还需持续优化营商环境。

在党和国家宏观指导下，我国各地陆续开展投资审批制度改革、便利企业开办和经营改革、提升贸易便利化水平改革、创新监管理念和方式改革、提供优质公共服务、推进"互联网＋政务服务"改革等一系列优化营商环境行动。浙江省多个城市、北京市、厦门市等地推出了"多规合一""并联审批""多图联审"等投资审批制度改革；上海市长宁区推出了"一照多址"和"一证多址"的便利企业开办和经营改革；天津市和浙江义乌市等地推行了"一站式阳光价格"清单和贸易服务事项只进"一扇门"等提升贸易便利水平改革；北京市推出了"大数据监管"的创新监管理念和方式改革；北京市和上海市推出了获得电力便利化改革和优质公共服务改革；浙江省、广东省、贵州省和上海市等地推出了政务服务一张网、集成套餐服务、民生服务"指尖"办理等推进"互联网＋政务服务"改革。正是由于各地政府在优化营商环境作出的不懈努力，我国营商环境不断得到优化提升。根据世界银行《2020 年全球营商环境报告》相关数据显示，我国营商环境便利度从上一年度的 74.0 分提升至 77.9 分，其排名更是从全球 190 个经济体的第 46 位上升到第 31 位（World Bank，2020）。

当前，政府优化营商环境的行为是一个值得深入研究的问题。在宏观层面，优化营商环境不仅能够促进外商直接投资，带来经济增长，而且可以缩短贫富差距、带来更多就业机会、促进行业发展等（World Bank，2019）。在微观层面，优化营商环境可降低企业监管负担（Paunov，2016）、扩充企业融资渠道（Djankov et al.，2007）、提升公司治理能力和促进技术创新能力（许志端和阮舟一龙，2019）。在百年未有之大变局背景下，全球各经济体已经从项目竞争、政策竞争、科技竞争和贸易竞争上升为国家或地区间的制度竞争。不同区域的营商环境存在明显差异，营商环境便利水平较低的地域会借鉴营商环境便利水平较高地域的良好经验。从公共选择理论视角，营商环境作为一种公共产品，正成为政府吸引企业投资、提升人民生活水平的重要工具。

二、动机二：强力助推经济高质量发展的路径寻觅

党的二十大报告强调"完善产权保护、市场准入、公平竞争、社会信用等市场经济基础制度，优化营商环境"，明确指出持续优化营商环境是着力提高技术创新能力和全要素生产率的制度基石。

推动科技创新需要公平、稳定、透明、可预期的营商环境（龙小宁，2018）。科教兴国战略的宣布和实施是实现我国经济增长方式从依赖高能耗、高投入的粗放式经济发展模式向低能耗、低投入和高回报的集约式经济发展模式转变的重要手段，以此进一步促进我国可持续发展、提高居民生活水平、增强综合国力、提高国际地位。为此，科技研发投入尤为受到国家层面和企业层面的重视。作为科技研发投入的核心指标，研发经费支出在 1995～2017 年的年均增长率达到了 19.66%[①]，远高于同期的 GDP 增长速度。同时，诸如研发人员投入等人力资本要素也在这一时期保持了较高增长速度。由此可见，自科教兴国战略实施的这二十多年以来，我国整体的科技活动投入呈

---

① 根据《中国科技统计年鉴 2017》报告的 R&D 经费支出可比价增长进行计算，资金的来源包括政府资金、企业资金和金融机构贷款三种途径。

现"井喷式"增长。然而，我国技术进步水平无论是在宏观经济层面还是在微观经济层面，长期以来较西方发达国家而言仍然处于落后位置。就微观经济层面而言，绝大部分企业的技术创新成果并未改变其在国际上的分工地位，仍然是以低技术低附加值作为盈利领域；从宏观层面来看，研发经费投入与全要素生产率高相关性并未形成有力的证据链，反而出现相反的论据（李小平等，2008；肖文和林高榜，2014；高凌云和王永中，2008）。

政府对于企业技术创新活动的重要性已经受到多数学者的肯定（肖文和林高榜，2014；蔡晓慧和茹玉骢，2016）。虽然以往的研究表明知识产权制度（吴超鹏和唐菂，2016）、社会资本（韦影，2007；万建香和汪寿阳，2016）、环境规制（蒋伏心等，2013；白雪洁和宋莹，2009）、企业规模（高良谋和李宇，2009）和外商直接投资（王子君和张伟，2002）等都是影响我国企业技术创新的重要因素，并非仅是研发经费投入这一因素主导，但是这种情况足以说明我国这种脱离市场以及错配资源的技术创新活动并没有达到预先设定的目标。而在以美国为首的西方资本主义国家对我国企事业单位及个人的经济和技术制裁下，诸如"中兴芯片危机""华为被美国列入管制实体名单"等事件，不仅成为鲜明的例证，更凸显了我国高端制造业的"卡脖子"问题以及自主创新能力亟待提升的迫切需求。面对这一国际形势，我国应加快转变思路，从单纯的资金支持转向全方位的服务和监管支持，从这个角度来看，提升我国营商环境具有更深刻的含义。我国地方政府在优化营商环境的实践中创造了许多经验。诸如，贵州省铜仁市万川区委让出区委办公大楼，成为国家级创业创新示范基地；广州市黄埔区检察院提出"守护创新"的理念；厦门市建成了专利、商标、版权"三合一"的知识产权保护管理机制。

全要素生产率的提高是中国经济实现可持续发展的根本源泉（杨汝岱，2015）。现阶段，我国又将优化营商环境作为深化"放管服"改革、"解放生产力，提升竞争力"的重要抓手，因此将营商环境纳入影响全要素生产率的分析框架中，能够从更全面的视角阐释中国经济的转型和发展。

上述政府举措和职能的转变，为学者研究营商环境、技术创新和全要素生产率提供了全新视角。然而，目前鲜有文献以营商环境这种制度环境为切入点，深入考察在政府改善营商环境过程中对技术创新的影响，以及对全要素生产率的影响。本书尝试运用新制度主义等理论框架，对营商环境、技术创新和全要素生产率的影响路径作出新的解释。

三、动机三：具备较高的理论价值和应用价值

（一）理论意义

（1）拓展营商环境、技术创新和全要素生产率研究领域的相关文献，补充新制度主义理论的应用范围。毋庸置疑，有关营商环境的研究应运而生，但鲜有文献从政府监管效率和质量两个层面综合考察其对技术创新的影响以及对全要素生产率的影响。就目前所知，本书是较早研究深化"放管服"改革背景下营商环境、技术创新和全要素生产率影响关系的文章。同时，本书建立的"营商环境（制度）、技术创新（选择）与全要素生产率（经济和社会结果）"分析框架是

对新制度主义理论的应用范围所作的进一步补充。

（2）充实和完善制度环境对宏观经济影响的理论体系。本书尝试从定性和定量研究的角度，通过对营商环境的概念、演变路径等相关问题的系统研究，阐释营商环境持续优化的范畴体系，厘清政府和市场边界关系。这既有助于在一定程度上弥补经济增长等相关理论研究的不足，消除研究过程中因概念不清和逻辑不明而产生的理论困惑，对掌握经济增长规律和解释影响制约因素提供切实有效的途径，又为营商环境优化实践提供相应的理论指导。

（3）丰富情境化研究，为营商环境、技术创新和全要素生产率的影响关系提供全新视角。本书对中国情境下的营商环境进行的研究，主要是基于深化"放管服"改革的实践，即以深化"放管服"改革为蓝本展开的。从已有的研究成果来看，有关营商环境、技术创新和全要素生产率的影响关系问题的研究尚不充分，尤其是以深化"放管服"改革为背景的这种影响路径的研究仍然不够深入。本书的研究不仅可为营商环境问题的理论研究另辟蹊径，而且寻求深化"放管服"改革研究问题新思路，达到双重理论意义。

（二）现实意义

1. 为推动政府制度创新提供动力支持

营商环境与政府制度创新紧密相连，相辅相成。营商环境是政府制度创新的重要组成部分，是加快政府制度创新的源泉和动力。而政府制度创新则为推动营商环境持续优化提供有效保障和打造公平竞争的改革环境。由于营商环境涉及政务流程再造、组织机构改革、职能转变等与之相关的重要内容，故而，全面且深入地剖析营商环境问题，也可为政府制度创新实践提供一定的原动力。

2. 为深化"放管服"改革背景下的营商环境优化提供一些启示性的政策建议

虽然各级地方政府持续优化营商环境在纵深程度及执行力度上存在较大差异，但总体而言，由传统政务流程到新颖政务流程的优化目前已经部分实现。在未来一段时间，营商环境再优化的时机将会随着优化需求的增加和优化能力的提升而逐渐趋于成熟，针对性、合理性和可行性的政策建议也随之跟进。本书将营商环境作为研究的主题和重点，力图通过系统总结营商环境、技术创新和全要素生产率三者之间的影响关系，探索制度环境与宏观经济的影响路径，并以此为参照，为政府部门制定营商环境优化方案提供政策建议。

3. 助推政府为企业、投资者和公众提供全方位服务

（1）从政府角度来看，鼓励政府部门及其他相关部门提高服务效率，厘清政府与市场边界。优化营商环境是全面深化"放管服"改革的重点，是体现国家治理能力的关键因素，是处理政府和市场的关系的重要手段。

（2）从企业角度来看，切实为企业营造宽松且有效率的营商环境，降低制度性成本，增强市场主体活力。营商环境从深层次实现政府部门间的信息共享和业务协同，进一步简化审批程序，可以大幅缩短企业准入时间、保护企业产权、降低企业制度性交易成本，激发市场主体活力，从而提高企业技术创新效率，进一步提升企业的可持续发展能力。

（3）从投资者角度来看，良好的营商环境可以提供优质的政府服务并切实保障投资者的合法权益，使得投资者能够更好地发展。同时，良好的营商环境可以提升企业技术创新效率，为投资者获取高质

量的投资对象提供保障。

（4）从公众角度来看，良好的营商环境能够改善大众创新、创业环境，增加就业机会，提高公众便利性。

第二节　研究问题

一、优化营商环境竞争的空间溢出效应

优化营商环境不仅能促进地区经济发展，而且是吸引外商投资、提高贸易便利化和激发市场主体活力的重要因素（Djankov et al.，2006a；Morris and Aziz，2011；吴小康和于津平，2016；周超等，2017）。各国或地区纷纷将优化营商环境作为政府的重要工作方向，优化营商环境成为各国或地区在全球化进程中凸显国际竞争力的重要指标，有可能会形成一种全球范围内的营商环境竞争。例如，在东亚地区，2018 年以来中国为进一步提高进出口贸易效率，全面实施国际贸易单一窗口，将整个贸易链上的相关利益者真正连接起来；同样，印度则通过强化风险管理系统、实行电子封签、降低查验率、提升港口硬件设施等举措提高国际贸易效率。诸如卢旺达和赞比亚等撒哈拉以南非洲地区的低收入经济体则借鉴经合组织高收入经济体在获得信贷和保护少数投资者方面的优良经验，制定更加完善的担保法和信用信息共享系统。然而，目前尚未有相关研究为营商环境竞争的存在以及其空间溢出效应提供实证证据，这一研究问题有待展开检验。

二、营商环境对技术创新的影响机制

根据世界银行《2020年全球营商环境报告》显示，我国营商环境排名位于全球190个经济体的第31名，虽然相较于上一年度的第46名有了长足进步，但是仍然未达到与我国创新能力相匹配的位置。理论上而言，较差的营商环境会导致企业创新投资意愿减弱，然而事实上，联合国教科文组织的数据显示，我国研发支出为3704亿美元，位居全球第2名，仅次于美国，其中来自企业部分的研发支出占到了77.3%。营商环境的持续优化是否对研发投入和专利产出的高速增长产生重要影响呢？这是一个值得深究的问题。

针对这一问题，本书检验我国省级层面营商环境便利度对地区技术创新的影响效果。具体而言，本书由浅入深地分析和检验以下三个问题：一是，随着我国地方政府不断优化营商环境便利度，是否可以激发技术创新投入并提高其专利产出？二是，如果营商环境可以促进区域技术创新，那么依据异质性理论，不同地区的创新行为有何不同？三是，营商环境是通过何种渠道影响技术创新的？

三、营商环境与全要素生产率的影响机制

在经历了四十余年改革开放的发展进程后，中国经济增长速度与规模都达到了举世瞩目的水平。经济增长质量因全要素生产率的变化而变化，即全要素生产率的增长是促进中国经济发展的根本动力（杨汝岱，2015）。虽然全要素生产率的增长受到诸多方面因素的影响，如产业结构调整（王德文等，2004）、所有制结构变化（刘伟和

李绍荣，2001），但是有学者认为制度环境是影响全要素生产率增长的重要因素，而营商环境是以衡量政府服务质量和效率为目的的一种重要制度环境，是政府转变职能为企业提供良好营商环境的重要宏观调控工具和手段（胡晓珍等，2010）。同时，中国现阶段经济出现集体下滑趋势，各地纷纷采取应对措施，营商环境则成为影响资源配置、要素流动和促进经济增长的重要节点。然而，营商环境对全要生产率的影响作用尚未明晰，还有待进一步检验。

第三节 研究方案

为解决以上问题，本书基于制度影响路径，结合中国制度环境，从空间溢出、技术创新、全要素生产率三个角度系统考察优化营商环境的经济效应，从而突破仅从宏观经济指标评价政府服务效率和监管效率的传统研究思路，剖析营商环境异质性导致的地方经济差异性内在机理，寻求营商环境影响地区经济的宏观作用机制。另外，从如何应对不同地区营商环境的差异性的影响角度看，探求市场经济如何应对政务环境变化、调整创新战略，为深化"放管服"改革阶段中国企业创新效率的提升寻求可行路径，为其可持续发展提供理论依据和技术支持。

为此，本书遵循如下研究思路：①提出和分析现实问题；②理论探究和文献梳理；③建立研究分析框架；④提出研究假设；⑤搭建研究设计；⑥选择样本和收集数据；⑦开展实证检验；⑧剖析实证结果；⑨归纳结论；⑩提出对策建议。具体如图 1-1 所示。

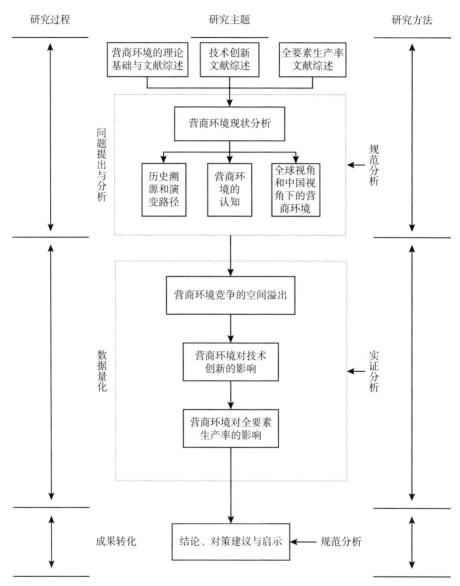

图 1 - 1　技术路线

本书采用的研究方法包括规范分析、实证分析和比较分析。

（1）规范分析。基于内容分析，梳理国内外现有相关研究文献并进行述评。立足中国深化"放管服"改革的情境下，结合制度经济学以及管理学等相关理论对营商环境如何影响技术创新和全要素生产率的动因和作用机理进行定性分析。

（2）实证分析。基于计量经济学的现代观点，应用空间计量的分析方法，分别构建相关专题的实证检验模型，利用数据分别对其进行实证检验分析。

（3）比较分析。考察地区异质性下营商环境对技术创新和全要生产率的影响，以及技术创新在营商环境和全要生产率之间的调节效应。

基于以上研究思路及研究方法，本书对前文提出的研究问题采取如下研究方案进行深度剖析。

（1）检验优化营商环境竞争存在空间溢出效应。基于制度竞争理论视角，判断营商环境的区域性竞争，在此基础上构建营商环境的区域竞争实证模型，利用非空间静态面板模型、静态空间面板模型和动态空间面板模型考察各经济体政府对营商环境区域竞争的空间溢出效应，采用政府效率作为营商环境的代理变量验证研究结果的稳健性。

（2）剖析优化营商环境对技术创新的影响机制。基于国际贸易理论和创新理论视角，判断营商环境对技术创新能力的影响机制，构建营商环境对技术创新能力的空间面板实证模型，利用非空间静态模型、具有时空效应的静态空间面板模型和时空滞后的动态空间面板模型考察我国 31 个省区市的营商环境对技术创新能力的时间累积性特征和空间溢出效应，进一步考察营商环境对技术创新能力的影响机制，采用专利产出作为技术创新能力的代理变量验证研究结果的稳健性。

（3）阐述营商环境对全要素生产率的影响机制。首先采用随机前沿分析方法测算2009~2017年我国31个省区市全要素生产率，基于超然生产函数进一步将其分解为技术进步率（Technology Change，TC）表示产出的增长是由技术进步引起的；技术效率变化率（Technical Efficiency Change，TEC）表示技术和要素的应用效率的改变；规模效率变化率（Scale Efficiency Change，SEC）表示生产率变化是由规模经济引发的；配置效率变化率（Allocative Efficiency Change，AEC）。在控制人均GDP、产业结构、人力资本、基础设施、开放程度和城镇化等因素的影响后，运用省级面板数据检验营商环境对全要素生产率及其分解项的作用及其地区差异性，并检验技术创新的调节效应。

在实证部分，首先，本书采用空间计量模型检验优化营商环境竞争的空间溢出效应；其次，构建营商环境与技术创新投入和产出的影响关系，并检验两者的影响机制主要是通过对外直接投资、外商直接投资、出口贸易和进口贸易四种渠道实现的，从而阐释营商环境在技术创新发展过程中发挥作用的机理；最后，为了考察制度与社会和经济成果的关系，本书以技术创新作为调节变量，构建营商环境与全要素生产率之间的影响关系，包括与技术效率、技术进步、规模报酬收益和配置效率的影响关系，进而阐释技术创新会以何种形态对营商环境和全要素生产率的影响关系起到调节作用。

基于以上实证逻辑，本书设计了详尽的实证策略路线（见图1-2），图中虚线代表技术创新在营商环境和全要素生产率之间关系起到的调节作用。

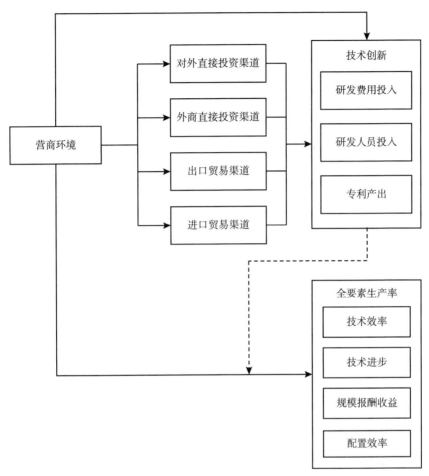

图 1－2　实证策略路线

第四节　创新之处

本书基于前人研究成果，从现实角度出发，借助典型理论构建了归纳视角的理论分析架构，并对营商环境进行了详实的理论阐述。首先，基于全球视角，探究营商环境国际化的利弊；其次，着眼于中国本土，采集省级层面数据和企业层面数据，从实证角度检验了营商环境、技术创新与全要素生产率之间的关联性。

（1）在研究视角上具有一定的创新性。以往研究更多是以项目竞争、政策竞争、科技竞争和贸易竞争等竞争行为作为切入点，进而探讨地区间的竞争关系。然而，随着全球化进程不断深入，地区间竞争模式将逐渐转变为营商环境竞争，因此，有关营商环境竞争的研究势必成为今后学术界所关注的重点和热点。本书探讨并验证营商环境竞争关系的存在，不仅补充并完善了"法与金融"理论相关领域研究，而且填补了营商环境竞争研究的一些空白。

（2）在研究内容上具有一定的创新性。首先，本书验证了营商环境和技术创新影响关系，并首次揭示两者内在的影响机理，补充了制度理论与创新理论相关领域的研究文献；其次，本书探索区域营商环境和全要素生产率的影响关系以及技术创新的调节效应，为政府推动企业创新，进一步提高全要素生产率，助推经济高质量发展，实现经济发展模式从"要素驱动型"向"创新驱动型"转变提供了经验证据，并充实了全要素生产率的研究领域。

（3）在研究工具上具有一定的创新性。本书首次采用空间计量方法，验证营商环境的空间溢出效应，进而揭示营商环境对技术创新的空间动态性，扩充了营商环境研究领域。本书将管理学和地理空间学相互结合，为交叉学科的进一步发展提供了可借鉴的经验。

第二章
优化营商环境经济效应的
理论基础及研究演变

营商环境作为一种宏观变量，以衡量政府的监管质量和效率为目的，其已成为学术界探讨宏观环境对企业发展的重要影响因素的研究对象。早在 2002 年，西蒙·德加科沃等（Djankov et al.，2002）在《经济学季刊》（*Quarterly Journal of Economics*）发表的《企业准入制度》（*The regulation of entry*）开了营商环境与微观经济之间影响关系的先河。此后，经济学、管理学和法学等领域的学者便开始从不同的理论视角，探讨营商环境与微观经济和宏观经济的影响关系，并逐步形成了开办企业、办理建筑许可、获得电力、登记财产、获得信贷、保护少数投资者、纳税、跨境贸易、执行合同和办理破产十项内容的营商环境评价体系（World Bank，2019）。尽管关于营商环境与企业绩效的影响关系在学术界持续了长达二十年的讨论，但时至今日仍未有一个对该领域的研究进行完整系统的综述。

基于此，本书通过梳理现有文献，探讨优化营商环境经济效应以及优化营商环境如何影响宏观经济和微观经济等实践问题，旨在帮助学界进一步理解宏观制度与微观经济的影响关系的深层含义。为便于讨论，本书依据企业生命周期理论，将企业在开设阶段、日常运营阶段和融资阶段遇到的进入规制、纳税规制、贸易规制以及融资规制等对企业绩效的影响及作用机理进行评述。

第一节　文献综述研究方法

一、外文文献检索及甄别

对于有关外文文献的文献综述，本书采用了内容分析法。文献综述是为甄别、评估和解释现有文献的研究进展而设计的一种系统的、明确的研究体系（Fink，2019）。文献综述的宗旨首先在于通过识别现有文献的研究模式、研究主题和研究问题等总结当前研究领域的现状，其次确定相关研究领域的概念内容并助其理论发展（Meredith，1993）。从研究方法论的角度来讲，文献综述可被视为内容分析（Content Analysis），即在分析文献结构和内容时结合了定量和定性的研究方法（Brewerton and Millward，2001）。马林（Mayring，2022）将内容分析的研究过程确定为材料收集、描述性统计分析、主题类别分析以及内容评估分析。

根据马林的内容分析方法的第一步，以及为了确保没有遗漏文献，本书采取了以下三个步骤甄别相关文献。

（1）选择相关的关键词。通过阅读世界银行发布的历年营商环境报告，发现"Doing business""Business environment""Business climate""Institutional quality""Regulation quality"更贴近本书的研究主题。

（2）检索并下载相关文献。为了保证数据源的完整性，本书确认了三类数据源：第一类数据源是主流的国外在线文献数据库，包括 Web of Knowledge，Science Direct，Springer，Wiley，EBSCO 和 EMER-ALD，本书采用上述五个关键词对"标题、摘要和关键词"进行了相关检索，检索时间为 1980～2019 年 4 月；第二类数据源是世界银行"营商环境"项目网站上的文献数据库，主要收录了 200 多篇发表在前 50 位高水平英文学术期刊的相关文献；第三类数据源主要是来源于两位相关研究人员的文献，分别是西蒙·德加科沃（Simeon Djankov）被收录于最大经济和金融文献数据库 IDEAS 的相关文献以及罗纳德·门德萨（Ronald U. Mendoza）的工作文献《营商环境：文献综述及其在 2015 年亚太经合组织中的角色》（*Doing Business*：*A Review of Literature and Its Role in APEC* 2015）。

（3）确定文献筛选标准。首先，本书仅选择了在管理学和经济学领域的同行审议期刊上发表的英文文献，排除了非此类文献，并利用 Endnote 文献管理软件进行了重复文献筛选；其次，由于本书所要综述的内容是基于世界银行营商环境评估体系框架内的，因此排除非世界银行营商环境及其相关指标的研究文献；最后，由于本书仅关注政府监管效率和质量，因此排除仅从法律层面讨论的研究文献。

通过上述三步做法，本书总共获得 272 篇外文文献样本，整体研究样本的选择过程如图 2 - 1 所示。

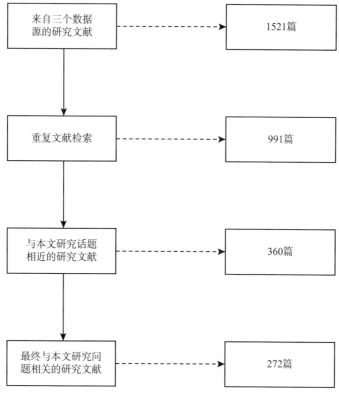

图 2-1 文献样本选择过程

二、中文文献检索及甄别

有关中文文献的检索及甄别，本书参考了外文文献检索及甄别的方法，具体步骤如下。

第一步：选择"营商环境"作为主题词和关键词；第二步：以"中国知网"为主要国内文献库数据源，进行检索并下载，检索条件包括文献分类目标（经济与管理科学）、期刊来源（以 CSSCI 为主）、年份（不限）；第三步：国内文献的判别标准与外文文献的判别标准相同。通过以上三步的文献甄别和筛选，本书总共获得 152 篇国内文献样本。

如图 2-2 所示，国外学术界关于营商环境的研究呈现慢热期（2004 年之前）、上升期（2004～2014 年）和冷却期（2014 年至今）；国内学术界关于营商环境的研究在 2012 年之前几乎无人关注，在 2012 年至 2016 年间开始零星出现研究成果。在 2016 年之后，国内学术界的研究成果开始呈现指数级增长。可见，相对于国外学术界而言，国内学术界在营商环境研究领域起步较晚，研究滞后，仅在近几年来才开始兴起。

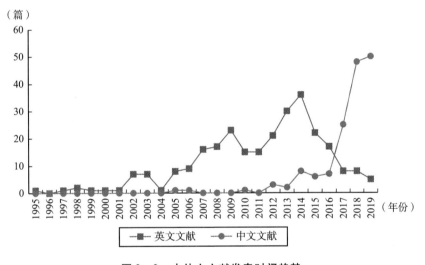

图 2-2　中外文文献发表时间趋势

当前，世界银行发布的《全球营商环境报告》是最具权威、影响最大的营商环境评估指标体系。自《全球营商环境报告》发布以来，已超过 2000 份来自同行审议的学术研究和超过 5000 份的工作报告运用营商环境数据进行研究（Besley，2015）。本书举例了营商环境领域的开创性文献，见表 2-1。

表 2 – 1 营商环境各专项领域的开创性文献

开创性文献	主要观点	理论/模型	营商环境维度
《企业准入制度》（Djankov et al.，2002）	一经济体的监管负担越重，则该经济体的腐败程度越高，非正式经济规模越大，行政约束越低以及政治权利越少	公共选择理论	开办企业
《法庭》（Djankov et al.，2003）	程序形式化主义越严重，即解决纠纷的监管程度越复杂，纠纷持续时间越长，执行效率越低以及腐败程度就越高	形式主义理论	执行合同
《129 个经济体的私人信贷》（Djankov et al.，2007）	采用普通法系的经济体具有较高债权人权利，而采用法国民法体系的经济体具有较高的公共信用登记率。随着债权人权利和公共信用登记率的提升，私人信贷额在 GDP 的占比也随之提高	信贷权利理论和信贷信息理论	获得信贷
《全球债务执法》（Djankov et al.，2008a）	造成破产程序低效的决定因素在于法律渊源和经济发展程度，即源于法国的法律体系和欠发达地区的办理破产率相对较低；同时，将企业的整体业务作为抵押品进行抵押时，丧失赎取权能更好地利用"浮动抵押"债务证券	法与金融理论	办理破产
《法律与自我交易的经济学》（Djankov et al.，2008b）	金融发展促进了中小投资者免于企业内部人员侵占的法律保护	法与金融理论	保护少数投资者
《企业税收对投资和创业的影响》（Djankov et al.，2010b）	企业税率抑制了投资水平、外商直接投资率和企业家精神	公共财政理论	纳税
《准时贸易》（Djankov et al.，2010a）	贸易时间越长，贸易额就越低，对于时间敏感的农产品、制造产品以及内陆经济体的影响更大	引力模型	跨境贸易
《交易与延迟：关于腐败和政策执行时间的公司层面证据》（Freund et al.，2016）	针对政府特定服务的贿赂请求，如获得施工许可证，企业等待时间会随着贿赂强度的增大而缩短，对于等待时间成本越高的企业以及监管负担越大的国家而言，这种关系更加显著	"润滑剂"假说	办理建筑许可
《183 个国家的电力链接及企业绩效》（Geginat and Ramalho，2018）	越发达的地区，其获得电力连接交易成本越低；经济体的公共产品部门官僚主义严重；从行业层面，电力需求越大的行业，获得电力连接的交易成本就越低	公共选择理论	获得电力

资料来源：https：//ideas. repec. org/p/ehl/lserod/66000. html.

就营商环境维度研究来看，当前主要研究领域集中于开办企业、保护少数投资者、获得信贷、纳税以及跨境贸易等领域。然而，在办理建筑许可、登记财产以及获得电力等领域的研究较少，而优化营商环境经济效应的影响研究开始于2003年。

同时，研究者分别从跨国和单个经济体两方面的研究主体对优化营商环境经济效应进行了探讨。跨国研究是当前主要的研究主体，这也预示着一国家或地区的营商环境不仅影响本地的企业，同时也对其他国家或地区的在当地投资的企业产生影响。在对单个经济体研究中，中国则受到最多关注，印度、巴西、西班牙、斯里兰卡和美国等经济体也有较多关注。从已有研究所涉及的区域来看，可以发现发展中国家，尤其是新兴工业国家的营商环境是主要的研究对象。另外，本书还从企业类型、实证数据类型及主要计量方法等方面进行了关注，发现现有研究的主要研究对象为中小型私营企业，主要数据类型和数据形式分别为二手数据和面板数据，主要的计量方法为最小二乘法，也有采用工具变量、广义矩估计以及空间计量等。

第二节　理论基础

无论是优化营商环境经济效应领域的开创性文献，还是后续的进阶研究，交易费用理论、产权理论、治理理论、委托—代理理论以及企业成长理论均被作为研究的理论基础。

一、交易费用理论

交易成本的思想最早来自科斯，而阿罗（1969）是第一个使用

"交易成本"这个术语的人，他的交易成本概念更具有一般性："交易成本是经济制度的运行费用"。著名的莱索托实验揭示了不同营商环境下交易成本的差异是巨大的，而单个交易成本越低，则表明营商环境越有效。在该试验中，莱索托特别提到不同营商环境背景下的腐败问题对企业发展的影响，可知腐败会提高交易成本，从而提高了企业准入门槛。但有学者认为腐败是避免繁杂的政府规章制度，降低企业准入门槛和交易成本（Zhu and Zhang，2017；Wu，2009）。另外，经济政治制度与正式和非正式企业准入的关系研究结果揭示了低效的经济政治制度会提高正式和非正式企业的交易成本（Autio et al.，2014）。同时，在企业决策层面，良好的制度环境会降低企业交易成本，尤其是在企业并购过程中（Demirguc‐Kunt et al.，2006），因此企业更加愿意在具有高效法律体系、低监管负担的国家和地区进行并购行为。

二、产权理论

一个广泛被认可的产权定义为：产权不是指人与物之间的关系，而是指由物的存在及关于它们的使用所引起的人们之间相互认可的行为关系。现代产权理论更多地强调了所有权、激励与经济行为的内在联系。关于产权与企业发展的问题，有学者将产权与外部融资渠道进行了对比分析，研究企业投资约束问题（Johnson et al.，2002；Cull and Xu，2005）。产权制度对企业发展至关重要，两者相辅相成（Green and Moser，2013；Commander and Svejnar，2011）。

三、治理理论

营商环境与企业发展的影响关系研究更多的是在企业治理理论框

架下进行的。企业治理是保护公司所有者利益实现的一系列制度安排，是包括公司产权制度（John et al.，2008）、激励约束机制、财务制度、企业文化等在内的公司利益协调机制。有学者认为公司层面和国家层面的治理实践对投资者的法律保护和对公司的发展会产生共同影响，在不同的法律制度中，都有一些专门的治理实践可以促进企业发展。然而，拥有良好治理实践的公司在严格的法律环境下运营，相对于在现有法律环境下运营的同类公司而言，它们的估值相对较低（Bruno and Claessens，2010）。

四、委托—代理理论

委托—代理理论发展于非对称信息博弈论，主要研究内容为委托代理关系，即一方或多方行为主体在契约基础上，聘用或规定另一方行为主体为其服务，给予相应服务内容的决策权，并依据后者提供的服务质量支付一定的酬劳。以往该方面的理论更多地应用于研究企业内部、企业与企业之间的委托代理关系，随着研究的不断深入，越来越多的学者将此理论应用于研究政府和企业之间的委托代理关系，即政府和企业的利益关系。营商环境和企业发展之间实质上存在着政府和企业的利益关系，因此委托—代理理论在营商环境和企业发展的关系研究方面也得到了一定的应用。阿尔扎赫拉尼等（Alzahrani and Lasfer，2012）在研究了投资者保护和税收对企业红利的影响之后，提出了在较强的投资者保护的国家和地区，当红利的税收成本远比降低代理成本更有意义时，企业往往会进行回购更多股票的决策行为。贝克等（Beck et al.，2006）则阐释了跨国公司在融资过程中造成高昂代理成本的主要原因即为过高的制度性交易成本。

五、企业成长理论

企业成长理论强调企业成长过程中的关键是企业结构与功能的完善要与外部环境相适应。基于企业成长理论的研究大多认为营商环境对企业成长具有积极影响，因为营商环境的改善使得企业经营更为便利，促进企业不断创新和成长。例如，阿特里多等（Aterido et al.，2011）就提出了中小企业成长的最大约束为政府监管。同时，布朗等（Brown et al.，2005）从融资、人力资本、技术援助和商业环境等方面研究了阻碍或促进小企业成长的因素，认为小企业成长过程中的融资因素起到了决定性作用，而商业环境次之，诸如合同履行和产权保护等状况。

第三节　研究演变

基于以上文献样本，本书依据时间纵向维度阐述了国内外学者关于营商环境主题的研究演变，以期为后续学者的研究提供参考依据。

一、国外研究演变

（1）20 世纪末至 21 世纪初，埃尔南多·德索托在 1989 年撰写的《另一种途径》，拉·波塔等人建立的"法与金融"理论以及世界银行发布的《世界发展报告 2002：建立市场制度》，都在阐述着高昂的制度性交易成本已经成为经济增长的主要阻碍因素。这让很多学者关注到了制度的重要性，世界银行首席经济学家西蒙·德加科沃与拉·波塔等人发表的《企业准入制度》《法庭》《全球债务执法》《法律与自我交易的经济学》《企业税收对投资和创业的影响》《准时贸易》等一系列文献开了营商环境的研究先河。世界银行也由此构建了围绕企业全生命周期的营商环境评价指标体系。

（2）21 世纪一二十年代，随着世界银行发布的《全球营商环境报告》的影响力逐渐扩大，相关机构及学者对其构建指标体系的理论假设的合理性进行了激烈的争论。其中，世界银行内部具有独立审查功能的评估机构（Independent Evaluation Group，IEG）发表的《营商环境报告：独立评估——考察世界银行国际金融公司营商环境指标》和伦敦政治经济学家蒂莫西·贝斯利的《法律、监管和商业环境：世界银行营商环境项目的性质和影响》最具有代表性。尽管如此，仍然有许多学者认为营商环境对经济增长的促进作用是不言而喻的，以考克兰的《外商直接投资与营商环境便利度》为主要代表作。国外学者对于营商环境问题的关注与世界银行在全球推销新自由主义这一理念是趋同的，旨在进一步放宽政府监管，提高其效率。

二、国内研究演变

（1）2003~2010 年，在营商环境尚未正式引入中国前，国内学术界更多的是关注在与之具有相似含义的"行政审批制度改革"领域。自 2003 年营商环境概念被首次引入中国后（许先国和汪永成，2003），学者对我国营商环境现状进行了简单论述（代明，2005；张波，2006），但并未引起国内学术界的足够重视。

（2）2010 年至今，随着我国不断深化"放管服"改革，营造稳定公平透明的营商环境就此展开。现状问题、优化路径、影响机制和评价标准成为营商环境研究的四大主要视角，大量著述涌现。就现状问题视角而言，我国营商环境改革尚处在初级阶段，存在严重的区域差异化、信息壁垒、政策执行力度不足等问题是主流学者的共识（史长宽和梁会君，2013）。就优化路径视角而言，有很多学者为打造法治化、市场化、国际化营商环境提供了诸多政策建议（宋林霖和何成祥，2018）。就影响机制视角而言，我国学者发现营商环境对经济发展、行业发展、对外直接投资、技术进步或创新以及企业决策行为等宏观、微观经济产生重大影响（周超等，2017；夏后学等，2019；董志强等，2012；阮舟一龙和许志端，2020；魏下海等，2015）为主要代表。就评价标准视角而言，我国学者一直致力于构建符合中国国情的营商环境评价体系（张三保和曹锐，2019；张三保等，2020；李志军等，2021）。我国学者对营商环境问题的关注与我国政策方向息息相关，由以往关注行政审批制度改革问题转向营商环境与经济发展关系研究。

三、国内外研究演变比较分析

综上所述，国内外学者就营商环境问题均有较为深入的研究，且都关注到了营商环境对微观经济的影响，即认为营商环境是企业绩效的重要影响因素之一。通过优化营商环境可以促进企业发展、提高效率和降低成本。而营商环境的恶化则会给企业带来负面影响，例如减少投资、降低就业和竞争力等。另外，政府是营商环境的重要影响者之一，在优化营商环境方面发挥着重要作用，这已经在国内外学术界达成共识。

营商环境的研究起源于国外，因此在研究路径方面国内外学者会有所不同。从以上分析来看，国外学者始终围绕着世界银行营商环境指标体系开展研究，并经历了指标体系构建、影响路径分析以及指标体系合理性的探讨，形成了较为完善的研究路径。反观国内学者，其初始研究更多是一种跟随研究，即首先开展对世界银行营商环境指标体系的解读，在某种程度上未形成一定的创新性研究，并在此框架下探讨国内营商环境的优化现状及路径问题；套用该指标体系，收集国内相关数据进行实证研究。随着国内营商环境研究热度升温，以张三保等（2020）为代表的国内学者开始寻求构建符合中国国情的营商环境指标体系。然而，国内学者并未如国外学者一样，对现有营商环境指标体系的合理性提出质疑并进行反思，进而完善国内营商环境的研究路径。

第四节　基于企业生命周期的营商环境研究

从上述营商环境研究演变来看，国内外学者就营商环境研究视角已从宏观层面转向微观层面。因此，本书依据企业生命周期理论，收集、归纳了有关营商环境对企业绩效的影响效应的研究观点及代表文献（见表 2-2）。

表 2-2　　　营商环境与企业绩效的主要观点及代表文献

企业生命周期	营商规制	主要观点	代表性文献
开设阶段	进入规制	宽松的企业进入规制能够提升企业的外部风险承担能力、促进盈利能力、成长能力等企业关键绩效，尤其是对企业创新影响更为明显	Djankov et al. (2005)；Acs et al. (2008)；明秀南等（2018）；魏下海和董志强（2014）

企业生命周期	营商规制	主要观点	代表性文献
日常运营阶段	贸易规制	随着贸易壁垒逐渐消除，企业进出口贸易强度将逐渐加强，进而提升企业绩效	Freund and Bolaky（2008）；叶宁华和张伯伟（2018）；孙楚仁等（2018）
	纳税规制	较为宽松纳税规制对企业创业活力具有一定的促进效应，能够提升企业成长能力	Baliamoune – Lutz and Garello（2014）；Fisman and Svensson（2007）；郑开如（2018）；魏升民和向景（2017）；王晓洁等（2017）
融资阶段	融资规制	放宽融资约束对企业绩效而言是一种良性制度安排，融资规制中的信贷制度和保护少数投资者制度则是降低企业融资风险和融资成本、提升企业盈利能力等的重要影响因素	Carney and Gedajlovic（2002）；Demirguc – Kun et al.（2006）；何冰和刘钧霆（2018）

学术界已对营商环境进行了多维度研究。

1. 研究营商环境的专项指标

例如开办企业，学者们普遍认为进入壁垒阻碍了经济发展（Herrendorf and Teixeira，2011；Autio and Fu，2015）、抑制创新（Autio et al.，2014；Prajogo，2016）、减少工作机会（Branstetter et al.，2014；Ayyagari et al.，2014；Bertrand and Kramarz，2002）、增加腐败（Ciccone and Papaioannou，2007；Wang and You，2012；Duvanova，2014）、增加创业成本（Djankov et al.，2002），世界银行对上述研究观点表示认同，认为开办企业时的进入壁垒阻碍了营商环境的改善和经济的发展（Djankov，2009）。

2. 研究营商环境的影响因素

如相关学者通过收集 2005 年到 2012 年间的 41 个非洲国家的数

据样本，结合广义距估计和其他估计方法进行了实证研究，其结果表明政府效率、政治稳定性、法律法规、监管质量以及无贪腐现象是营造良好营商环境的决定性因素，同时也考虑了诸如人力资本、基础设施和国家发展水平等其他因素（Alemu，2015）。另外，也有学者通过开办企业时间、登记财产时间、执行合同时间和政府透明度指数分析了营商环境对招商引资的影响，并结合软件分析构造回归方程，判断出各个影响因素的重要程度（彭文心，2015）。

国内学者认为营商环境对以下几个方面的宏观和微观经济因素产生影响。

（1）在经济发展方面，有学者以世界银行提供的中国30个大城市的营商环境数据，检验了营商环境与经济发展的关系，结果表明良好的营商环境对经济发展有显著的促进作用，即便控制气候、地理、经济政策、历史经济条件、自然资源丰裕程度等潜在的影响发展因素，营商环境对经济发展影响仍然显著，同时研究结果支持了"制度至关重要"假说（董志强等，2012）。

（2）在行业发展方面，有学者运用结构方程模型探讨了营商环境影响制造业与物流业联动发展的内在机理，研究表明：营商环境对传统物流业、高端物流业的发展具有直接促进作用，而对制造业与物流业联动发展起间接促进作用；物流业的发展将会促进制造业与物流业联动水平不断提升，而且高端物流业的发展对制造业与物流业联动发展的促进作用更为明显（张季平等，2017）。同时，在检验了营商环境对服务业的影响后，有学者认为一国的营商环境排名提升1%，可以使该国服务业占GDP比重提升0.236%，财产登记、获得信贷、投资者保护、缴纳税款、合同执行这几项指标对服务业占GDP比重的提高有显著的正向作用，其中，投资者保护的影响最大，而财产登记对经济合作与发展组织（OECD）国家服务业发展促进最大，合同执行则对金砖国家服务业发展的促进作用最为明显（江静，2017）。

（3）在对外直接投资方面，有学者考察了"一带一路"共建国家制度和资源对中国企业市场进入策略的影响，认为在制度质量较高、营商环境好或制度差异大的共建国家，中国企业倾向于并购（蒋冠宏，2017）。同时，营商环境是影响中国企业海外并购和境外投资的主要因素之一，这一观点得到部分学者的验证（吴先明和纪玉惠，2016；田泽和董海燕，2016）。进一步地，有学者从投资动机视角解析了营商环境对我国对外直接投资的影响，认为东道国营商环境总体上对促进中国对外直接投资具有正向影响，并且出于市场、自然资源寻求动机进行对外直接投资时，东道国的营商环境与中国对外直接投资为负相关关系；而出于劳动力、战略资产寻求动机进行对外直接投资时，东道国的营商环境与中国对外直接投资为正相关关系（周超等，2017）。

（4）在企业决策行为方面，面对外生需求的波动，不同的企业可能存在不同的研发决策行为模式的根本原因在于企业所处的营商环境（马骆茹和朱博恩，2017）。在更好的营商制度环境下，企业家的经济活动时间将更长，并且在有限的经济活动时间中，用于"内治"（即生产性的日常经营管理）的时间占比将更高，而用于"外攘"（即非生产性的对外公关招待等）的时间占比将更低；在更糟的营商制度环境下，情况正好相反（魏下海等，2015）。

3. 研究营商环境的应用效果

有学者基于世界银行营商环境的衡量指标体系，研究了其对全球范围内经济体的投资的影响，结果表明中等收入经济体的营商环境对外国直接投资产生了较大的正向相关影响，而对于贫困经济体、撒哈拉以南经济体和 OECD 的总体投资影响较小（Corcoran and Gillanders，2015）。然而，也有学者对世界银行发布的各国营商环境评估和排名是否会吸引更多外国直接投资表示质疑（Jayasuriya，2011）。另外，有学者通过因子分析构建了以市场环境、政策政务环境和法律环境为一级指标的营商环境评估体系（杨涛，2015），并对比了鲁苏浙粤四省的营商环境，发现在市场环境指标上，山东省与苏浙粤三省存在差异，验证了史长宽等（史长宽和梁会君，2013）以及董志强等（董志强等，2012）提出的中国营商环境存在着省际不均衡的观点。

在学术界领域，大部分学者认为营商环境是投资者重点关注问题，也是衡量一个地区经济可持续发展的重要指标（李瑞峰，2018），因此，如何改善营商环境、确定其优化路径是持续推进深化"放管服"改革的重中之重。具体来说，有学者在调研和分析了中国多地制造业企业营商环境之后，提出了加快推进以"放管服"改革为主的中国营商环境建设的对策建议（张杰和宋志刚，2018）。同时，营商环境作为打造制造业强国的外在环境，结合内部要素，是实现从制造业大国向制造业强国转变的必由之路（陈万灵和卢万青，2017）。在区域营商环境建设中，针对我国粤港澳大湾区发展，有学者认为促进其投资自由化、贸易便利化及金融国际化，营造与之相适应的法治化、市场化与国际化的良好法治营商环境是关键（李猛，2018）；也有学者则从市场环境、融资环境、人才环境和政策环境四个方面分析了澳门中小微企业营商环境现状，并据此提出了相应的对策措施（龚唯平和刘岳忠，2014）；针对东北工业基地振兴，部分学者认为正是东北地区存在营商环境短板，导致了东北地区经济落后，为此需要重塑该地区的营商环境，进一步振兴东北经济（武靖州，2017；陈耀，2017；刘晓光和时英，2016）。在我国实施"一带一路"倡议过程中，共建国家和地区的营商环境改善是提升多边合作效率、促进高端要素资源流动的重要制度保障（胡关子，2018；张莉，2017；黄振饶，2015；熊琦，2017；刘冬，2017）。在探讨自由贸易试验区的制度创新时，部分学者认为其作为先试先行的制度创新是完善并打造优质营商环境的重要手段（尹政平等，2017；蔡春林，2015；龚柏华，2014）。然而，也有学者认为我国当前营商环境存在政策不稳定性和不连续性、获得信贷不便利、政府与市场边界未划清、法律法规不完善、知识产权保护力度不足以及贸易不便利等问题（张威，2017）。因此，实现营商环境改革路径包括了行政改革和司法改革（张波，2006），同时应加快推进市场化进程（陈建勋，2012）。

4. 研究改善营商环境的经验做法

有学者基于《2012年全球营商环境报告》的数据，选取营商环境便利化排名靠前的美国、新加坡、中国香港等先进经济体作为参照，分析它们的做法，探究可资借鉴之处，提出打击商业贿赂营造良好政商生态、"打假"和保护知识产权并建立规范市场秩序等措施，以改善营商环境（张瑄，2014）。也有学者利用世界银行2012年对中国2700家私营企业的调研数据，从企业层面研究了中国的营商环境，在评估各行业的营商环境之后，提出了重新评估中国营商环境、加强金融基础设施建设、优化中小企业信贷政策环境以及减轻企业税负压力等改善措施（许可和王瑛，2014）。在理论综述方面，有学者从营商环境的起源、发展以及评价指标优劣势对其进行了全方位的评价，认为营商环境是经济发展思潮转向制度和法律的产物（钟飞腾和凡帅帅，2016）。在指标构建方面，现有学者试图从宏观和微观角度构建符合中国国情的营商环境指标评价体系，例如有学者构建了宜居、宜业、宜商的动态评价指标体系，其中，宜商即为良好营商环境

（卢庆芳和彭伟辉，2018）。有学者构建了以税收法治、税收效率、纳税成本和社会满意度为核心指标的中国本土化税务营商环境指标体系（王绍乐和刘中虎，2014）。也有学者从国家"一带一路"倡议构想的总体规划上，尝试构建一套完整的贸易投资便利化综合评价指标体系（崔日明和黄英婉，2016），或者以自由贸易试验区发展的战略定位为基准，设计了一套适合上海自由贸易试验区层面的投资贸易便利化评价指标体系（彭羽和陈争辉，2014）。

　　本书在世界银行提供的营商环境衡量框架和企业生命周期理论基础之上，将营商环境划分为三种不同的类型，分别是企业开设阶段、日常运营阶段和获得融资阶段。

一、企业开设阶段：进入规制的经济效应

　　一地区的开办企业政策是影响企业是否决定进行风险投资的重要影响因素。例如，国外学者对俄罗斯、中国等国家进行的社会调查发现，当地的营商环境是决定企业家创业行为的重要因素（Djankov et al.，2005）。上述观点得到部分学者的验证，并给出了持续优化营商环境是企业规避风险的必要条件的论断（Griffiths et al.，2009）。由于持续优化营商环境有助于正规创业且抑制了因非正规创新产生的竞争风险（Mai and Turkina，2014），因此企业进入壁垒就越低（Norback et al.，2014）。而这一研究结果在发达经济体中体现得更为显著，即发达经济体的营商环境对企业家创业产生了更大的便利性（Acs et al.，2008）。同时，就行业创业率而言，流程越简洁，如开办企业成本低、时间短，企业就越容易进入有全球性扩张技术转移需求的行业（Ciccone and Papaioannou，2007）。

现有研究认为企业进入壁垒是影响其盈利能力的关键因素。例如，布兰施泰特等（Branstetter et al.，2014）发现，较为宽松的进入制度促进了企业的形成和就业的增加，但是对于边缘企业来说，现有的准入制度仍然是其进入的主要障碍。斯基瓦尔迪等（Schivardi and Viviano，2011）认为进入壁垒与较大的利润率和较低的现有企业生产率有关。自由化准入对信息通信技术的投资产生了积极的影响，增加了就业，并压缩了大型企业的劳动力成本。诺里斯等（Dabla - Norris et al.，2008）研究发现，法律框架的质量在决定非正规部门的规模方面至关重要，而在一个运行良好的法律体系的背景下，税收、法规和财务约束的重要性就会降低。

同时，国外现有研究认为，企业进入壁垒是影响其盈利能力的关键因素，宽松的进入制度不仅能够提升企业就业率，而且能够压缩大型企业的劳动力成本。这一结论得到了相关学者的研究支持，同时验证了进入壁垒与较大的利润率和较低的现存企业生产率有关（Dabla - Norris et al.，2008；Schivardi and Viviano，2011）。然而，就产权保护而言，安全的产权是企业再投资的重要预测因素（Cull and Xu，2005），弱产权保护制度对企业再投资则会产生负向影响（Johnson et al.，2002）。

在研究企业成长能力时，国外学者多采用销售增长、劳动力增长、资产增长等指标（Aterido et al.，2011；Ayyagari et al.，2008，2014）。同时，有学者也证实了改善营商环境对企业成长能力起到了促进作用。例如，有学者揭示了政治经济制度对企业准入有直接且独立的影响，即如果制度质量低下，则会有更多的企业家认为该地区的营商环境不利于企业成长，从而选择退出市场（Autio et al.，2014）。又如，有学者认为私人拥有企业程度与企业再投资有关，即私人拥有企业份额越高，企业越愿意进行再投资，从而扩大企业规模（Cull and Xu，2005）。

国内学者在企业创立之初主要考察了进入管制对企业创新、生产率以及劳动者工资扭曲的影响。具体地，有学者实证检验了进入管制对企业创新和生产率的抑制作用（明秀南等，2018）；有学者认为良好的营商环境是改善工资扭曲现象和抑制工资偏离的重要途径，并揭示了劳动者工资增长机制（魏下海和董志强，2014）；有学者揭示了行政审批时间、成本、最低实缴资本对居民创业选择的影响，认为地区行政审批强度的提升不仅降低了当地居民的创业倾向，而且降低了创业规模，同时相对于服务业和建筑业，工业创业项目的抑制效应最大（张龙鹏等，2016）；有学者认为企业开业时间对于进口的影响最为凸显，因此，在营商环境改善过程中应将此作为重点改善对象（史长宽和梁会君，2013）。

二、获得融资阶段：融资规制的经济效应

对债权人权利和投资者的保护程度决定了企业融资风险的高低。有学者从 69 个国家的近 2400 家银行的样本中发现，更强的债权人权利往往会促进银行承担更大的风险（Houston et al.，2010）。与这一发现相一致的是，更强的债权人权利增加了金融危机的可能性。从有利的一面看，更强劲的债权人权利与更高的经济增长有关。相比之下，债权人之间信息共享的好处似乎是一致的。更大的信息共享会带来更高的银行盈利能力、更低的银行风险、更低的金融危机可能性以及更高的经济增长。在国外学者提出的治理模型中，良好的公司治理在外部经济状态运行正常的情况下，对于在投资者保护薄弱的国家吸

引外部融资至关重要，但在投资者保护良好的国家却不那么重要（Enikolopov et al.，2014）。而在经济危机期间，投资者保护制度良好的国家和地区的投资机会也会相应减少，因此更有必要加强公司治理。

融资营商环境除了对企业进入风险产生影响之外，还包括企业重组、信息共享、市场价值等风险。有学者认为私有化与企业重组密切相关，在传统国有企业中，国有企业的所有权比其他所有制企业的效益都要低，预算限制对东欧和独联体的企业重组产生了有益的影响（Djankov and Murrell，2002）。而文化价值观对各国的监管政策、腐败程度和经济发展都有重大影响（Jing and Graham，2008）。与其他人得出的结论相反，这项研究表明，各国的监管政策和他们认为的腐败程度之间没有明显的关系。

大多数研究倾向于融资营商环境的获得信贷和保护少数投资者对企业盈利能力起到促进作用的假设。有学者认为股权的所有权和控制权与股息支付水平和财务流动性呈正相关，与资本支出的投资呈负相关（Carney and Gedajlovic，2002）。与这些结果相一致的是，所有权和控制权的耦合性与盈利能力呈正相关。例如，阿尔扎赫拉尼等人（Alzahrani and Lasfer，2012）的研究与以往的研究不同，在投资者保护较强的国家，公司的现金红利低于保护力度较弱的国家，在传统的税收制度下为保障股东税后回报最大化，需要回购更多的股份；在保护不力的国家，现金红利和回购率很低，对税收的反应也较弱。安全的产权是公司重新投资的重要预测因素（Cull and Xu，2005）。同时，有学者根据对1990年至2007年期间40个国家的78000家企业的观察，发现良好的股东权利可以减少金融摩擦，为企业带来更高的利润，特别是对于拥有大量外部资金的公司而言（Claessens et al.，2014）。

宽松的融资制度和完善的投资者保护制度为企业带来更多融资渠道和安全性，也为企业的成长提供更多便利。例如，有学者认为只有与金融犯罪和政策不稳定相关的障碍因素会直接影响企业成长（Ayyagari et al.，2008）。因此，保持政策稳定性、控制犯罪率和放宽融资约束是促进企业成长的重要手段。同时，也有学者发现企业成长率与投资者保护的质量呈正相关关系（John et al.，2008）。进一步地，有学者认为企业更有可能在金融领域发达的国家、高效的法律体系、强大的股东和债权人权利、低监管负担、企业税收和有效的破产程序等方面选择企业成长方式（Demirguc－Kunt et al.，2006）。

国内学者在融资营商环境方面开展了研究，例如，有学者考察了来自非正规部门的竞争对企业融资约束的影响，探究了不同营商环境下非正规部门的竞争对正规企业融资约束的差异性影响，并进一步分析了不同行业下非正规部门的竞争对正规企业融资约束的异质性影响（何冰和刘钧霆，2018）。同时，也有学者基于金融市场化改革对于民营企业信贷融资的影响的考察，实证分析并检验了金融发展对于民营企业融资成本的影响以及法治环境、金融市场化程度对民营企业贷款的影响（佟明亮，2015）。

三、日常运营阶段：纳税及贸易规制的经济效应

企业在日常运营阶段主要包括纳税营商环境和贸易营商环境两方面。在贸易营商环境方面，贸易壁垒的降低会促进企业收入增长。例如，有学者发现在营商环境更为灵活的经济体中，特别是企业准入方面，贸易会带来更高的企业收入（Freund and Bolaky，2008）。其研究结果表明，贸易增长1%，在促进企业进入的经济体中，人均收入

增长超过了 0.5%，但在监管体系烦杂的经济体中却没有积极的收入效应（Araujo et al.，2012）。

国内学者在贸易营商环境方面的研究认为，尤其是贸易便利化水平对进出口贸易等具有重要影响（叶宁华和张伯伟，2018；孙楚仁等，2018）。例如，有学者从"企业—产品—目的地"视角考察了贸易双方所在地的契约环境和贸易产品的契约特征对贸易关系持续期的影响关系（张冀和孙浦阳，2016）；有学者指出贸易便利化对进出口贸易具有显著的促进作用（崔日明和黄英婉，2017）；另有学者构造了贸易便利化水平指标体系并进一步检验了这种关系（刘镇等，2018）。然而，有学者的研究发现，营商环境体系中的关贸监管效率、行政审批效率、基础设施条件、融资便利程度、高素质劳动力等因素显著阻碍了企业出口强度的提升（张会清，2017）。

在纳税营商环境方面，虽然有学者证明了较低的税收与企业增长存在强烈的正相关关系，但是也认为实现企业的短期快速增长，处理好政府关系更为有效（Fisman and Svensson，2007）。同时，在讨论了税收及累进税对企业创业活动的影响后，相关研究发现，政府增加税率会阻碍企业创业活动，同时高于企业平均收入的累进税对创业行为带来较强的负面影响（Baliamoune – Lutz and Garello，2014）。

同时，国内学者则着重从纳税营商环境角度提出相关的优化对策建议。纳税作为营商环境的重要组成部分（郑开如，2018；魏升民和向景，2017）、创新创业环境的改善基础以及经济活力的本原动力（王晓洁等，2017），已然成为国内学者重点讨论的对象。虽然我国纳税营商环境改革在近年来取得较大成就（张景华和刘畅，2018），其排名已位于国际中等偏上水平，但是相较于先进经济体而言仍然存在企业税负过重（李林木等，2018）、企业办税时间过长（张景华和刘畅，2018）、公众对纳税服务缺乏认知（何代欣，2018）、税务信息化水平偏低以及税务信息共享机制缺失（罗秦，2017）等制约因素。为深化"放管服"改革，进一步优化纳税营商环境，解决当前存在的突出问题，有学者提出了税收制度规范化、征管流程现代化、征管手段智能化、综合治税一体化以及纳税服务社会化等优化对策建议（郑开如，2018）；有学者认为税费结构和税制结构的优化是在新一轮世界减税过程中赢得竞争先机的重要手段（袁红英，2018）；有学者则从现代治理模式角度提出了推进纳税服务现代化的优化路径（孙玉山和刘新利，2018）；有学者在参考国际先进改革经验的基础上，认为建立税务部门信息共享机制、简化纳税程序、减少纳税申报次数等改善举措是我国深化"放管服"促进纳税营商环境持续优化的重点所在（罗秦，2017）；有学者认为"放管服"是优化纳税营商环境的主要抓手，提出了推进简政放权、加强税收管理、优化纳税服务等改善路径（葛玉御，2017）。

四、营商环境其他方面研究

还有部分学者从创新创业、政府关系和竞争优势等角度对营商环境问题进行了深入研究（Si et al.，2015；Gao，2011）。

在创新创业方面，西蒙·德加科沃等（Djankov et al.，2006c）试图通过个人特征、家庭背景、动机与贪婪、价值观与信仰以及营商环境感观等方面对比分析了中国的企业家和非企业家之间存在的差异。该学者认为在控制了营商环境这一因素下，良好的社会环境对中国企业家的成长具有显著的促进作用。同时，西蒙·德加科沃等（Djankov et al.，2006b）从相同视角对比了中国和俄罗斯企业家之间的不同，认为相对于两国的非企业家而言，两国的企业家更愿意承担风险，对于工作抱有更高的价值观。但是，作者也指出了两国企业家的不同点，例如俄罗斯的企业家接受了更好的教育，而中国企业家则表现出更多的风险担当意愿。

在政府关系方面，有学者认为在新制度经济学理论视角下，非正式制度在制度环境不完善地区更能促进创业者的投资行为，同时创业者更偏向于寻求非正式制度保护产权安全（Zhou，2013）。因此，该学者以产权安全和再投资率作为被解释变量，以政治关联、关联度的高低作为解释变量，在控制了企业家特征和企业特征等变量的情况下，实证检验了政治关联对创业型企业产权安全和再投资率的正相关关系，同时认为具有高水平政治关联的创业型企业的再投资率较高。从企业规模角度，该学者验证了中小企业相对于大型企业而言更容易受益于政治关联。从制度环境完善程度方面，该学者认为制度环境不完善地区的企业与政府之间的关系更有利于企业的再投资行为。

在企业竞争优势方面，有学者探究了商业环境和竞争优势之间的关系，在调查了434家中国制造型企业之后，总结了企业资产边界（Asset Frontier）和商业环境（包括商业成本、竞争强度、市场和制度动态）对运营边界（Operation Frontier）的影响作用，而运营边界则影响着企业的竞争优势，例如成本、质量和交付绩效（Cai and Yang，2014）。该学者指出，虽然资产边界直接影响着企业的交付绩效和灵活性，但是对企业的成本和质量则是通过运营边界产生间接的影响效应。同时，商业环境也对企业的竞争优势产生了不同的影响。

第五节 文献述评

现有国内外学者虽然指出了营商环境对企业绩效具有一定的促进作用，但是大部分研究集中于讨论诸如企业的风险承担水平、盈利能力、成长能力、企业价值等，缺少与技术创新的关系研究。例如，营商环境对企业风险承担水平影响的研究多站在投资者的角度。对投资者来说，营商环境中的进入准则机制和腐败问题是其最关心的因素，良好的、高效的和透明的营商环境能够加强投资者对规避进入风险的信心，从而降低企业风险承担水平。这与交易成本理论和治理理论假设相一致，并得到实证结论的支持。总体上，营商环境对企业风险承当水平起到负向作用。随着研究的不断深入，学者逐渐关注于企业在经营过程中面临的诸如企业重组风险、融资风险、市场风险等。当前，上述问题的研究仍然处在起步阶段，相关的假设也有待进一步检验。大部分现有实证研究证实营商环境对微观主体的盈利能力具有积极的促进作用。近年来，基于互联网商业模式的盈利方式和融资方式越来越多，但对营商环境与其关系的研究还非常少，相关理论还有待验证。从现有文献来看，营商环境（特别是创业营商环境和融资营商环境）对企业成长能力总体具有积极的影响，尤其是企业开设阶段和获得融资阶段，影响效应更加显著。然而，营商环境与企业成长能力的关系呈现出一定的复杂性。这可能是由于企业成长能力受多种因素的影响，在无法有效排除其他可能的竞争性假设的情况下，仅考虑单一或少数因素可能导致结论的不一致甚至相互矛盾。

现在国内外学者虽然有探讨营商环境与技术创新或技术进步的关

系，但是关于这方面的研究尚处于初步检验阶段。就营商环境和全要素生产率的相关文献来看，大致可以归纳为全要素生产率的估算及对经济增长的影响研究以及对全要素生产率的影响因素研究。仅有两篇相关文献从国际环境、法治环境、市场环境等角度，探讨了营商环境与全要素生产率之间的关系，但是并未有从政府服务和监管效率及质量的角度深入探讨以企业生命周期为依据的营商环境究竟会通过何种渠道影响企业技术创新，从而进一步影响全要素生产率。就目前研究来看，尚未有文献构建"营商环境—技术创新—全要素生产率"的影响路径，同时也并未有文献是基于中国情景下讨论这一问题，因此，这为本书的研究提供了契机。对于不同的营商环境背景，营商环境、技术创新和全要素生产率究竟会呈现出何种影响关系，还有待进一步验证。

第三章
优化营商环境的实践现状

第一节　世界银行《全球营商环境报告》解读与认知

一、世界银行《全球营商环境报告》解读

世界银行 2002 年开启评估世界各国及地区营商环境的道路以来，不断推动了世界各国及地区营商环境的改善。按照世界银行的工作办法，营商环境评估是对企业在遵循政策法规的前提之下进行开设、纳税、贸易活动及执行合同等企业生命周期过程中所需要的程序、时间和成本的数据获取，并通过不同国家和经济体之间的对标、排名，促进企业营商便利性环境的改善。考察对象限定于当地正规化内资企业，重点评估在企业生命周期内相关的适用法规和实际运行效果。世界银行系列《营商环境报告》的推出为了解和改善世界各国及地区

的营商环境提供了一个客观的依据。

企业的经济活动需要良好的规则，其特征是建立和界定财产权，减少解决冲突的成本，提高经济往来的可预测性，并为合同伙伴提供制止有害行为的核心保护规则（钟飞腾和凡帅帅，2016）。为此，政府需制定高效率的监管规则，提供给所有需要使用监管规则的人，并且简单而便于实施。营商环境的主旨并不在于减少政府的监管，而是改善监管。营商监管的改善，体现在为企业营造更加宽松的营商环境。因此，促进经济增长就需要建立这样一种环境，使具有优良素质的企业家能够顺利创立企业，便利企业进行投资和获得更好的增长环境，从而创造更多就业机会。

关于营商环境项目的起源，该项目的创始人之一西蒙·德加科沃（Simeon Djankov）在他的文章《营商环境项目是如何开始的》中写道："虽然营商环境项目的第一份报告公布于 2003 年，但是该项目团队之前撰写《世界发展报告 2002：建立市场体制》时，当时世界银行首席经济学家约瑟夫·史蒂格利兹（Joseph Stiglitz）选定了以制度重要性作为报告的主题"（Djankov，2016）。在当时，法律起源和制度变迁研究领域的学者们也同样对此表现出了极大兴趣，例如在企业治理方面有突出贡献的经济学家拉斐尔·拉·波塔（Rafael La Porta）以及著名经济学家、行为金融学代表安德鲁·施莱弗（Andrei Shleifer）。西蒙认为，秘鲁经济学家埃尔南多·德·索托（Hernando de Soto）在 1989 年创作的《另一种途径》是该团队创立营商环境项目的另一个触发动因。索托的研究团队通过调查发现由于秘鲁的各种行政管制，贫困人民开办企业则需要花费巨大成本和时间，例如在秘鲁首都利马郊区开设一家小型服装公司需要289 天。

二、营商环境便利度及排名

衡量营商环境便利程度的总体指标表明，营商环境越便利就越有利于中小企业开展相关业务活动。虽然在 2020 年营商环境最宽松的经济体中，列入前 20 名的经济体在收入程度和区域呈现了相对多样化，但是仍存在共同特征。在区域层面，前 20 名中有 12 个是经合组织高收入经济体，4 个来自东亚和太平洋地区，2 个来自欧洲和中亚地区，1 个来自撒哈拉以南非洲地区以及 1 个来自中东和北非地区。在收入程度层面，前 20 名中有 16 个为高收入经济体，排名前 5 位的经济体是新西兰、新加坡、丹麦、中国香港和韩国。进入前 20 名的中高收入经济体有北马其顿、马来西亚和毛里求斯，而迄今为止唯一进入前 20 名的中低收入经济体是格鲁吉亚，没有一个低收入经济体进入前 20 名。然而，经济发达并不能保证在营商环境便利度排名中处于领先地位：许多高收入经济体仍有发展的空间。良好的营商环境体现了无官僚主义和健全的法律制度。

三、营商环境改善举措

世界银行营商环境报告指出，一经济体的营商环境便利度或是排名的提升，其本质是该经济体在营商环境领域做出了对便利度有正向影响的改革举措。本书对营商环境改革举措的定义为参与评估的经济体为促进营商环境便利化，对企业生命周期过程中相关监管的旧制度提出改良革新。根据世界银行统计，2006 年至今，已有 186 个经济体进行了 2900 余项的营商环境改革措施（见图 3-1）。数据显示，越来越多的经济体参与到营商环境评估以及营商环境改革当中，基本上每年世界银行报告了半数以上经济体的营商环境改革措施，而在2018年，则有79%的欧洲和中亚经济体提出了至少一项营商环境改革措施。2019年更是达到历史最高纪录，即有128个经济体共实施了314项改革举措，上一个历史纪录是2010年131个经济体共实施了287项。2020年则是有115个经济体共实施了294项改革举措。

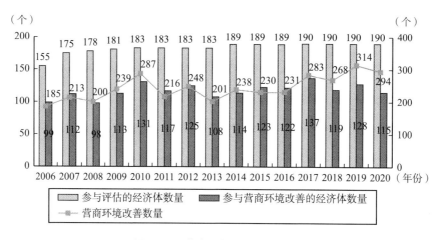

图 3 - 1　营商环境改革数量趋势

资料来源：https：//www. worldbank. org/en/businessready/doing-business-legacy.

在营商环境改革领域，世界银行《全球营商环境报告》已然成为被全球各经济体普遍接受的公共产品（钟飞腾和凡帅帅，2016）。同时，根据世界银行统计结果显示（见表3－1），近十五年以来提出营商环境改革举措最多的前十个经济体总共提出了500余项改革措施，占比超过1/5，其中卢旺达是营商环境改革最为活跃的经济体（提出了62项改革措施），而格鲁吉亚则是营商环境便利度排名提升最快的经济体。

表 3 - 1　营商环境改善举措和便利提升前 10 的经济体及排名情况表

2006～2020 年改善总数最多的经济体			2020 年改善最多且便利度提升最大的经济体		
地区	改善总数	排名 （2020 年）	地区	改善总数	排名 （2020 年）
卢旺达	62 项	第 38 名	沙特阿拉伯	8 项	第 62 名
格鲁吉亚	51 项	第 7 名	约旦	3 项	第 75 名
哈萨克斯坦	49 项	第 25 名	多哥	5 项	第 97 名
印度	48 项	第 63 名	巴林	9 项	第 43 名
印度尼西亚	47 项	第 73 名	塔吉克斯坦	3 项	第 106 名
阿塞拜疆	46 项	第 34 名	巴基斯坦	6 项	第 108 名
亚美尼亚	44 项	第 47 名	科威特	7 项	第 83 名
乌克兰	44 项	第 64 名	中国	8 项	第 31 名
越南	44 项	第 70 名	印度	4 项	第 63 名
肯尼亚	43 项	第 56 名	尼日利亚	6 项	第 131 名

资料来源：https://www.worldbank.org/en/businessready/doing-business-legacy.

　　自世界银行进行营商环境评估以来，开办企业领域是各经济体进行制度创新最为活跃的领域，其次是执行合同，而最不活跃的领域则为获得信贷，见表 3 - 2。从 2006 年至 2020 年，各经济体为增进开办企业的便利性，分别对其程序、时间、成本以及最低注册资本进行了 722 项改革，其中，简化预注册流程、减少或简化注册后流程（如税务登记、社会保障登记等）、取消或减少最低注册资本金以及依托信息技术手段改善在线注册流程和提供"一站式"服务是经济体在开办企业改革领域最常见的改革措施，从而减少企业与政府之间的互动，降低了发生寻租行为的可能性。例如，爱尔兰、乌干达和肯尼亚等经济体取消了签署注册文件之前的宣誓佣金的要求。又如，在纳税改革措施中，建立新的申报税务和纳税的在线系统或改善已有的在线服务平台是当前大多数经济体选择改善的方向；再如，意大利利用该在线系统实现了企业纳税人网上提交劳工税和强制缴纳。同样，在获得信贷改革措施中，大多数经济体选择改善信贷信息系统；也有部分经济体采用有关担保交易的新法律，包括建立具有可操作性和统一性的担保清册以及建立法律框架用以改善信用报告市场的功能。营商环境其他领域最常见的改革措施见表 3-3。

表 3-2　　　　　　营商环境各专项指标改善举措项数

指标	改善举措项数（2006~2020 年）
开办企业	722
纳税	310
获得信贷	189
登记财产	430
跨境贸易	494
办理建筑许可证	236
执行合同	539
办理破产	394
保护少数投资者	298
获得电力	235
总数	3847

资料来源：https://www.worldbank.org/en/businessready/doing-business-legacy.

表 3-3　　　　　　　　营商环境改善举措

指标	改善举措
使开办企业更容易	简化预注册和注册程序（出版，公证，检验，其他要求）
	取消或减少已付最低资本要求
	减少或简化注册后程序（税务登记，社会保障登记，许可证）
	改善在线注册程序
	提供"一站式"服务

续表

指标	改善举措
使获得施工许可更容易	缩短办理建筑许可证申请的时间
	简化审批程序
	采取新的建筑法规
	改善建筑控制程序
	降低费用
	提供"一站式"服务
使获得电力更容易	改善接通电力程序及降低成本
	提高审批程序效率
	简化审批程序
	促进更可靠的电力供应以及提供透明的费用信息
使登记财产更容易	提高基础设施的可靠性
	提高财产登记信息的透明度
	降低税率或成本
	提高行政效率
	设置有效时间限制
	提高地理区域覆盖面
合法权利	为动产建立统一的抵押登记处
	引入实用的和安全的交易系统
	允许对抵押物做一般性描述
	扩大可用作抵押物的动产范围
	允许庭外执行
	在破产程序中允许有担保债权人免于自动停留
信用信息	信用局或登记处扩大信息收集范围
	改善信用报告的监管框架
	成立新的信用局或登记处
	保证法律借款人检查信用数据的权利
	引入登记处信用评分作为增值服务
	引入在线查询信用信息
	信用局或登记处扩大借款人信息的覆盖面

续表

指标	改善举措
加强保护少数投资者	为关联方交易提高披露需求
	提高股东行为信息的可获性
	扩大股东在公司管理中的角色
	提高董事职权
使纳税更容易	引入或提高电子系统
	降低利润税率
	降低劳动税和强制性缴费
	减免除利润税和劳动税以外的税款
	合并或取消利润税以外的税款
	简化纳税程序或降低税务申报
使跨境贸易更容易	引入或改善出口单证的电子提交和处理
	引入或改善进口单证的电子提交和处理
	进入海关联盟或是与主要贸易伙伴签订进出口贸易协定
	强化出口运输或港口的基础设施
	强化进口运输或港口的基础设施
	减少进出口单证负担
使执行合同更容易	扩大替代性争议解决框架
	引入小额索赔法庭或小额索赔专用程序
	引入专门负责商业案件的法庭
	对适用的民事诉讼程序规则进行重大修改
	引入电子申诉
	扩大法院自动化
使办理破产更容易	引入新的重组程序
	提高成功重组的可能性
	改善破产期间合同处理规定
	监管破产管理者的职业
	强化债权人权利

资料来源：https://www.worldbank.org/en/businessready/doing-business-legacy.

四、学术界对《全球营商环境报告》的认知

当前，世界银行发布的《全球营商环境报告》是最权威、影响最大的营商环境评估指标体系。自其发布以来，已超过 2000 份来自同行审议的学术研究和超过 5000 份的工作报告运用该报告提供的营商环境数据进行研究（Besley，2015）。

作为世界银行集团内部具有独立审查功能的独立评估机构（Independent Evaluation Group，IEG）于 2008 年发表了一份名为《营商环境报告：独立评估——考察世界银行国际金融公司营商环境指标》的评价报告，对营商环境的评估指标体系构成、数据收集方式、研究对象范围以及指标构建的理论假设等进行了全面批评。作为回应，世界银行在往后的报告中明确指出营商环境评估的范围仅限于微观层面的中小企业发展面临的制度因素，不包括诸如安全方面的因素、贿赂和腐败的严重程度、市场规模、宏观经济稳定性（包括政府是否以可持续的方式管理公共财政）、金融体系状况、资产租赁和转售市场的状况以及劳动力的培训和技能水平等（World Bank，2018）。同时，世界银行在 2016 年的报告中总结了营商环境评估方法论的优劣势所在（见表 3 - 4）。

表 3 - 4　　世界银行营商环境评估方法的特点、优点和缺点

特点	优点	缺点
使用标准化案例	数据具有可比性	数据范围减少；只能系统地跟踪衡量领域的监管改革；标准化案例可能不是特定经济体中最常见的情况

续表

特点	优点	缺点
聚焦于最大商业城市	使数据收集可管理	如果一个经济体各区域存在较大差异，则数据的代表性减弱
聚焦于国内的正规部门	侧重于正规部门	无法反映非正规部门以及外资企业的实际情况
依赖于专家受访者	确保数据来源于最具有经验的专家知识	相关指标不能捕获企业家之间的经验的差异
聚焦于法律	使指标具有可行性，因为决策者可以改变相关法律法规	在缺乏遵守法律法规的情况下，则无法实现取得监管变化的所有预期效果

资料来源：https：//www. worldbank. org/en/businessready/doing-business-legacy.

除此之外，IEG 并不认同世界银行关于宏微观经济的发展取决于法律和监管政策，强调整体社会经济发展未必由企业个体的发展快慢所决定。IEG 甚至坚信，营商环境评估体系中的各项指标具有相同权重这一事实是经过科学论证的，并认为其世界银行的营商环境报告中并未体现，也不能让大众信服。因为每个经济体的监管体系、法律体系和金融体系等方方面面都存在着很大差异，而这些体系对于经济体而言，又有着不同的重要性。

2015 年，世界银行营商环境顾问委员会成员蒂莫西·贝斯利（Timothy Besley）撰写了一篇关于法律、规则和营商环境的关系的文章，并对世界银行采用的营商环境评估方法论和结果进行评价（Besley，2015）。总体而言，蒂莫西·贝斯利对该项目持积极态度，但是他也提到了现有营商环境评估体系的方法论是否真实反映一经济体的营商环境。尽管如此，贝斯利还是认为外界对营商环境评估体系的放松监管存在偏见。

第二节　营商环境评价体系构建历程

一、指标构成

世界银行提出的营商环境评估体系中的 11 项衡量指标涵盖了企业生命周期的五大阶段：开设企业阶段、获得场地阶段、获得融资阶段、日常运营阶段以及矛盾纠纷阶段。开设企业阶段的衡量指标包括开办企业和劳动力市场监管（当前该项指标未列入排名体系）；获得场地阶段的衡量指标包括办理建筑许可、获得电力和登记财产；获得融资阶段的衡量指标包括获得信贷和保护少数投资者；日常运营阶段的衡量指标包括纳税和跨境贸易；矛盾纠纷阶段的衡量指标包括执行合同和解决破产，如图 3 - 2 所示。

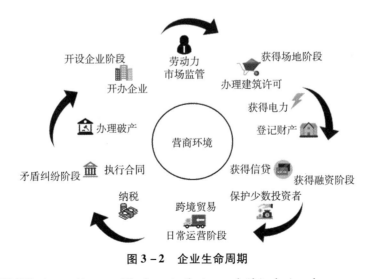

图 3 - 2　企业生命周期

资料来源：https://www.worldbank.org/en/businessready/doing-business-legacy.

1. 开办企业

开办企业是指一经济体对企业家或创业者创立中小型企业行为的监管程度，衡量了一个企业家创办一家内资工（商）业企业所有要求的正式手续以及完成这些手续所需要投入的时间、成本和最低注册资本。

2. 办理建筑许可

办理建筑许可是指一经济体对中小型企业建设一标准化仓库的监管程度，衡量了建设一个标准化仓库所需的所有手续以及完成这些手续所需的时间和成本，同时以建筑质量控制指数作为一经济体的建筑建设监管质量的衡量标准。

3. 获得电力

获得电力是指一经济体对中小型企业为一标准化仓库接入电力的监管程度，衡量了一家企业在经营活动中，为一个标准化仓库获得一项永久性的电力连接与电力供应所需办理的所有手续、时间、成本以及供电可靠性和电费透明度指数。

4. 登记财产

登记财产是指一经济体对中小型企业购买和转移财产等行为的监管程度，衡量了一家企业从另一家企业购买一处财产，并且把此财产的使用权从卖方转移到买方的所有手续以及完成这些手续所需的时间和成本。同时，以土地管理质量指数作为一个经济体对该区域土地信息的相关管理情况的衡量标准。

5. 获得信贷

获得信贷是指一经济体对中小型企业借贷行为和信贷信息的监管程度，主要衡量两部分：一部分衡量担保交易中借方和贷方的合法权利，即衡量企业借贷的便利程度，称之为法律权利指数；另一部分衡量信贷信息的分享程度，即衡量影响信贷信息覆盖面、范围和开放程度的规则，称为信贷信息指数。

6. 保护少数投资者

保护少数投资者是指一经济体对中小型企业的少数投资者的保护力度和股东权利的监管程度，主要衡量两部分：一部分衡量当控股股东或董事滥用公司资产为自己谋私并损害少数投资者利益时法律对少数投资者的保护力度，称之为纠纷调解指数；另一部分则是衡量在企业管理中股东的权利，称之为股东治理指数。

7. 纳税

纳税是指一经济体对中小型企业合法纳税的监管程度，衡量一家中小型正规化企业在某一特定年份内必须缴纳的各种税项和强制性派款，也衡量因纳税与支付派款以及履行税后合规而产生的行政负担。

8. 跨境贸易

跨境贸易是指一经济体对中小型企业的进出口贸易行为的监管程度，即衡量一家企业的进出口货物的物流过程的时间和成本，主要包括两部分，一部分衡量进出口货物通关和港口装卸产生的时间和成本，称为边界合规；另一部分衡量为满足进出口货物来源经济体、目的地经济体以及任何过境经济体的所有政府机构对单证的要求所需的时间和成本。

9. 执行合同

执行合同是指一经济体对解决中小型企业商业纠纷的监管程度，衡量一家当地初级法院解决一起商业纠纷所需的时间和成本，同时以司法程序质量指数作为一经济体是否采用了一系列可提升法院系统质量和效率的操作的衡量标准。

10. 办理破产

办理破产是指一经济体对中小型企业破产程序的监管程度，衡量一家企业破产程序的时间、成本和结果，同时以破产框架力度作为一经济体清算和重组程序的法律框架力度的衡量标准。

世界银行 2020 年营商环境评估指标体系如表 3-5 所示。

表 3-5　　　　　　世界银行营商环境评估体系（2020 年）

一级指标	二级指标	三级指标
开办企业（starting a business）	手续（个）—男性	—
	时间（天）—男性	—
	成本（占人均可支配收入的百分比）—男性	—
	手续（个）—女性	—
	时间（天）—女性	—
	成本（占人均可支配收入的百分比）—女性	—
	最低法定资本金（占人均可支配收入的百分比）	—
办理建筑许可（dealing with construction permits）	手续（个）	—
	时间（天）	—
	成本（占仓库价值的百分比）	—
	建筑质量控制指数（0~15）	建筑法规质量指数（0~2）
		施工前质量控制指数（0~1）
		施工中质量控制指数（0~3）
		施工后质量控制指数（0~3）
		责任和保险制度指数（0~2）
		专业认证指数（0~4）

续表

一级指标	二级指标	三级指标
获得电力（getting electricity）	手续（个）	—
	时间（天）	—
	成本（占人均可支配收入的百分比）	—
	供电可靠性和电费透明度指数（0~8）	一个客户一年当中停电的平均总时长（SAIDI）和平均次数（SAIFI）（0~3）
		最短停电时间（以分钟计算）
		电力公司检测停电所用的工具（0~1）
		电力公司恢复电力供应所用的工具（0~1）
		监督机构（0~1）
		限制停电的财务上的遏制措施（0~1）
		电费透明且易于获知度（0~1）
登记财产（registering property）	手续（个）	—
	时间（天）	—
	成本（占财产价值的百分比）	—
	土地管理质量系统（0~30）	基础设施指数可靠性（0~8）
		信息透明度指数（0~6）
		地理覆盖指数（0~8）
		土地纠纷解决指数（0~8）
		平等获得产权指数（-2~0）
获得信贷（getting credit）	信息深度指数（0~8）	—
	法律权利指数（0~12）	—
	信用登记处覆盖率	—
	信用局覆盖率	—
保护少数投资者（protecting minority investors）	纠纷调解指数（0~10）	披露程度指数（0~10）
		董事责任程度指数（0~10）
		股东诉讼便利度指数（0~10）
	股东治理指数（0~10）	股东权利指数（0~6）
		治理制度强度指数（0~7）
		公司透明度指数（0~7）

一级指标	二级指标	三级指标
纳税 （paying taxes）	纳税次数（次）	—
	时间（小时）	—
	纳税负担（占利润百分比）	企业所得税（占利润百分比）
		劳工税和缴费（占利润百分比）
		其他税（占利润百分比）
	报税后事项评分（0～100）	填报增值税退税申请的时间（小时）
		获得增值税退税的时间（星期）
		企业所得税错报后修正的时间（小时）
		进行企业所得税错报审计的时间（星期）
跨境贸易 （trading across borders）	出口时间（小时/箱）：边界合规	—
	出口时间（小时/箱）：单证合规	—
	出口成本（美元/箱）：边界合规	—
	出口成本（美元/箱）：单证合规	—
	进口时间（小时/箱）：边界合规	—
	进口时间（小时/箱）：单证合规	—
	进口成本（美元/箱）：边界合规	—
	进口成本（美元/箱）：单证合规	—
执行合同 （enforcing contracts）	司法程序质量指数（0～18）	法院结构和诉讼程序指数（0～5）
		案件管理指数（0～6）
		法院自动化指数（0～4）
		替代性纠纷解决指数（0～3）
	时间（天）	完成送达（立案申请和送达时间）
		发布判决（审理和做出判决的时间）
		通过拍卖恢复所申报的价值（判决执行的时间）
	成本（占标的额的百分比）	律师费（占标的额的百分比）
		法庭费（占标的额的百分比）
		执行费（占标的额的百分比）

一级指标	二级指标	三级指标
办理破产（Resolving Insolvency）	回收率（百分比）	结果（取0或1）
		时间（年）
		成本（占财产价值的百分比）
	破产框架力度指标（0~16）	启动程序指数（0~3）
		管理债务人资产指数（0~6）
		重整程序指数（0~3）
		债权人参与指数（0~4）

资料来源：https://www.worldbank.org/en/businessready/doing-business-legacy.

二、演变路径

营商环境评估经历十多年的发展，现已有190个经济体参与该项调查，表明了营商环境已经逐渐成为在全球范围被认知的公共产品。然而，正是因为越来越多具有不同国情和体制的经济体加入，促使营商环境不断地发展和变化，以期满足不同经济体的多种需求。为此，本书从报告主题、数据来源、评价指标和排名体系四个方面阐述营商环境的演变路径。

1. 主题演变

从世界银行历年的营商环境报告主题来看（见表3-6），评估体系和方法论也从初始认知向注重监管质量演变。最近两年的营商环境报告主题则分别强调了"人人机会平等"和"强化培训，促进就业"。报告主题意味着消除政府部门监管过程中的性别歧视，加强公职人员和市场主体的职业素养，为人类的平等发展提供了一定的理论依据和实践操作的可能性。

表 3 - 6   世界银行营商环境报告主题的演变

报告年份	经济体数量（个）	报告主题
2004	133	了解监管规则
2005	145	消除增长障碍
2006	155	创造就业机会
2007	175	如何改革
2008	178	—
2009	181	增强和限制商业活动的监管规则
2010	183	在困难时期进行改革
2011	183	改进企业家的营商环境
2012	183	在更透明的世界里营商
2013	183	更聪明地对中小企业进行监管
2014	189	了解针对中小企业的法规
2015	189	监管效率与质量并重
2016	189	衡量监管质量和有效性
2017	190	人人机会平等
2018	190	改革以创造就业
2019	190	强化培训，促进改革
2020	190	促进改革步伐

资料来源：https：//www. worldbank. org/en/businessready/doing-business-legacy.

随着《全球营商环境报告》每年的主题不同，世界银行对其指标体系会做出相应的调整，从初始的 5 项指标到现在的 12 项指标，表明营商环境的评估体系是动态变化的。例如 2016 年的主题是"衡量监管质量和有效性"，则在"获得电力"指标中加入了供电可靠性和电费指数透明度；又如 2017 年的主题是"人人机会平等"，则从性别差异的角度对"开办企业"指标做出了调整。

2. 数据类型及收集

从指标获取的方式和数据性质来看，该 10 个方面的指标分为两大类，一类是监管程序的复杂性和成本，包括开办企业、办理建筑许可、获得电力、登记财产、纳税以及跨境贸易。这类指标以中小企业为主，记录企业家依据相关监管程序完成一项交易的手续、时间和成本，从而衡量相关监管程序的效率和复杂程度；另一类是法律制度的力度，包括获得信贷、保护少数投资者、执行合同以及办理破产。这类指标为衡量企业家在完成一项交易过程中涉及的法律法规条文提供了一套准则。

根据世界银行的陈述，营商环境的数据来源主要为四类：①各经济体相关法律法规所制定的营商监管信息；②富有经验的专业人士，如律师、会计师、法官等；③各经济体的相关政府人员；④世界银行在各经济体的工作人员，其中 2020 年总共涉及 190 个经济体，参与调研的专家多达 13000 名。

值得注意的是，营商环境项目的数据收集在 2013 年以前只针对经济体的最大商业城市，随着参与评估的经济体数量不断增加，在 2013 年以后，规定人口超过 1 亿的经济体则选取两个最大商业城市作为数据收集来源地，因此符合该条件的经济体为 11 个，包括中国、印度、美国、尼日利亚、孟加拉国、印度尼西亚、墨西哥、日本、俄罗斯、巴基斯坦、巴西。

3. 指标体系演变

由表 3 - 7 可知，2004 ~ 2020 年一直存在的指标包括开办企业、获得信贷、执行合同和办理破产；在 2005 年出现的指标包括财产登记、保护少数投资者，在 2006 年出现的指标包括纳税、跨境贸易，而获得电力直到 2012 年才出现在营商环境评估体系中。不纳入营商环境便利度计算范围内的指标为：劳动力市场以及政府采购。

表 3 - 7 世界银行营商环境指标体系演变过程

专项指标	指标变动年份	指标体系演变过程
开办企业	2004	手续（个）、时间（天）、成本（占人均可支配收入的%）、最低注册资本（占人均可支配收入的%）
获得许可	2006	手续（个）、时间（天）、成本（占人均可支配收入的%）
	2011	"获得许可"变更为"办理建筑许可"
	2016	增加"建筑质量指数（0~8）"
获得电力	2012	手续（个）、时间（天）、成本（占人均可支配收入的%）
	2016	增加"供电可靠性和电费指数透明度（0~8）"
登记财产	2006	手续（个）、时间（天）、成本（占人均可支配收入的%）
	2016	增加"土地管理质量指数（0~30）"
获得信贷	2004	公共登记机构覆盖率（借方/1000成人）、公共登记指数（0~100）、私营登记机构覆盖率（借方/1000成人）、信用权利指数（0~4）
	2005	去除"公共登记指数（0~100）"和"信用权利指数（0~4）"，增加"抵押成本（占人均可支配收入的%）"、"法律权利指数（0~10）"和"信贷信息指数（0~6）"
	2006	去除"抵押成本（占人均可支配收入的%）"，"法律权利指数（0~10）"变更为"合法权利力度指数（0~12）"，"信贷信息指数（0~6）"变更为"信贷信息深度指数（0~8）"
	2015	"公共登记机构覆盖率（借方/1000成人）"变更为"信贷登记机构覆盖率（占成年人的%）"，"私营登记机构覆盖率（借方/1000成人）"变更为"信用局覆盖率（占成年人的%）"
保护少数投资者	2005	披露指数（0~7）
	2006	"披露指数（0~7）"变更为"披露强度指数（0~10）"，增加董事责任程度指数（0~10）、股东诉讼便利度指数（0~10）和保护投资者强度指数（0~10）
	2015	"保护投资者"变更为"保护少数投资者"，增加股东权利指数（0~10）、所有权和管理控制指数（0~10）和公司透明度指数（0~10）
纳税	2006	纳税次数（次）、时间（小时/年）和总税负（占利润的%）
	2017	增加"税后流程指数（0~100）"

续表

专项指标	指标变动年份	指标体系演变过程
跨境贸易	2006	出口单证（个/箱）、出口签名（个/箱）、出口时间（天/箱）、进口单证（个/箱）、进口签名（个/箱）、进口时间（天/箱）
	2007	去除"出口签名（个/箱）"和"进口签名（个/箱）"，增加"出口成本（美元/箱）"和"进口成本（美元/箱）"
	2016	各项指标分别变革为出口耗时：边界和规（小时/箱）、出口耗时：单证和规（小时/箱）、出口所耗费用：边界和规（美元/箱）、出口所耗费用：单证和规（美元/箱）、进口耗时：边界和规（小时/箱）、进口耗时：单证和规（小时/箱）、进口所耗费用：边界和规（美元/箱）、进口所耗费用：单证和规（美元/箱），同时进出口时间和成本排除了国内运输的时间和成本
执行合同	2004	手续（个）、时间（天）、成本（占人均可支配收入的%）和手续复杂性指数（0~100）
	2005	去除"手续复杂指数（0~100）"
	2016	增加"司法程序质量指数（0~18）"
办理破产	2004	时间（年）、成本（占财产价值的%）、绝对优先保留权（0~100）、结果效用指数（0~1）、破产目标指数（0~100）和法庭权力指数（0~100）
	2005	去除"绝对优先保留权（0~100）""结果效用指数（0~1）""破产目标指数（0~100）""法庭权力指数（0~100）"，增加"回收率（每美元美分数）"
	2012	"关闭企业"变更为"办理破产"
	2015	增加破产框架力度指数（0~12）
劳动力市场监管	2004	雇佣灵活性指数（0~100）、雇佣条件指数（0~100）、冗员灵活性指数（0~100）、就业法律指数（0~100）
	2005	雇佣灵活性指数（0~100）变更为雇佣难度指数（0~100）、雇佣条件指数（0~100）变更为工时刚性指数（0~100）、冗员灵活性指数（0~100）变更为冗员难度指数（0~100）、就业法律指数（0~100）变更为就业刚性指数（0~100），增加冗员成本（周）
	2006	增加雇佣成本（占薪酬的%）
	2010	雇佣和解雇工人变更为雇佣工人
	2011	雇佣工人变更为劳动力市场监管，但不再对该指标进行排名

续表

专项指标	指标变动年份	指标体系演变过程
政府采购	2017	可获性和透明性指数、投标担保指数、延迟支付时间、中小企业激励机制和申诉机制，该指标并未纳入营商环境的前沿距离计算范围内

资料来源：https：//www.worldbank.org/en/businessready/doing-business-legacy.

4. 排名体系的演变

营商环境的排名体系也同样发生着变化。从 2005 年起，《全球营商环境报告》将各经济体按照营商环境便利水平进行排名，排名越高表示营商环境越好。便利度指数排名由经济体各个一级指标的百分比排名的简单算术平均得出。自 2012 年起，世界银行同时采用营商环境便利水平排名以及前沿距离①代表经济体营商环境整体情况，而营商环境便利水平排名的依据则是前沿距离分值的大小。前沿距离代表营商环境报告所覆盖的所有经济体自 2003 年以来或自从该项指标的数据开始收集以来的所有年份中曾达到的最高水平并被规格化为 0～100 的区间，100 代表前沿水平。数值越高，表明商业监管环境的效率越高，法律制度越有力。营商便利度排名和前沿距离两者之间的差别在于一个是相对指数，不同年份之间不可比较，另一个是绝对指数，有助于评价本地企业家面临的监管环境随着时间推移而发生的绝对变化。由此可见，世界银行要强调的并不在于经济体的排名是否有提升，而是经济体是否通过营商环境改革措施提升了前沿距离。例如，一经济体在 2017 年的前沿距离为 70，而在 2018 的前沿距离为 75，则认为该经济体的营商环境有所进步。同时，世界银行认为，当

---

① "前沿距离" 计算公式：前沿距离 =（最差值－当前值）/（最差值－最好值），其中当前值表示该指标的当前数据。该名称于 2019 年更改为 "便利度"。

一项或多项改革措施对前沿距离的提升程度超过 2% ，就认为该项改革措施是切实有效的。根据世界银行最新报告，世界银行已将前沿距离更名为便利度。

第三节　域外优化营商环境的实践现状

一、高收入经济体优化营商环境改善实践

（一）开办企业

《2020 年全球营商环境报告》显示，总共有 15 个高收入经济体在创业营商环境的开办企业方面进行了改革，并且 15 项改革皆被世界银行认为是积极的营商环境改革举措（见表 3－8）。这 15 个经济体所属地区分别为欧洲及中亚地区（3 个）、中东及北非地区（4个）、拉丁美洲和加勒比地区（1 个），以及经合组织（7 个）。

表 3－8　　　　　高收入经济体开办企业改善措施

编号	经济体	地区	改善措施
1	马耳他	中东及北非地区	马耳他通过实施在线一站式雇主、雇员和增值税登记，使创业变得更加容易
2	圣马力诺	欧洲及中亚地区	圣马力诺延长了实收资本存款期限，使创业变得更加容易
3	沙特阿拉伯	中东及北非地区	沙特阿拉伯通过建立一个一站式商店，合并了几个注册前和注册后程序，使创业变得更加容易。沙特阿拉伯还取消了已婚妇女在申请国民身份证时提供额外证件的要求

编号	经济体	地区	改善措施
4	斯洛伐克	经合组织	斯洛伐克取消了获取和提交欠税信息的要求,从而使创业变得更加容易
5	阿拉伯联合酋长国	中东及北非地区	阿拉伯联合酋长国通过降低企业注册费用降低了创业成本
6	美国	经合组织	美国通过引入有限责任公司信息声明的在线归档,使得在加利福尼亚州创业变得更加容易。这项改革适用于洛杉矶
7	比利时	经合组织	比利时取消了最低实收资本要求,使创业变得更加容易
8	芬兰	经合组织	芬兰通过减少在线商业注册的费用和处理时间,使创业变得更加容易
9	希腊	经合组织	希腊通过缩短在商业登记处注册公司的时间和取消获得税务许可的要求,使创业变得更加容易
10	克罗地亚	欧洲及中亚地区	克罗地亚取消了保留公司名称和获得董事签名以进行公司注册的要求,并降低了最低实收资本要求,从而使创业变得更加容易
11	智利	经合组织	智利通过允许对关闭的公司进行在线注册,使创业变得更加容易
12	以色列	经合组织	以色列允许联合登记公司税和增值税,从而使创业变得更加容易
13	科威特	中东及北非地区	科威特通过合并获得商业许可证的程序和简化在线公司注册,使创业变得更加容易
14	塞浦路斯	欧洲及中亚地区	塞浦路斯通过降低公司注册成本降低了创业成本
15	安提瓜和巴布达	拉丁美洲和加勒比地区	安提瓜和巴布达通过改善参与公司注册的公共实体之间的信息交流,加快了创业速度

资料来源:https://www.worldbank.org/en/businessready/doing-business-legacy.

在改善方向上,各经济体均从政府的监管效率(包括程序、时间、成本和信息技术等)角度出发,使得当地投资者更为宽松和便捷地创立企业。例如，沙特阿拉伯通过建立一个一站式商店，合并了几个注册前和注册后程序，使创业变得更加容易。也有经济体采用信息技术提高政府监管效率，减少相应登记手续并降低成本，为创业者提供了便利，如美国通过引入有限责任公司信息声明的在线归档，使得在加利福尼亚州创业变得更加容易。

（二）办理建筑许可

《2020 年全球营商环境报告》显示，总共有 10 个高收入经济体在创业营商环境的办理建筑许可方面进行了改革，都被世界银行认定为促进了营商环境便利化（见表 3 - 9）。这 10 个经济体所属地区分别为东亚及太平洋地区（3 个）、经合组织（1 个）、中东及北非地区（4 个）、撒哈拉及南非洲地区（1 个）、欧洲及中亚地区（1 个）。

表 3 - 9　　　　　　高收入经济体办理建筑许可改善措施

编号	经济体	地区	改善措施
1	巴林	中东及北非地区	巴林通过新的 Benayat 在线平台进一步简化了申请流程，并将申请审查流程委托给获得许可的工程公司，从而使获得施工许可证变得更加容易
2	克罗地亚	欧洲及中亚地区	克罗地亚通过减少建造仓库所需的水资源，降低了处理建筑许可证的成本
3	丹麦	经合组织	丹麦通过取消建筑许可证费用，使处理建筑许可证变得更便宜
4	格鲁吉亚	东亚及太平洋地区	格鲁吉亚通过增加公众获取信息的渠道，改善了其建筑质量控制
5	中国香港特别行政区	东亚及太平洋地区	中国香港特别行政区通过加强基于风险的检查方法，更容易处理建筑许可
6	科威特	中东及北非地区	科威特简化了许可流程，在其电子许可平台中纳入了更多的权限，加强了机构间沟通，缩短了获得施工许可证的时间，从而简化了施工许可证的处理

编号	经济体	地区	改善措施
7	沙特阿拉伯	中东及北非地区	沙特阿拉伯通过推出一个在线平台，并在颁发建筑许可证后启用民防审批，使处理建筑许可证变得更加容易
8	塞舌尔	撒哈拉以南非洲地区	塞舌尔通过简化内部流程加快了获得施工许可证的速度
9	新加坡	东亚及太平洋地区	新加坡通过加强基于风险的检查方法、改善公众获取土壤信息的渠道以及简化获得施工许可证的流程，使处理施工许可证变得更加容易
10	阿拉伯联合酋长国	中东及北非地区	阿拉伯联合酋长国通过使用基于风险的方法减少检查次数，简化了施工许可证的处理

资料来源：https：//www.worldbank.org/en/businessready/doing-business-legacy.

在改善方向上，该 10 个经济体分别从政府的监管效率（包括程序、时间、成本和信息技术等）和法律法规执行力度的角度出发，使得当地企业更为便利地办理建筑许可。例如，巴林通过新的 Benayat 在线平台进一步简化了申请流程，并将申请审查流程委托给获得许可的工程公司，从而使获得施工许可证变得更加容易；科威特简化了许可流程，在其电子许可平台中纳入了更多的权限，加强了机构间沟通，缩短了获得施工许可证的时间，从而简化了施工许可证的处理。

（三）获得电力

《2020 年全球营商环境报告》显示，总共有 10 个高收入经济体在创业营商环境的获得电力方面进行了改革（见表 3 - 10），均被世界银行认定为促进了营商环境便利化。这 10 个经济体所属地区分别为欧洲及中亚地区（1 个）、经合组织（1 个）、拉丁美洲和加勒比地区（2 个）、中东及北非地区（6 个）。

表 3 – 10　　　　　　　　高收入经济体获得电力改善措施

编号	经济体	地区	改善措施
1	巴哈马群岛	拉丁美洲和加勒比地区	巴哈马通过在线公布电价，电力供应更加透明
2	巴林	中东及北非地区	巴林通过投资于信息的数字化和透明化以及改进其检查和安装过程，电力供应过程变得更加容易
3	巴巴多斯	拉丁美洲和加勒比地区	巴巴多斯通过部署新的软件来处理应用程序，增加外部连接工程所需的材料库存，并为电力公司的工程师提供培训计划，从而加快了电力供应速度
4	科威特	中东及北非地区	科威特通过数字化应用程序、简化连接工程和电表安装以及使用地理信息系统审查连接请求，电力供应变得更加容易
5	立陶宛	欧洲及中亚地区	立陶宛通过推出集成数字应用程序和降低新连接的成本，电力供应变得更加容易
6	马耳他	中东及北非地区	马耳他通过升级其电网基础设施和启动网络规划和运营控制中心，提高了供电可靠性
7	阿曼	中东及北非地区	阿曼通过投资预付费电表和强制执行服务交付时间框架，加快了用电速度
8	波兰	经合组织	波兰通过实施一个新的客户服务平台，电力公司能够更好地跟踪新商业连接的应用，从而加快了用电速度
9	卡塔尔	中东及北非地区	卡塔尔通过减少处理新连接的在线申请的时间，加快了用电速度
10	沙特阿拉伯	中东及北非地区	沙特阿拉伯通过简化连接工程和电表安装，使用地理信息系统审查新的电气连接请求，以及不再要求竣工证书，获得电力变得更加容易

资料来源：https：//www.worldbank.org/en/businessready/doing-business-legacy.

在改善方向上，各经济体分别从政府的监管效率（包括程序、时间、成本和信息技术等）以及监管质量的角度出发，使得当地企业更加容易获得电力。例如，在提高政府监管效率上，巴巴多斯通过部署新的软件来处理应用程序，增加外部连接工程所需的材料库存，并为电力公司的工程师提供培训计划，从而加快了电力供应速度。在提升政府监管质量上，巴哈马群岛通过在线公布电价，电力供应更加透明；巴林通过投资于信息的数字化和透明化以及改进其检查和安装过程，电力供应过程变得更加容易。

（四）登记财产

《2020年全球营商环境报告》显示，总共有8个高收入经济体在创业营商环境的登记财产方面进行了改革，其中5个经济体的改革被世界银行认定为促进了营商环境便利化（见表3－11），3个经济体的改革则阻碍了营商环境的便利化。这8个经济体所属地区分别为欧洲及中亚地区（1个）、经合组织（1个）、中东及北非地区（4个）、拉丁美洲和加勒比地区（2个）。

表3－11　　　　　　　　　高收入经济体登记财产改善措施

编号	经济体	地区	改善措施
1	巴林	中东及北非地区	巴林通过简化行政程序和提高土地管理系统的质量，简化了财产登记
2	克罗地亚	欧洲及中亚地区	克罗地亚通过降低房地产转让税和减少登记房地产所有权转让的时间，房地产转让更加容易
3	科威特	中东及北非地区	科威特通过简化检查流程和财产登记简化了财产登记。科威特还通过公布有关财产转让的官方服务标准，提高了其土地管理系统的质量

编号	经济体	地区	改善措施
4	阿曼	中东及北非地区	阿曼缩短了签发契约的时间，加快了财产登记速度，并通过发布有关财产转让的官方服务标准改进了土地管理系统
5	卡塔尔	中东及北非地区	卡塔尔通过简化财产登记程序简化了财产登记；还通过公布上一日历年关于财产转让的官方服务标准和关于土地纠纷的法院统计数据，提高了其土地管理系统的质量

资料来源：https：//www.worldbank.org/en/businessready/doing-business-legacy.

在改善方向上，各经济体均从政府的监管效率（包括程序、时间、成本和信息技术等）角度出发，使得当企业更加便捷地进行财产登记。例如，克罗地亚通过降低房地产转让税和减少登记房地产所有权转让的时间，房地产转让更加容易。卡塔尔通过简化财产登记程序简化了财产登记；还通过公布上一日历年关于财产转让的官方服务标准和关于土地纠纷的法院统计数据，提高了其土地管理系统的质量。

（五）获得信贷

《2020年全球营商环境报告》显示，总共有9个高收入经济体在融资营商环境的获得信贷方面进行了改革，其中8个经济体的改革被世界银行认定为促进了营商环境便利化（见表3-12）。这9个经济体所属地区分别为欧洲及中亚地区（1个）、经合组织（3个）、中东及北非地区（4个）、拉丁美洲及加勒比地区（1个）。

表 3 – 12　　　　　　　高收入经济体 2020 年获得信贷改善措施

编号	经济体	地区	改善措施
1	澳大利亚	经合组织	澳大利亚通过开始分发正面和负面数据，改善了对信用信息的访问
2	巴林	中东及北非地区	巴林在破产程序中给予有担保债权人绝对优先权，从而加强了获得信贷的机会。在重组程序期间，债权人现在也受到自动中止的约束，这种中止在时间上是有限的，有明确的救济理由
3	以色列	经合组织	以色列通过报告个人借款人的正面和负面数据，改善了对信贷信息的获取
4	约旦	经合组织	约旦通过引入新的担保交易法、修订破产法和启动统一、现代化和基于通知的抵押品登记处，加强了信贷准入。《担保交易法》扩大了对债务和义务的描述以及可用作抵押品的资产的范围。经修订的《破产法》赋予有担保债权人绝对优先权，并为重组程序期间自动中止的救济规定了时限和明确的理由。约旦还通过向银行、金融机构和借款人提供信用评分，改善了获得信用信息的机会
5	科威特	中东及北非地区	科威特通过保证借款人检查其信用数据的合法权利和向银行和金融机构提供信用评分作为增值服务，改善了对信用信息的获取
6	卡塔尔	中东及北非地区	卡塔尔通过报告一家电信公司的信用数据，改善了对信用信息的访问
7	沙特阿拉伯	中东及北非地区	沙特阿拉伯通过引入担保交易法和破产法加强了信贷准入。新法律规定有担保债权人在破产中享有绝对优先权，允许在当事人之间担保所有类型的债务和义务，并允许在法庭外强制执行担保权益
8	圣基茨和尼维斯	拉丁美洲和加勒比地区	圣基茨和尼维斯通过引入监管东加勒比货币联盟（ECCU）成员国信贷局的许可证发放和运作的条例，改善了信贷信息的获取

资料来源：https：//www. worldbank. org/en/businessready/doing-business-legacy.

在改善方向上，各经济体分别从政府的法律法规和监管质量的角度出发，使得当地企业更为容易地获得贷款。例如，在法律法规方面，约旦通过引入新的担保交易法、修订破产法和启动统一、现代化和基于通知的抵押品登记处，加强了信贷准入。《担保交易法》扩大了对债务和义务的描述以及可用作抵押品的资产的范围。经修订的《破产法》赋予有担保债权人绝对优先权，并为重组程序期间自动中止的救济规定了时限和明确的理由。约旦还通过向银行、金融机构和借款人提供信用评分，改善了获得信用信息的机会。在监管质量方面，澳大利亚通过开始分发正面和负面数据，改善了对信用信息的访问。

（六）保护少数投资者

《2020 年全球营商环境报告》显示，总共有 9 个高收入经济体在融资营商环境的保护少数投资者方面进行了改革，其改革均被世界银行认定为促进了营商环境便利化（见表 3 - 13）。这 9 个经济体所属地区分别为欧洲及中亚地区（1 个）、中东及北非地区（5 个）、拉丁美洲和加勒比地区（1 个）、经合组织（2 个）。

表 3 - 13　　　　　　　高收入经济体保护少数投资者改善措施

编号	经济体	地区	改善措施
1	巴哈马群岛	拉丁美洲和加勒比地区	巴哈马群岛通过提高利益冲突的披露要求、澄清所有权和控制结构以及要求更高的公司透明度，加强了对少数投资者的保护
2	巴林	中东及北非地区	巴林通过澄清所有权和控制结构加强了对少数投资者的保护
3	希腊	经合组织	希腊加强了对少数投资者的保护，要求在批准关联方交易之前进行更大程度的披露和独立审查，以及提高公司高管薪酬的透明度
4	科威特	中东及北非地区	科威特向大会发出 21 天通知，加强了对少数投资者的保护

编号	经济体	地区	改善措施
5	立陶宛	欧洲及中亚地区	立陶宛通过澄清所有权和控制结构加强了对少数投资者的保护
6	阿曼	中东及北非地区	阿曼通过增加股东权利和澄清所有权和控制结构加强了对少数投资者的保护
7	沙特阿拉伯	中东及北非地区	沙特阿拉伯通过增加庭审证据的获取,加强了对少数投资者的保护
8	西班牙	经合组织	西班牙通过澄清所有权和控制结构加强了对少数投资者的保护
9	阿拉伯联合酋长国	中东及北非地区	阿拉伯联合酋长国通过规定在存在不利利益冲突的情况下取消董事资格,加强了对少数投资者的保护

资料来源:https://www.worldbank.org/en/businessready/doing-business-legacy.

在改善方向上,经济体均从法律法规角度出发,使得当地企业的少数投资者更有法律保障。例如,巴哈马群岛通过提高利益冲突的披露要求、澄清所有权和控制结构以及要求更高的公司透明度,加强了对少数投资者的保护;立陶宛通过澄清所有权和控制结构加强了对少数投资者的保护。

(七) 纳税

《2020 年全球营商环境报告》显示,总共有 13 个高收入经济体在纳税营商环境方面进行了改革,其改革均被世界银行认定为促进了营商环境便利化(见表 3-14)。这 13 个经济体所属地区分别为欧洲及中亚地区(1 个)、中东及北非地区(3 个)、拉丁美洲和加勒比地区(2 个)、经合组织(7 个)。

表 3 - 14   高收入经济体纳税改善措施

编号	经济体	地区	改善措施
1	巴哈马群岛	拉丁美洲和加勒比地区	巴哈马增强在线增值税报告系统并使纳税人更容易获得该系统，从而使纳税更加容易
2	巴林	中东及北非地区	巴林通过引入社会保险缴款的电子支付，纳税变得更加容易
3	比利时	经合组织	比利时降低了企业所得税税率，提高了名义利息扣除率，降低了雇主缴纳的社会保障缴款率，从而降低了纳税成本
4	塞浦路斯	欧洲及中亚地区	塞浦路斯通过实施在线申报和支付强制性劳动缴款系统，纳税变得更加容易
5	匈牙利	经合组织	匈牙利升级内部电子税务系统使纳税更加容易。匈牙利还降低了雇主缴纳的社会税率，从而降低了纳税成本
6	以色列	经合组织	以色列引入电子系统来申报和缴纳增值税和社会保障缴款，从而使纳税变得更加容易。以色列通过降低企业所得税税率降低了纳税成本
7	约旦	经合组织	约旦通过引入劳动税和其他强制性缴款的电子申报和支付，纳税变得更加容易
8	韩国	经合组织	韩国通过在其企业所得税和增值税在线申报系统中引入附加功能，简化了纳税手续
9	拉脱维亚	经合组织	拉脱维亚增加有效的企业所得税负担使纳税成本增加。新的计算方法以基于分配利润的所得税取代了对公司应税利润缴纳的企业所得税
10	沙特阿拉伯	中东及北非地区	沙特阿拉伯引入了增值税
11	特立尼达和多巴哥	拉丁美洲和加勒比地区	特立尼达和多巴哥通过对增值税退税进行有限范围审计而非全面审计，纳税变得更加容易
12	阿拉伯联合酋长国	中东及北非地区	阿拉伯联合酋长国引入了增值税
13	美国	经合组织	美国通过降低企业所得税税率降低了纳税成本。这项改革适用于纽约市和洛杉矶

资料来源：https://www.worldbank.org/en/businessready/doing-business-legacy.

在改善方向上，各经济体分别从政府的监管效率（包括程序、时间、成本和信息技术等）和法律法规的角度出发，使得当地企业的纳税营商环境更为宽松和便捷。在提升政府监管效率方面，匈牙利通过升级内部电子税务系统使纳税更加容易。匈牙利还降低了雇主缴纳的社会税率，从而降低了纳税成本。在法律法规上，沙特阿拉伯与阿拉伯联合酋长国都引入了增值税。

（八）跨境贸易

《2020 年全球营商环境报告》显示，总共有 8 个高收入经济体在贸易营商环境方面进行了改革（见表 3 - 15），分别来自中东及北非地区（5 个）、拉丁美洲和加勒比地区（2 个）、经合组织（1 个）。

表 3 - 15 　　　　　　　　高收入经济体跨境贸易改善措施

编号	经济体	地区	改善措施
1	巴林	中东及北非地区	巴林通过在法哈德国王堤道建立不同的过境通道，加快了跨境贸易
2	巴巴多斯	拉丁美洲和加勒比地区	巴巴多斯简化了港口当局的检查，并引入了一个符合文件要求的电子系统，从而简化了跨境贸易。巴巴多斯通过提高原产地证书签发费用，使跨境贸易更加昂贵
3	以色列	经合组织	以色列取消了原产地证书要求，从而减少了遵守出口单证的时间和成本，使出口更加容易
4	科威特	中东及北非地区	科威特通过改进海关风险管理系统和实施新的电子清关系统，简化了跨境贸易
5	阿曼	中东及北非地区	阿曼通过升级苏哈尔港的基础设施以及引入基于风险的检查和清关后审计，加快了进出口速度
6	沙特阿拉伯	中东及北非地区	沙特阿拉伯通过增强其电子贸易单一窗口、实现基于风险的检查、启动进口货物认证在线平台以及升级吉达港基础设施，加快了进出口速度

编号	经济体	地区	改善措施
7	阿拉伯联合酋长国	中东及北非地区	阿拉伯联合酋长国通过完全数字化原产地证书缩短了出口时间，通过签发涵盖多批货物的合格证书降低了进口成本，从而简化了跨境贸易
8	乌拉圭	拉丁美洲和加勒比地区	乌拉圭通过引入电子原产地证书减少了进口单证合规所需的时间

资料来源：https：//www.worldbank.org/en/businessready/doing-business-legacy.

在改善方向上，各经济体均从政府的监管效率（包括程序、时间、成本和信息技术等）角度出发，使得当地企业能够更加便捷地进行跨境贸易行为。例如，巴巴多斯简化了港口当局的检查，并引入了一个符合文件要求的电子系统，从而简化了跨境贸易；以色列取消了原产地证书要求，从而减少了遵守出口单证的时间和成本。

（九）执行合同

《2020年全球营商环境报告》显示，总共有6个高收入经济体在法律营商环境的执行合同方面进行了改革，其改革均被世界银行认定为是促进了营商环境便利化（见表3-16）。这6个经济体所属地区分别为中东及北非地区（2个）、东亚及太平洋地区（1个）、拉丁美洲和加勒比地区（1个）、经合组织（2个）。

表3-16　　　　　　高收入经济体执行合同改善措施

编号	经济体	地区	改善措施
1	巴林	中东及北非地区	巴林通过建立一个专门的商业法庭，为关键法庭事件制定时间标准，并允许电子送达传票，合同的执行变得更加容易

编号	经济体	地区	改善措施
2	巴巴多斯	拉丁美洲和加勒比地区	巴巴多斯通过了一项法律,将调解的各个方面作为替代争端解决机制加以规范,合同的执行变得更加容易
3	文莱	东亚及太平洋地区	文莱通过发布绩效衡量报告,合同的执行变得更加容易
4	德国	经合组织	德国通过引入初始投诉的电子归档和无需纸质文件的电子流程服务,简化了合同的执行
5	沙特阿拉伯	中东及北非地区	沙特阿拉伯通过发布法院绩效评估报告和关于法院案件进展情况的信息,合同的执行变得更加容易
6	美国	经合组织	美国(洛杉矶)通过引入电子存档和电子支付法庭费用,合同的执行变得更加容易

资料来源:https://www.worldbank.org/en/businessready/doing-business-legacy.

在改善方向上,各经济体均从政府的监管效率(包括程序、时间、成本和信息技术等)和法律法规角度出发,使得当地企业的执行合同更加合理化和便捷化。例如,德国通过引入初始投诉的电子归档和无需纸质文件的电子流程服务,简化了合同的执行;在法律法规方面,巴巴多斯通过了一项法律,将调解的各个方面作为替代争端解决机制加以规范,合同的执行变得更加容易。

(十) 办理破产

《2020 年全球营商环境报告》显示,总共有 4 个高收入经济体在法律营商环境的办理破产方面进行了改革,其改革被世界银行认定为促进了营商环境便利化(见表 3 - 17)。这 4 个经济体所属地区为中东及北非地区(2 个)、东亚及太平洋地区(1 个)、经合组织(1 个)。

表 3 – 17   高收入经济体办理破产改善措施

编号	经济体	地区	改善措施
1	巴林	中东及北非地区	巴林通过引入重组程序、允许债务人启动重组程序、增加关于启动后融资的规定以及改进表决安排，解决破产问题变得更加容易
2	文莱	东亚及太平洋地区	文莱通过增加债权人在破产程序中的参与，解决破产问题变得更加容易
3	约旦	经合组织	约旦通过引入重组程序、允许债务人启动重组程序以及在破产程序期间改进企业的延续性和合同的处理，解决破产问题变得更加容易
4	沙特阿拉伯	中东及北非地区	沙特阿拉伯通过引入重组程序、允许债务人启动重组程序、改进重组中的投票安排、改进破产程序中企业的延续性和合同的处理、允许启动后信贷，解决破产问题变得更加容易，促进了债权人对破产程序的参与

资料来源：https：//www.worldbank.org/en/businessready/doing-business-legacy.

在改善方向上，各经济体均从法律法规执行力度的角度出发，使得当地企业在最终的破产处理方面更为容易。例如，沙特阿拉伯通过引入重组程序、允许债务人启动重组程序、改进重组中的投票安排、改进破产程序中企业的延续性和合同的处理、允许启动后信贷，解决破产问题变得更加容易，促进了债权人对破产程序的参与；约旦通过引入重组程序、允许债务人启动重组程序以及在破产程序期间改进企业的延续性和合同的处理，解决破产问题变得更加容易。

二、中高收入经济体优化营商环境改善实践

（一）开办企业

《2020 年全球营商环境报告》显示，总共有 12 个中高收入经济

体在创业营商环境的开办企业方面进行了改革（见表3－18），其中
10个经济体的改革被世界银行认定为促进了营商环境便利化。

表3－18　　　　　　　　中高收入经济体开办企业改善措施

编号	经济体	地区	改善措施
1	罗马尼亚	欧洲及中亚地区	罗马尼亚允许自愿增值税注册，这比强制注册耗时更少，从而使创业变得更容易
2	塞尔维亚	欧洲及中亚地区	塞尔维亚要求创业者获得电子证书，并在注册成立后分别登记最终受益所有人，从而使创业变得更加容易
3	巴西	拉丁美洲和加勒比地区	巴西通过加快商业登记和降低数字证书的成本，创业变得更加容易。这项改革适用于圣保罗和里约热内卢
4	中国	东亚及太平洋地区	中国（北京）通过将获得公司印章完全整合到一站式服务中，创业变得更加容易
5	哥伦比亚	拉丁美洲和加勒比地区	哥伦比亚取消了开立银行账户以获得发票授权的要求，从而使创业变得更加容易
6	多米尼加	拉丁美洲和加勒比地区	多米尼加通过降低最低资本要求，创业变得更容易
7	埃及	欧洲及中亚地区	埃及取消了获得无混淆证书的要求，改善了一站式商店，从而使创业变得更加容易
8	赤道几内亚	撒哈拉以南非洲地区	赤道几内亚通过降低注册费降低了创业成本
9	加蓬	撒哈拉以南非洲地区	加蓬通过在一站式商店引入快速商业登记流程，创业变得更加容易
10	格林纳达	拉丁美洲和加勒比地区	格林纳达通过引入在线姓名搜索，创业变得更加容易
11	哈萨克斯坦	欧洲及中亚地区	哈萨克斯坦通过在公司成立时为公司注册增值税，创业变得更加容易
12	阿根廷	拉丁美洲和加勒比地区	阿根廷通过为雇用10名以上员工的公司引入额外的员工手册合法化程序，创业变得更加困难

资料来源：https://www.worldbank.org/en/businessready/doing-business-legacy.

在改善方向上，各经济体均从政府的监管效率（包括程序、时间、成本和信息技术等）角度出发，使得当地投资者更为宽松和便捷地创立企业。例如，巴西通过加快商业登记和降低数字证书的成本，创业变得更加容易；埃及取消了获得无混淆证书的要求，改善了一站式商店，从而使创业变得更加容易。

（二）办理建筑许可

《2020 年全球营商环境报告》显示，总共有 10 个中高收入经济体在创业营商环境的登记财产方面进行了改革，皆被世界银行认定为促进了营商环境便利化（见表 3 - 19），这 9 个经济体分别来自欧洲及中亚地区（2 个）、东亚及太平洋地区（4 个）、撒哈拉阴暗非洲地区（2 个）、拉丁美洲和加勒比地区（1 个）。

表 3 - 19　　　　　中高收入经济体办理建筑许可改善措施

编号	经济体	地区	改善措施
1	阿根廷	拉丁美洲和加勒比地区	阿根廷通过简化程序和实施建筑许可证申请电子平台，简化了建筑许可证的处理
2	中国	东亚及太平洋地区	中国简化了低风险建设项目的要求，缩短了供水和排水连接的时间，从而使获得建筑许可证变得更加容易。中国还对负责技术检查和审核建筑计划的专业人员实施更严格的资格要求以及差异化的建筑质量监督计划，使建筑更加安全。这项改革适用于北京和上海
3	加蓬	撒哈拉以南非洲地区	加蓬要求在施工阶段进行检查，并指定专门团队进行最终检查，从而使处理施工许可证更加安全。加蓬还简化了申请许可证的程序，不再需要市政印章
4	哈萨克斯坦	欧洲及中亚地区	哈萨克斯坦简化了对建设项目的专家评估，并改进了获得新供水连接的流程，从而简化了施工许可证的处理

编号	经济体	地区	改善措施
5	马来西亚	东亚及太平洋地区	马来西亚通过取消吉隆坡市政厅进行的道路和排水检查，简化了施工许可证的处理流程
6	毛里求斯	撒哈拉以南非洲地区	毛里求斯简化了公用事业公司的计划审批流程，缩短了申请废水连接的时间，从而简化了施工许可证的处理流程
7	塞尔维亚	欧洲及中亚地区	塞尔维亚通过实施一个新的在线门户网站和减少行政费用，处理建筑许可证变得更加容易
8	泰国	东亚及太平洋地区	泰国通过引入立法，要求在施工期间进行分阶段检查，从而简化了施工许可证的处理
9	汤加	东亚及太平洋地区	汤加通过删除有关建筑规范、建筑费用和所需预批准的在线公共信息，降低了处理建筑许可证的透明度

资料来源：https：//www.worldbank.org/en/businessready/doing-business-legacy.

在改善方向上，各经济体从政府的监管效率（包括程序、时间、成本和信息技术等）角度出发，使得当地企业在办理建设许可方面更加便捷。例如，阿根廷通过简化程序和实施建筑许可证申请电子平台，简化了建筑许可证的处理；中国简化了低风险建设项目的要求，缩短了供水和排水连接的时间，从而使获得建筑许可证变得更加容易。中国还对负责技术检查和审核建筑计划的专业人员实施更严格的资格要求以及差异化的建筑质量监督计划，使建筑更加安全。

（三）获得电力

《2020年全球营商环境报告》显示，总共有6个中高收入经济体在创业营商环境的登记财产方面进行了改革，其改革均被世界银行认定为促进了营商环境便利化（见表3-20）。

表3-20　　　　　　中高收入经济体获得电力改善措施

编号	经济体	地区	改善措施
1	阿尔巴尼亚	欧洲及中亚地区	阿尔巴尼亚通过推出监控和数据采集（SCADA）自动能源管理系统来监测停电和恢复服务，从而提高了供电的可靠性
2	伯利兹	拉丁美洲和加勒比地区	伯利兹通过向其公用事业领域工程师提供培训和升级其地理信息系统以绘制配电网络图，加快了供电速度
3	中国	东亚及太平洋地区	中国通过简化申请流程，使用电变得更加容易。中国还提高了电价变动的透明度。这项改革适用于北京和上海
4	哥斯达黎加	拉丁美洲和加勒比地区	哥斯达黎加通过修复 El Porviner 变电站、安装 1140 根新电杆以及在圣何塞实施变压器和电表测绘计划，提高了电力供应的可靠性。哥斯达黎加还缩短了批准电气设计的时间，从而加快了供电速度
5	俄罗斯联邦	欧洲及中亚地区	俄罗斯联邦通过设定新的截止日期和在莫斯科和圣彼得堡的公用事业部门内建立连接工程的专门部门，加快了电力供应速度
6	塞尔维亚	欧洲及中亚地区	塞尔维亚通过重新设计变电站、安装远程控制系统和改进电网维护，提高了供电可靠性

资料来源：https：//www.worldbank.org/en/businessready/doing-business-legacy.

　　在改善方向上，各经济体均从政府的监管效率和质量（包括程序、时间、成本和信息技术等）角度出发，使得当地企业更加容易获得电力。例如，阿尔巴尼亚通过推出监控和数据采集（SCADA）自动能源管理系统来监测停电和恢复服务，从而提高了供电的可靠性；伯利兹通过向其公用事业领域工程师提供培训和升级其地理信息系统以绘制配电网络图，加快了供电速度。

（四）登记财产

《2020年全球营商环境报告》显示，总共有8个中高收入经济体在创业营商环境的登记财产方面进行了改革，其中5个经济体的改革被世界银行认定为促进了营商环境便利化（见表3-21）。这8个经济体分别来自欧洲及中亚地区（3个）、中东及北非地区（1个）、撒哈拉以南非洲地区（1个）、拉丁美洲和加勒比地区（3个）。

表3-21　　　　　　　　中高收入经济体登记财产改善措施

编号	经济体	地区	改善措施
1	巴西	拉丁美洲和加勒比地区	巴西通过提高土地管理系统的质量，简化了财产登记。这一改革适用于圣保罗和里约热内卢。巴西（圣保罗）也引入了在线支付，巴西（里约热内卢）创建了一个在线系统来获取财产证书
2	厄瓜多尔	拉丁美洲和加勒比地区	厄瓜多尔通过减少转让财产所需的时间和增加土地管理系统的透明度，财产登记更加容易
3	牙买加	拉丁美洲和加勒比地区	牙买加通过降低财产转让税和印花税，简化了财产登记
4	毛里求斯	撒哈拉以南非洲地区	毛里求斯通过更容易检查产权负担，加快了财产登记。毛里求斯还提高了土地管理系统的质量，公布了上一日历年关于土地纠纷的官方服务标准和法院统计数据
5	土耳其	欧洲及中亚地区	土耳其通过临时降低转让财产的迫击炮费用降低了财产登记的成本，并通过缩短获得税务评估的时间加快了登记的速度

资料来源：https：//www.worldbank.org/en/businessready/doing-business-legacy.

在改善方向上，各经济体均从政府的监管效率（包括程序、时间、成本和信息技术等）角度出发，使得当企业更加便捷地进行财产登记。例如，巴西通过提高土地管理系统的质量，简化了财产登记，巴西（圣保罗）也引入了在线支付，巴西（里约热内卢）创建了一个在线系统来获取财产证书；牙买加通过降低财产转让税和印花税，简化了财产登记。

（五）获得信贷

《2020 年全球营商环境报告》显示，总共有 4 个中高收入经济体在融资营商环境的获得信贷方面进行了改革，其改革均被世界银行认定为促进了营商环境便利化（见表 3 - 22）。这 4 个经济体分别来自欧洲及中亚地区（2 个）、撒哈拉以南非洲地区（2 个）。

表 3 - 22   中高收入经济体获得信贷改善措施

编号	经济体	地区	改善措施
1	阿塞拜疆	欧洲及中亚地区	阿塞拜疆通过允许一类动产中的非占有式担保权益，而不限制存货的使用，包括自动延伸至产品、收益和原始抵押品替代品的未来资产，加强了信贷的获取。阿塞拜疆还允许对债务和义务进行一般性描述，以及在庭外强制执行担保权益
2	赤道几内亚	撒哈拉以南非洲地区	赤道几内亚通过中部非洲经济和货币共同体为信贷局的许可和运营建立了框架，从而改善了信贷信息的获取
3	加蓬	撒哈拉以南非洲地区	加蓬通过中部非洲经济和货币共同体为信贷局的许可和运营建立了框架，从而改善了信贷信息的获取
4	哈萨克斯坦	欧洲及中亚地区	哈萨克斯坦通过自动将担保权益扩大到产品、收益和原始资产的替代品，并在破产程序中给予有担保债权人绝对优先权，加强了获得信贷的机会。哈萨克斯坦还通过报告零售商的信用数据改善了对信用信息的获取

资料来源：https：//www.worldbank.org/en/businessready/doing-business-legacy.

在改善方向上，各经济体主要从政府的法律法规执行力度和监管效率角度出发，使得当地企业的获得信贷更为便捷。例如，阿塞拜疆通过允许一类动产中的非占有式担保权益，而不限制存货的使用，包括自动延伸至产品、收益和原始抵押品替代品的未来资产，加强了信贷的获取；阿塞拜疆还允许对债务和义务进行一般性描述，以及在庭外强制执行担保权益；赤道几内亚通过中部非洲经济和货币共同体为信贷局的许可和运营建立了框架，从而改善了信贷信息的获取。

（六）保护少数投资者

《2020 年全球营商环境报告》显示，总共有 5 个中高收入经济体在融资营商环境的保护少数投资者方面进行了改革，其中 4 项改革被世界银行认定为促进了营商环境便利化（见表 3 - 23）。这 5 个经济体分别来自欧洲及中亚地区（4 个）、东亚及太平洋地区（1 个）。

表 3 - 23　　　　　　　中高收入经济体保护少数投资者改善措施

编号	经济体	地区	改善措施
1	阿塞拜疆	欧洲及中亚地区	阿塞拜疆通过对不公平关联方交易的董事施加责任，加强了对少数投资者的保护
2	中国	东亚及太平洋地区	中国通过对不公平关联交易的控股股东施加责任，并澄清所有权和控制结构，加强了对少数投资者的保护。这项改革适用于北京和上海
3	俄罗斯联邦	欧洲及中亚地区	俄罗斯联邦通过要求提高公司透明度加强了对少数投资者的保护。这项改革适用于莫斯科和圣彼得堡
4	塞尔维亚	欧洲及中亚地区	塞尔维亚通过要求外部审查和立即披露关联方交易、增加股东在重大决策中的权利、澄清所有权和控制结构以及要求提高公司透明度，加强了对少数投资者的保护

资料来源：https://www.worldbank.org/en/businessready/doing-business-legacy.

在改善方向上，各经济体均从政府的法律法规角度出发，使得当地企业的少数投资者更有法律保障。例如，阿塞拜疆通过对不公平关联方交易的董事施加责任，加强了对少数投资者的保护；中国通过对不公平关联交易的控股股东施加责任，并澄清所有权和控制结构，加强了对少数投资者的保护。

（七）纳税

《2020 年全球营商环境报告》显示，总共有 9 个中高收入经济体在纳税营商环境方面进行了改革，其中 6 个经济体的改革被世界银行认定为促进了营商环境便利化（见表 3-24）。这 9 个经济体分别来自欧洲及中亚地区（5 个）、东亚及太平洋地区（2 个）、撒哈拉以南非洲地区（1 个）、拉丁美洲和加勒比地区（1 个）。

表 3-24　　　　　　　　中高收入经济体纳税改善措施

编号	经济体	地区	改善措施
1	中国	东亚及太平洋地区	中国通过对小企业实施企业所得税优惠税率、降低某些行业的增值税税率以及加强电子申报和支付系统，纳税变得更加容易。这项改革适用于北京和上海
2	罗马尼亚	欧洲及中亚地区	罗马尼亚取消了五项雇主缴纳的税款和缴款，从而降低了纳税成本
3	俄罗斯联邦	欧洲及中亚地区	俄罗斯通过缩短增值税现金退税纳税人申请的税务机关审查期限，并进一步增强用于税务和工资编制的 1C 软件，纳税变得更加容易。这项改革适用于莫斯科和圣彼得堡
4	塞尔维亚	欧洲及中亚地区	塞尔维亚通过引入增值税抵免退税的内部期限，纳税变得更加容易
5	圣文森特和格林纳丁斯	拉丁美洲和加勒比地区	圣文森特和格林纳丁斯通过降低企业所得税税率降低了纳税成本
6	土耳其	欧洲及中亚地区	土耳其通过修改增值税法典，免除某些资本投资的增值税，纳税变得更加容易

资料来源：https://www.worldbank.org/en/businessready/doing-business-legacy.

在改善方向上，各经济体均从政府的监管效率（包括程序、时间、成本和信息技术等）和法律法规执行力度的角度出发，使得当地企业的纳税营商环境更加便利。例如，中国通过对小企业实施企业所得税优惠税率、降低某些行业的增值税税率以及加强电子申报和支付系统，纳税变得更加容易；圣文森特和格林纳丁斯通过降低企业所得税税率降低了纳税成本。

（八）跨境贸易

《2020年全球营商环境报告》显示，总共有6个中高收入经济体在贸易营商环境方面进行了改革，其中5项改革被世界银行认定为促进了营商环境便利化（见表3-25）。这6个经济体分别来自东亚及太平洋地区（1个）、拉丁美洲和加勒比地区（5个）。

表3-25　　　　　　　　中高收入经济体跨境贸易改善措施

编号	经济体	地区	改善措施
1	阿根廷	拉丁美洲和加勒比地区	阿根廷通过引入电子原产地证书和改进其进口许可证制度，缩短了进出口单证合规所需的时间
2	伯利兹	拉丁美洲和加勒比地区	伯利兹通过加强其基于风险的管理系统，跨境贸易更加容易
3	中国	东亚及太平洋地区	中国通过实施提前货物报关、升级港口基础设施、优化海关管理和公布收费表，简化了进出口手续。这项改革适用于北京和上海
4	哥伦比亚	拉丁美洲和加勒比地区	哥伦比亚通过将责任卡数字化，跨境贸易更加容易，责任卡是必要的出口文件之一
5	秘鲁	拉丁美洲和加勒比地区	秘鲁通过为报关行引入电子指令和简化进口清关，缩短了进出口时间

资料来源：https://www.worldbank.org/en/businessready/doing-business-legacy.

在改善方向上，各经济体均从政府的监管效率（包括程序、时间、成本和信息技术等）角度出发，使得当地贸易企业的跨境贸易行为更加高效。例如，中国通过实施提前货物报关、升级港口基础设施、优化海关管理和公布收费表，简化了进出口手续；秘鲁通过为报关行引入电子指令和简化进口清关，缩短了进出口时间。

（九）执行合同

《2020 年全球营商环境报告》显示，总共有 12 个中高收入经济体在法律营商环境的执行合同方面进行了改革，其改革均被世界银行认定为促进了营商环境便利化（见表 3 – 26）。这 12 个经济体分别来自中东及北非地区（1 个）、东亚及太平洋地区（1 个）、撒哈拉以南非洲地区（2 个）、拉丁美洲和加勒比地区（5 个）、欧洲及中亚地区（3 个）。

表 3 – 26　　　　　　　中高收入经济体执行合同改善措施

编号	经济体	地区	改善措施
1	阿根廷	拉丁美洲和加勒比地区	阿根廷允许以电子方式支付法庭费用，从而使合同的执行更加容易
2	阿塞拜疆	欧洲及中亚地区	阿塞拜疆通过引入允许原告以电子方式提交初始投诉的电子系统以及通过关于自愿调解的综合法律，合同的执行变得更加容易
3	中国	东亚及太平洋地区	中国通过规定可批准延期的最大数量，并将延期限制在不可预见和特殊情况下，合同的执行更加容易。这项改革适用于北京和上海。中国（上海）通过发布法庭绩效评估和进展报告，合同的执行变得更加容易
4	哥斯达黎加	拉丁美洲和加勒比地区	哥斯达黎加通过了一项新的民事诉讼法，将审前会议作为法庭案件管理技术的一部分，从而简化了合同的执行

续表

编号	经济体	地区	改善措施
5	多米尼加	拉丁美洲和加勒比地区	多米尼加通过建立专门的商事法庭和采用调解与调解框架（包括在商事案件中），合同的执行变得更加容易
6	牙买加	拉丁美洲和加勒比地区	牙买加通过引入司法绩效衡量机制，提供关于处置时间和清除率的公开信息，合同的执行更加容易
7	黎巴嫩	中东及北非地区	黎巴嫩通过了一项法律，将调解的各个方面作为替代纠纷解决机制加以规范，合同的执行变得更加容易
8	毛里求斯	撒哈拉以南非洲地区	毛里求斯通过为最高法院商事庭发布绩效衡量报告，合同的执行更加容易
9	北马其顿	欧洲及中亚地区	北马其顿简化了执行费用的计算并降低了整个过程的成本，从而使执行合同变得更容易
10	巴拉圭	拉丁美洲和加勒比地区	巴拉圭通过为法官和律师引入电子案件管理系统，合同的执行变得更加容易
11	塞尔维亚	欧洲及中亚地区	塞尔维亚通过为各方尝试调解建立经济激励机制，合同的执行变得更加容易
12	南非	撒哈拉以南非洲地区	南非通过引入专门审理商业案件的专门法庭，合同的执行变得更加容易

资料来源：https：//www.worldbank.org/en/businessready/doing-business-legacy.

在改善方向上，各经济体均从政府法律法规执行力度角度出发，使得当地企业的执行合同更加合理化和便捷化。例如，中国通过规定可批准延期的最大数量，并将延期限制在不可预见和特殊情况下，合同的执行更加容易，这项改革适用于北京和上海；哥斯达黎加通过了一项新的民事诉讼法，将审前会议作为法庭案件管理技术的一部分，从而简化了合同的执行。

（十）办理破产

《2020 年全球营商环境报告》显示，总共有 5 个中高收入经济体在法律营商环境的办理破产方面进行了改革，其中 4 项改革被世界银行认定为促进了营商环境便利化（见表 3 - 27）。这 5 个经济体分别来自欧洲及中亚地区（2 个）、东亚及太平洋地区（1 个）、撒哈拉以南非洲地区（1 个）、拉丁美洲和加勒比地区（1 个）。

表 3 - 27 　　　　　　　中高收入经济体办理破产改善措施

编号	经济体	地区	改善措施
1	中国	东亚及太平洋地区	中国提供启动后信贷优先权规则和增加债权人在破产程序中的参与，使解决破产问题变得更加容易。这项改革适用于北京和上海
2	哥伦比亚	拉丁美洲和加勒比地区	哥伦比亚增加债权人在破产程序中的参与，使解决破产问题变得更加容易
3	毛里求斯	撒哈拉以南非洲地区	毛里求斯在破产程序期间改善债务人业务的持续性，解决破产问题变得更加容易
4	塞尔维亚	欧洲及中亚地区	塞尔维亚要求债权人批准破产代表的任命并向其提供债务人财务状况信息的权利，使解决破产问题变得更加容易

资料来源：https：//www. worldbank. org/en/businessready/doing-business-legacy.

在改善方向上，各经济体均从法律法规执行力度的角度出发，使得当地企业在最终的破产处理方面更为容易。例如，中国提供启动后信贷优先权规则和增加债权人在破产程序中的参与，使解决破产问题变得更加容易；塞尔维亚要求债权人批准破产代表的任命并向其提供债务人财务状况信息的权利，使解决破产问题变得更加容易。

三、中低收入经济体优化营商环境改善实践

（一）开办企业

《2020 年全球营商环境报告》显示，总共有 18 个中低收入经济体在创业营商环境的开办企业方面进行了改革，其中 16 项改革被世界银行认定为促进了营商环境便利化（见表 3-28）。这 18 个经济体分别来自中东及北非地区（1 个）、东亚及太平洋地区（6 个）、撒哈拉以南非洲地区（6 个）、南亚地区（3 个）、拉丁美洲和加勒比地区（2 个）。

表 3-28　　　　　　　　　中低收入经济体开办企业改善措施

编号	经济体	地区	改善措施
1	缅甸	东亚及太平洋地区	缅甸通过引入公司注册在线平台和降低公司注册费，创业变得更加容易
2	尼日利亚	撒哈拉以南非洲地区	尼日利亚通过减少注册公司所需的时间和改进在线平台，创业变得更加容易。这项改革适用于卡诺和拉各斯。尼日利亚也使创业变得更加容易，不再要求对营业场所进行现场检查
3	巴基斯坦	南亚地区	巴基斯坦通过扩大在线一站式商店提供的程序，创业变得更加容易。这项改革适用于卡拉奇和拉合尔。此外，巴基斯坦（拉合尔）取消了劳工部的登记费
4	菲律宾	东亚及太平洋地区	菲律宾通过取消国内公司的最低资本要求，创业变得更加容易
5	突尼斯	中东及北非地区	突尼斯通过将更多服务合并到一站式服务中并降低费用，创业变得更加容易
6	孟加拉国	南亚地区	孟加拉国通过降低姓名清关和注册费以及取消数字证书认证费，降低了创业成本。这项改革适用于达卡和吉大港

续表

编号	经济体	地区	改善措施
7	佛得角	撒哈拉以南非洲地区	佛得角在进行检查之前颁发市政许可证,加快了创业速度
8	刚果民主共和国	撒哈拉以南非洲地区	刚果民主共和国通过降低企业注册费用降低了创业成本
9	斯威士兰	撒哈拉以南非洲地区	斯威士兰通过引入免费的在线姓名预订和商业登记服务,创业变得更加容易
10	冈比亚	撒哈拉以南非洲地区	冈比亚取消了获得公司印章的要求,从而使创业变得更加容易
11	洪都拉斯	拉丁美洲和加勒比地区	洪都拉斯降低了编制公司章程的公证费,从而降低了创业成本
12	印度	南亚地区	印度通过取消香料公司注册表格、电子公司备忘录和公司章程的备案费,创业变得更加容易。这项改革适用于德里和孟买
13	印度尼西亚	东亚及太平洋地区	印度尼西亚(雅加达)通过引入在线商业许可平台和用电子证书取代硬拷贝,创业变得更加容易
14	老挝	东亚及太平洋地区	老挝取消了向工商登记机关索取营业地点证明的要求,从而使创业变得更加容易
15	莱索托	撒哈拉以南非洲地区	莱索托取消了对健康证明的要求,并对所有企业的经营场所进行了检查,从而使创业变得更加容易
16	巴哈马	东亚及太平洋地区	巴哈马缩短了营业执照和增值税的登记时间,取消了商业登记费,从而加快了创业速度

资料来源:https://www.worldbank.org/en/businessready/doing-business-legacy.

在改善方向上,各经济体均从政府的监管效率(包括程序、时间、成本和信息技术等)角度出发,使得当地投资者更为宽松和便捷地创立企业。例如,尼日利亚通过减少注册公司所需的时间和改进在线平台,创业变得更加容易;巴基斯坦通过扩大在线一站式商店提供的程序，创业变得更加容易；突尼斯通过将更多服务合并到一站式服务中并降低费用，创业变得更加容易。

（二）办理建筑许可

《2020 年全球营商环境报告》显示，总共有 13 个中低收入经济体在创业营商环境的办理建筑许可方面进行了改革，其改革均被世界银行认定为促进了营商环境便利化（见表 3 – 29）。这 13 个经济体分别来自欧洲及中亚地区（4 个）、中东及北非地区（1 个）、东亚及太平洋地区（2 个）、撒哈拉以南非洲地区（3 个）、南亚地区（2 个）、拉丁美洲和加勒比地区（1 个）。

表 3 – 29 　　　　　　　中低收入经济体办理建筑许可改善措施

编号	经济体	地区	改善措施
1	亚美尼亚	欧洲及中亚地区	亚美尼亚通过对建筑师和工程师实施更严格的资格要求，加强了施工质量控制
2	佛得角	撒哈拉以南非洲地区	佛得角通过投资地理参考和地理信息系统数据库，简化了施工许可指标的处理
3	印度	南亚地区	印度（德里）通过加强专业认证要求，简化了流程，减少了获得施工许可证的时间和成本，并改进了建筑质量控制。印度（孟买）简化了获得建筑许可证的流程，获得建筑许可证的速度更快、成本更低
4	肯尼亚	撒哈拉以南非洲地区	肯尼亚通过在线公开建筑许可证要求和降低费用，处理建筑许可证更加透明
5	科索沃	欧洲及中亚地区	科索沃取消了通知开工和接受现场检查的要求，从而简化了施工许可证的处理
6	摩尔多瓦	欧洲及中亚地区	摩尔多瓦通过监理工程师实施质量控制，并且不再要求卫生和环境机构对低风险结构进行许可，从而简化了施工许可证的处理

编号	经济体	地区	改善措施
7	摩洛哥	中东及北非地区	摩洛哥通过改进其在线平台和进一步简化流程，能够在线申请和获得合格证书，从而简化了施工许可证的处理
8	缅甸	东亚及太平洋地区	缅甸通过对建筑师和工程师实施更严格的资格要求并在线提供建筑许可要求，加强了施工质量控制。缅甸还改善了其水和卫生基础设施
9	尼泊尔	拉丁美洲和加勒比地区	尼泊尔通过降低建筑许可证费用和改进在线电子提交平台，简化了建筑许可证的处理，降低了成本
10	尼日利亚	撒哈拉以南非洲地区	尼日利亚（拉各斯）取消了仓库的基础设施开发费（IDC，建筑许可费），从而降低了处理建筑许可证的成本
11	巴基斯坦	南亚地区	巴基斯坦（卡拉奇）通过简化审批流程，获得施工许可证变得更容易、更快，并确保定期进行建筑质量检查，施工更安全。巴基斯坦（拉合尔）还简化了审批流程，提高了施工许可一站式服务的运营效率，获得施工许可证变得更加容易和快捷
12	菲律宾	东亚及太平洋地区	菲律宾通过改进协调和简化获得入住证的流程，简化了建筑许可证的处理
13	乌克兰	欧洲及中亚地区	乌克兰简化了施工许可证处理流程，取消了聘用外部监理的要求，并引入了在线通知系统。乌克兰还降低了向基辅市议会缴纳的费用，从而降低了获得施工许可证的成本

资料来源：https：//www.worldbank.org/en/businessready/doing-business-legacy.

在改善方向上，各经济体从政府的监管效率（包括程序、时间、成本和信息技术等）和法律法规执行力度的角度出发，使得当地企业更为便利地办理建筑许可。例如，摩洛哥通过改进其在线平台和进一步简化流程，能够在线申请和获得合格证书，从而简化了施工许可证的处理；巴基斯坦（卡拉奇）通过简化审批流程，获得施工许可证变得更容易、更快，并确保定期进行建筑质量检查，施工更安全。

巴基斯坦（拉合尔）还简化了审批流程，提高了施工许可一站式服务的运营效率，获得施工许可证变得更加容易和快捷。

（三）获得电力

《2020 年全球营商环境报告》显示，总共有 16 个高收入经济体在创业营商环境的获得电力方面进行了改革，其中 15 项改革被世界银行认定为促进了营商环境便利化（见表 3 - 30）。这 16 个经济体分别来自欧洲及中亚地区（3 个）、中东及北非地区（2 个）、东亚及太平洋地区（2 个）、撒哈拉以南非洲地区（6 个）、南亚地区（2 个）、拉丁美洲和加勒比地区（1 个）。

表 3 - 30　　　　　　　　中低收入经济体获得电力改善措施

编号	经济体	地区	改善措施
1	孟加拉国	南亚地区	孟加拉国（达卡）通过在电力公司投资数字化和人力资本，加快了电力供应速度。孟加拉国（达卡）还通过减少新连接的保证金，降低了获得电力的成本
2	佛得角	撒哈拉以南非洲地区	佛得角通过让公用事业公司代表客户获得市政开挖许可证，降低了成本，从而使供电变得更加容易
3	埃及	中东及北非地区	埃及通过实施自动化系统来监测和报告停电情况，从而提高了供电的可靠性
4	萨尔瓦多	拉丁美洲和加勒比地区	萨尔瓦多通过在连接请求的同时接受电力计划，电力供应变得更容易
5	斯威士兰	撒哈拉以南非洲地区	斯威士兰通过增加外部连接工程材料的可用性，加快了供电速度
6	加纳	撒哈拉以南非洲地区	加纳通过改进审查流程和增加新电力连接设备的可用性，加快了供电速度
7	印度尼西亚	东亚及太平洋地区	印度尼西亚（泗水）在电网改造和加强维护后，提高了供电可靠性。印度尼西亚（泗水）由于发电能力的提高，也加快了新电气连接的速度

编号	经济体	地区	改善措施
8	肯尼亚	撒哈拉以南非洲地区	肯尼亚通过对现有基础设施进行现代化改造,并在内罗毕新建变电站,从而提高了电力供应的可靠性
9	科索沃	欧洲及中亚地区	科索沃通过投资电网基础设施和实施监督控制和数据采集(SCADA)自动能源管理系统(用于停电监测和恢复服务),提高了供电可靠性
10	吉尔吉斯斯坦	欧洲及中亚地区	吉尔吉斯斯坦通过加强停电监测和现代化基础设施以减少停电,提高了供电可靠性
11	老挝	东亚及太平洋地区	老挝通过分配更多员工处理应用程序,加快了用电速度。老挝还通过部署自动监控和数据采集(SCADA)系统,用于停电监测和恢复服务,提高了供电的可靠性
12	摩洛哥	中东及北非地区	摩洛哥通过推广新连接的在线应用和扩大预制变压器的使用,电力供应变得更加容易
13	尼日利亚	撒哈拉以南非洲地区	尼日利亚允许认证工程师对新连接进行检查,从而使用电变得更加容易。这项改革适用于卡诺和拉各斯
14	巴基斯坦	南亚地区	巴基斯坦通过强制实施服务交付时间框架和推出新应用的在线门户网站,电力供应变得更加容易,巴基斯坦还提高了电价变化的透明度。这项改革适用于卡拉奇和拉合尔
15	乌克兰	欧洲及中亚地区	乌克兰通过简化技术条件的发布和实施地理信息系统,获得电力变得更加容易。乌克兰还通过引入断电补偿机制提高了供电可靠性

资料来源:https://www.worldbank.org/en/businessready/doing-business-legacy.

在改善方向上,各经济体均从政府的监管效率(包括程序、时间、成本和信息技术等)角度出发,使得当地用电企业更加容易地获得电力。例如,巴基斯坦通过强制实施服务交付时间框架和推出新应用的在线门户网站,电力供应变得更加容易,巴基斯坦还提高了电价变化的透明度;埃及通过实施自动化系统来监测和报告停电情况,从而提高了供电的可靠性。

（四） 登记财产

《2020 年全球营商环境报告》显示，总共有 10 个中低收入经济体在创业营商环境的登记财产方面进行了改革，其中 8 个经济体的改革被世界银行认定为促进了营商环境便利化（见表 3 - 31）。这 10 个经济体分别来自欧洲及中亚地区（1 个）、中东及北非地区（2 个）、东亚及太平洋地区（1 个）、撒哈拉以南非洲地区（4 个）、南亚地区（1 个）、拉丁美洲和加勒比地区（1 个）。

表 3 - 31　　　　　　中低收入经济体登记财产改善措施

编号	经济体	地区	改善措施
1	佛得角	撒哈拉以南非洲地区	佛得角通过简化行政程序和提高土地管理系统的质量加快了财产登记
2	摩洛哥	中东及北非地区	摩洛哥缩短了获得无产权负担证书的时间，从而加快了财产登记。摩洛哥还降低了财产登记的透明度，没有公布上一日历年的财产交易和土地纠纷数量的统计数据
3	缅甸	东亚及太平洋地区	缅甸通过简化契约登记和评估加快了财产登记。缅甸还通过公布上一日历年的收费表、官方服务标准和财产转让统计数据，提高了土地管理系统的质量
4	尼泊尔	拉丁美洲和加勒比地区	虽然尼泊尔通过增加财产转让登记费提高了财产登记费用，但是其通过提供最新地籍图的官方服务标准，提高了土地管理系统的质量
5	尼日利亚	撒哈拉以南非洲地区	尼日利亚（拉各斯）通过实施地理信息系统改进了其土地管理系统
6	巴基斯坦	南亚地区	巴基斯坦（卡拉奇）通过简化签署和注册契约的手续，加快了财产注册速度。巴基斯坦（拉合尔）通过提高土地管理系统的透明度，财产登记变得更加容易

续表

编号	经济体	地区	改善措施
7	突尼斯	中东及北非地区	突尼斯通过简化内部财产转让流程加快了财产登记，还通过公布跟踪上一日历年土地登记处房地产交易的统计数据，提高了土地管理的透明度
8	乌克兰	欧洲及中亚地区	乌克兰通过增加土地管理系统的透明度，财产登记变得更加容易

资料来源：https：//www.worldbank.org/en/businessready/doing-business-legacy.

在改善方向上，各经济体均从政府的监管效率（包括程序、时间、成本和信息技术等）角度出发，使得当地企业更加便捷地进行财产登记。例如，突尼斯通过简化内部财产转让流程加快了财产登记，还通过公布跟踪上一日历年土地登记处房地产交易的统计数据，提高了土地管理的透明度；尼日利亚（拉各斯）通过实施地理信息系统改进了其土地管理系统。

（五）获得信贷

《2020年全球营商环境报告》显示，总共有11个中低收入经济体在融资营商环境的获得信贷方面进行了改革，其中10项改革被世界银行认定为促进了营商环境便利化（见表3-32）。这11个经济体分别来自欧洲及中亚地区（2个）、中东及北非地区（1个）、东亚及太平洋地区（1个）、撒哈拉以南非洲地区（5个）、南亚地区（1个）、拉丁美洲和加勒比地区（1个）。

表 3 - 32　　　　　　　中低收入经济体获得信贷改善措施

编号	经济体	地区	改善措施
1	孟加拉国	南亚地区	孟加拉国通过扩大信用信息局的覆盖范围，改善了对信用信息的获取。这项改革适用于达卡和吉大港
2	喀麦隆	撒哈拉以南非洲地区	喀麦隆通过中部非洲经济和货币共同体为信贷局的许可和运营建立了框架，从而改善了信贷信息的获取
3	刚果共和国	撒哈拉以南非洲地区	刚果通过中部非洲经济和货币共同体为信贷局的许可证发放和运营建立了一个框架，从而改善了信贷信息的获取
4	吉布提	中东及北非地区	吉布提通过实施功能性担保交易系统和统一的基于通知的抵押品登记处，加强了信贷准入
5	肯尼亚	撒哈拉以南非洲地区	肯尼亚通过引入在线注册、修改和取消担保权益以及公开在线搜索其抵押品登记处，加强了信贷获取
6	吉尔吉斯斯坦	欧洲及中亚地区	吉尔吉斯斯坦通过向银行、金融机构和借款人提供信用评分，改善了对信用信息的获取
7	毛里塔尼亚	撒哈拉以南非洲地区	毛里塔尼亚通过启动新的信用报告系统，分发正面和负面数据，并向银行和金融机构提供信用评分，改善了对信用信息的获取
8	尼泊尔	拉丁美洲和加勒比地区	尼泊尔通过扩大信贷局的覆盖范围，改善了对信贷信息的获取
9	乌克兰	欧洲及中亚地区	乌克兰通过在乌克兰国家银行建立新的公共信贷登记处，改善了对信贷信息的获取
10	越南	东亚及太平洋地区	越南通过分发来自零售商的数据改善了对信用信息的访问

资料来源：https：//www.worldbank.org/en/businessready/doing-business-legacy.

　　在改善方向上，各经济体主要从政府的法律法规执行力度角度出发，使得当地企业的获得信贷更为便捷。例如，肯尼亚通过引入在线注册、修改和取消担保权益以及公开在线搜索其抵押品登记处，加强了信贷获取；尼泊尔通过扩大信贷局的覆盖范围，改善了对信贷信息的获取。

（六）保护少数投资者

《2020年全球营商环境报告》显示，总共有11个中低收入经济体在法律营商环境的保护少数投资者方面进行了改革，其改革均被世界银行认定为促进了营商环境便利化（见表3-33）。这11个经济体分别来自欧洲及中亚地区（4个）、中东及北非地区（3个）、东亚及太平洋地区（2个）、撒哈拉以南非洲地区（2个）。

表3-33　　　中低收入经济体保护少数投资者改善措施

编号	经济体	地区	改善措施
1	亚美尼亚	欧洲及中亚地区	亚美尼亚通过要求独立审查和立即向公众披露关联方交易、增加股东在重大公司决策中的权利和作用以及澄清所有权和控制结构，加强了对少数投资者的保护
2	吉布提	中东及北非地区	吉布提通过提高公司透明度加强了对少数投资者的保护
3	埃及	中东及北非地区	埃及在上市公司发行新股时要求股东批准，从而加强了对少数投资者的保护
4	肯尼亚	撒哈拉以南非洲地区	肯尼亚通过要求股东批准外部审计师的选举和解聘，加强了对少数投资者的保护
5	科索沃	欧洲及中亚地区	科索沃加强了对少数投资者的保护，要求更多地披露与相关方的交易，在审判前扩大对公司信息的访问，澄清所有权和控制结构，并要求提高公司透明度
6	摩洛哥	中东及北非地区	摩洛哥通过扩大股东在重大交易中的作用、促进独立董事、增加董事在其他公司任职的透明度以及更容易请求召开股东大会，加强了对少数投资者的保护
7	缅甸	东亚及太平洋地区	缅甸通过要求更多披露与相关方的交易、增加董事责任和要求更高的公司透明度，加强了对少数投资者的保护

编号	经济体	地区	改善措施
8	菲律宾	东亚及太平洋地区	菲律宾加强了对少数投资者的保护，要求更多地披露与相关方的交易，并加强董事对与相关方的交易的责任
9	乌克兰	欧洲及中亚地区	乌克兰通过要求更多地披露与相关方的交易，加强了对少数投资者的保护
10	乌兹别克斯坦	欧洲及中亚地区	乌兹别克斯坦通过增加股东在重大公司决策中的权利和作用、澄清所有权和控制结构以及要求提高公司透明度，加强了对少数投资者的保护
11	赞比亚	撒哈拉以南非洲地区	赞比亚通过增加股东在重大公司决策中的权利和作用，明确所有权和控制结构，加强了对少数投资者的保护

资料来源：https：//www.worldbank.org/en/businessready/doing-business-legacy.

在改善方向上，各经济体均从政府的法律法规角度出发，使得当地企业的少数投资者更有法律保障。例如，肯尼亚通过要求股东批准外部审计师的选举和解聘，加强了对少数投资者的保护；缅甸通过要求更多披露与相关方的交易、增加董事责任和要求更高的公司透明度，加强了对少数投资者的保护；赞比亚通过增加股东在重大公司决策中的权利和作用，明确所有权和控制结构，加强了对少数投资者的保护。

（七）纳税

《2020年全球营商环境报告》显示，总共有16个中低收入经济体在纳税方面进行了改革，其中14个经济体的改革被世界银行认定为促进了营商环境便利化（见表3-34）。这16个进行改革的经济体分别来自欧洲及中亚地区（4个）、中东及北非地区（3个）、东亚及太平洋地区（4个）、撒哈拉以南非洲地区（4个）、南亚地区

（1个）。

表3-34　　　　　　　　中低收入经济体纳税改善措施

编号	经济体	地区	改善措施
1	亚美尼亚	欧洲及中亚地区	亚美尼亚通过将增值税现金返还扩大到资本投资案例，纳税变得更加容易
2	科特迪瓦	撒哈拉以南非洲地区	科特迪瓦通过实施电子申报和支付系统，并通过引入在线案例管理系统来处理增值税现金退款，纳税变得更加容易
3	埃及	中东及北非地区	埃及通过引入在线系统申报和缴纳企业所得税和增值税，纳税变得更加容易
4	冈比亚	撒哈拉以南非洲地区	冈比亚通过降低企业所得税税率和流转税率降低了纳税成本
5	印度尼西亚	东亚及太平洋地区	印度尼西亚通过引入主要税种的在线申报和支付系统，纳税变得更加容易。这项改革适用于雅加达和泗水
6	肯尼亚	撒哈拉以南非洲地区	肯尼亚通过引入社会保障缴款在线申报和支付系统，纳税变得更加容易
7	吉尔吉斯斯坦	欧洲及中亚地区	吉尔吉斯斯坦通过将利息收入税合并到企业所得税中，并引入在线报税和纳税平台，纳税变得更加容易
8	摩尔多瓦	欧洲及中亚地区	摩尔多瓦通过降低雇主缴纳的社会保障缴款率和资本收益基础，纳税变得更加容易。同时，环境税的价值以及劳动税和贡献的时间也增加了
9	摩洛哥	中东及北非地区	摩洛哥通过降低企业所得税税率降低了纳税成本
10	巴基斯坦	南亚地区	巴基斯坦通过引入增值税和企业所得税的在线支付模块，纳税变得更加容易，并通过降低企业所得税税率降低成本。这项改革适用于卡拉奇和拉合尔
11	巴布亚新几内亚	东亚及太平洋地区	巴布亚新几内亚通过取消培训税降低了纳税成本。巴布亚新几内亚通过更精简的审计更快地发放增值税退税，纳税变得更容易
12	突尼斯	中东及北非地区	突尼斯通过实施基于风险的税务审计系统，纳税变得更加容易

编号	经济体	地区	改善措施
13	乌兹别克斯坦	欧洲及中亚地区	乌兹别克斯坦通过将基础设施税与企业所得税合并，纳税变得更加容易
14	越南	东亚及太平洋地区	越南通过升级税务总局使用的信息技术基础设施，纳税变得更加容易

资料来源：https：//www.worldbank.org/en/businessready/doing-business-legacy.

在改善方向上，各经济体均从政府的监管效率（包括程序、时间、成本和信息技术等）角度出发，使得当地企业的纳税营商环境更加便利。例如，印度尼西亚通过引入主要税种的在线申报和支付系统，纳税变得更加容易；巴基斯坦通过引入增值税和企业所得税的在线支付模块，纳税变得更加容易，并通过降低企业所得税税率降低成本。

（八）跨境贸易

《2020 年全球营商环境报告》显示，总共有 10 个中低收入经济体在跨境贸易进行了改革，其中 10 项改革被世界银行认定为促进了营商环境便利化（见表 3-35）。这 10 个经济体分别来自欧洲及中亚地区（3 个）、中东及北非地区（1 个）、东亚及太平洋地区（2 个）、撒哈拉以南非洲地区（1 个）、南亚地区（2 个）、拉丁美洲和加勒比地区（1 个）。

表 3-35　　　　　　　中低收入经济体跨境贸易改善措施

编号	经济体	地区	改善措施
1	亚美尼亚	欧洲及中亚地区	亚美尼亚允许在线提交报关单，从而加快了出口速度

编号	经济体	地区	改善措施
2	印度	南亚地区	印度通过启用通关后审计、将贸易利益相关者整合到单一电子平台、升级港口基础设施和加强文件的电子提交，跨境贸易更加容易。这项改革适用于孟买和新德里
3	印度尼西亚	东亚及太平洋地区	印度尼西亚通过改进出口报关的在线处理，简化了跨境贸易。这项改革适用于雅加达和泗水
4	摩洛哥	中东及北非地区	摩洛哥通过引入电子支付港口费用、简化无纸通关和延长港口运营时间，加快了跨境贸易
5	尼泊尔	拉丁美洲和加勒比地区	尼泊尔通过在尼泊尔－印度边境开设综合检查站，减少了出口和进口的时间和成本
6	尼日利亚	撒哈拉以南非洲地区	尼日利亚通过进一步升级其电子系统和推出费用电子支付，缩短了进出口时间。这项改革适用于卡诺和拉各斯
7	巴基斯坦	南亚地区	巴基斯坦通过加强基于网络的"一个海关"（WEBOC）电子系统中各机构的整合，并协调港口的联合实体检查，跨境贸易更加容易。这项改革适用于卡拉奇和拉合尔
8	巴布亚新几内亚	东亚及太平洋地区	巴布亚新几内亚通过实施自动化海关数据管理系统，简化了跨境贸易。与此同时，巴布亚新几内亚通过增加港口费用使跨境贸易更加昂贵
9	乌克兰	欧洲及中亚地区	乌克兰通过简化汽车零部件的合格认证要求，缩短了进口时间
10	乌兹别克斯坦	欧洲及中亚地区	乌兹别克斯坦通过引入基于风险的检查和简化进口单证合规性，简化了跨境贸易

资料来源：https：//www.worldbank.org/en/businessready/doing-business-legacy.

在改善方向上，各经济体均从政府的监管效率（包括程序、时间、成本和信息技术等）角度出发，使得当地贸易企业的跨境贸易行为更加高效。例如，巴基斯坦通过加强基于网络的"一个海关"

（WEBOC）电子系统中各机构的整合，并协调港口的联合实体检查，跨境贸易更加容易；乌克兰通过简化汽车零部件的合格认证要求，缩短了进口时间。

（九）执行合同

《2020 年全球营商环境报告》显示，总共有 12 个中低收入经济体在法律营商环境的执行合同方面进行了改革，其改革均被世界银行认定为促进了营商环境便利化（见表 3 - 36）。这 12 个经济体分别来自欧洲及中亚地区（3 个）、中东及北非地区（1 个）、东亚及太平洋地区（1 个）、撒哈拉以南非洲地区（2 个）、拉丁美洲和加勒比地区（5 个）。

表 3 - 36　　　　　　中低收入经济体执行合同改善措施

编号	经济体	地区	改善措施
1	阿根廷	拉丁美洲和加勒比地区	阿根廷允许以电子方式支付法庭费用，从而使合同的执行更加容易
2	阿塞拜疆	欧洲及中亚地区	阿塞拜疆通过引入允许原告以电子方式提交初始投诉的电子系统以及通过关于自愿调解的综合法律，合同的执行变得更加容易
3	中国	东亚及太平洋地区	中国通过规定可批准延期的最大数量，并将延期限制在不可预见和特殊情况下，合同的执行更加容易。这项改革适用于北京和上海。中国（上海）通过发布法庭绩效评估和进展报告，合同的执行变得更加容易
4	哥斯达黎加	拉丁美洲和加勒比地区	哥斯达黎加通过了一项新的民事诉讼法，将审前会议作为法庭案件管理技术的一部分，从而简化了合同的执行
5	多米尼加	拉丁美洲和加勒比地区	多米尼加通过建立专门的商事法庭和采用调解与调解框架（包括在商事案件中），合同的执行变得更加容易

续表

编号	经济体	地区	改善措施
6	牙买加	拉丁美洲和加勒比地区	牙买加通过引入司法绩效衡量机制，提供关于处置时间和清除率的公开信息，合同的执行更加容易
7	黎巴嫩	中东及北非地区	黎巴嫩通过了一项法律，将调解的各个方面作为替代纠纷解决机制加以规范，从而使合同的执行变得更加容易
8	毛里求斯	撒哈拉以南非洲地区	毛里求斯通过为最高法院商事法庭发布绩效衡量报告，合同的执行更加容易
9	北马其顿	欧洲及中亚地区	北马其顿简化了执行费用的计算并降低了整个过程的成本，从而使执行合同变得更容易
10	巴拉圭	拉丁美洲和加勒比地区	巴拉圭通过为法官和律师引入电子案件管理系统，合同的执行变得更加容易
11	塞尔维亚	欧洲及中亚地区	塞尔维亚通过为各方尝试调解建立经济激励机制，合同的执行变得更加容易
12	南非	撒哈拉以南非洲地区	南非通过引入专门审理商业案件的专门法庭，合同的执行变得更加容易

资料来源：https：//www. worldbank. org/en/businessready/doing-business-legacy.

在改善方向上，各经济体均从政府的监管效率（包括程序、时间、成本和信息技术等）和法律法规执行力度角度出发，使得当地企业的执行合同更加合理化和便捷化。例如，阿塞拜疆通过引入允许原告以电子方式提交初始投诉的电子系统以及通过关于自愿调解的综合法律，合同的执行变得更加容易；多米尼加通过建立专门的商事法庭和采用调解与调解框架（包括在商事案件中），合同的执行变得更加容易。

（十）办理破产

《2020 年全球营商环境报告》显示，总共有 4 个中低收入经济体在办理破产方面进行了改革，其中 3 项改革被世界银行认定为促进了营商环境便利化（见表 3-37）。

表 3-37　　　　　　　中低收入经济体办理破产改善措施

编号	经济体	地区	改善措施
1	吉布提	中东及北非地区	吉布提通过促进程序的启动和提高法院程序的有效性，解决破产问题变得更加容易
2	印度	南亚地区	印度通过在实践中推动重组程序，解决破产问题变得更加容易。印度还使解决破产问题变得更加困难，因为它不允许持异议的债权人在重组中获得与在清算中一样多的收益。这项改革适用于德里和孟买
3	肯尼亚	撒哈拉以南非洲地区	肯尼亚通过在破产程序期间改善债务人业务的持续性，解决破产问题变得更加容易

资料来源：https：//www. worldbank. org/en/businessready/doing-business-legacy.

在改善方向上，各经济体均从法律法规执行力度的角度出发，使得当地企业在最终的破产处理方面更为容易。例如，印度通过在实践中推动重组程序；肯尼亚通过在破产程序期间改善债务人业务的持续性，解决破产问题变得更加容易。

四、低收入经济体优化营商环境改善实践

（一）开办企业

《2020 年全球营商环境报告》显示，总共有 5 个低收入经济体在

开办企业方面进行了改革，其改革均被世界银行认定为促进了营商环境便利化（见表3－38）。这5个经济体分别来自欧洲及中亚地区（1个）、撒哈拉以南非洲地区（4个）。

表3－38　　　　　　　　低收入经济体开办企业改善措施

编号	经济体	地区	改善措施
1	卢旺达	撒哈拉以南非洲地区	卢旺达免除新成立的中小型企业头两年的营业执照税，创业变得更加容易
2	塔吉克斯坦	欧洲及中亚地区	塔吉克斯坦通过在公司成立时注册公司的社会识别号，创业变得更加容易
3	多哥	撒哈拉以南非洲地区	多哥取消了公司文件公证要求，缩短了公司注册时间，创业变得更加容易
4	津巴布韦	撒哈拉以南非洲地区	津巴布韦改进在线姓名搜索和降低哈拉雷市商业许可费，创业变得更加容易
5	几内亚	撒哈拉以南非洲地区	几内亚通过降低企业注册费用降低了创业成本

资料来源：https://www.worldbank.org/en/businessready/doing-business-legacy.

在改善方向上，各经济体均从政府的监管效率（包括程序、时间、成本和信息技术等）角度出发，使得当地投资者更为宽松和便捷地创立企业。例如，卢旺达免除新成立的中小型企业头两年的营业执照税、多哥取消了公司文件公证要求并缩短了公司注册时间、津巴布韦改进在线姓名搜索和降低哈拉雷市商业许可费，创业变得更加容易。

（二）办理建筑许可

《2020 年全球营商环境报告》显示，总共有 6 个低收入经济体在创业营商环境的办理建筑许可方面进行了改革，其改革均被世界银行认定为促进了营商环境便利化（见表 3-39）。这 6 个经济体均来自撒哈拉以南非洲地区。

表 3-39 　　　　　　　低收入经济体办理建筑许可改善措施

编号	经济体	地区	改善措施
1	刚果民主共和国	撒哈拉以南非洲地区	刚果民主共和国通过要求负责计划修订和检查的专业人员成为新成立的国家建筑师协会和国家工程师协会的成员，并通过引入立法强制施工期间的检查，处理施工许可证变得更安全
2	埃斯瓦蒂尼	撒哈拉以南非洲地区	埃斯瓦蒂尼通过免费在线发布与施工相关的法规，提高了处理施工许可证的透明度
3	埃塞俄比亚	撒哈拉以南非洲地区	埃塞俄比亚通过规定完工后进行最终检查和加强对施工专业人员的资格要求，改善了建筑质量控制
4	卢旺达	撒哈拉以南非洲地区	卢旺达缩短了获得供水和污水连接的时间，从而加快了处理建筑许可证的速度。卢旺达还改进了建筑质量控制，要求所有建筑专业人员在建筑使用后购买责任保险
5	多哥	撒哈拉以南非洲地区	多哥通过降低费用和采用在线门户提交申请，简化了施工许可证的处理。多哥通过在线提供所需文件、预先批准和费用，处理建筑许可证更加透明。多哥还通过规范施工期间的检查，改善了建筑质量控制
6	津巴布韦	撒哈拉以南非洲地区	津巴布韦通过简化计划审批，加快了处理建筑许可证的速度

资料来源：https://www.worldbank.org/en/businessready/doing-business-legacy.

在改善方向上，各经济体从政府的监管效率（包括程序、时间、成本和信息技术等）角度出发，使得当地企业更为便利地办理建筑许可，并且提升建筑的质量。例如，卢旺达缩短了获得供水和污水连接的时间，从而加快了处理建筑许可证的速度；多哥通过降低费用和采用在线门户提交申请，简化了施工许可证的处理。多哥还通过规范施工期间的检查，改善了建筑质量控制。

（三）获得电力

《2020 年全球营商环境报告》显示，总共有 3 个低收入经济体在创业营商环境的获得电力方面进行了改革，均来自撒哈拉以南非洲地区，其改革被世界银行认定为促进了营商环境便利化（见表 3 – 40）。

表 3 – 40　　　　　　　　低收入经济体获得电力改善措施

编号	经济体	地区	改善措施
1	卢旺达	撒哈拉以南非洲地区	卢旺达通过升级其电网基础设施提高了供电可靠性
2	多哥	撒哈拉以南非洲地区	多哥通过进一步降低连接工程成本和新连接的保证金，降低了获得电力的成本
3	乌干达	撒哈拉以南非洲地区	乌干达通过改进年度系统平均中断持续时间指数（SAIDI）和系统平均中断频率指数（SAIFI）的计算，改进了对停电的监测和监管

资料来源：https：//www.worldbank.org/en/businessready/doing-business-legacy.

在改善方向上，各经济体均从政府的监管效率和质量（包括程序、时间、成本和信息技术等）角度出发，使得当地企业更加容易获得电力，提升供电质量。例如，卢旺达通过升级其电网基础设施提高了供电可靠性；多哥通过进一步降低连接工程成本和新连接的保证金，降低了获得电力的成本。

（四）登记财产

《2020 年全球营商环境报告》显示，总共有 6 个低收入经济体在创业营商环境的登记财产方面进行了改革，均来自撒哈拉以南非洲地区，其改革均被世界银行认定为促进了营商环境便利化（见表 3-41）。

表 3-41　　　　　　　　低收入经济体登记财产改善措施

编号	经济体	地区	改善措施
1	贝宁	撒哈拉以南非洲地区	贝宁通过公布上一日历年土地交易和土地纠纷的官方统计数据，并承诺在特定时限内提交具有法律约束力的文件，提高了土地管理系统的可靠性和透明度
2	乍得	撒哈拉以南非洲地区	乍得通过减少财产转让所需的时间加快了财产登记
3	埃塞俄比亚	撒哈拉以南非洲地区	埃塞俄比亚通过公布财产登记所需文件的正式清单、上一日历年的交易数量统计数据以及交付具有法律约束力文件的服务标准，提高了其土地管理系统的质量
4	几内亚	撒哈拉以南非洲地区	几内亚通过降低财产转让登记费降低了财产登记成本
5	多哥	撒哈拉以南非洲地区	多哥通过简化行政程序和降低成本简化了财产登记
6	津巴布韦	撒哈拉以南非洲地区	津巴布韦通过减少转让财产的时间，并通过公布上一日历年土地纠纷的官方统计数据提高透明度，从而简化了财产登记

资料来源：https://www. worldbank. org/en/businessready/doing-business-legacy.

在改善方向上，各经济体均从政府的监管效率（包括程序、时间、成本和信息技术等）角度出发，使得当地企业更加便捷地进行财产登记。例如，贝宁通过公布上一日历年土地交易和土地纠纷的官方统计数据，并承诺在特定时限内提交具有法律约束力的文件，提高了土地管理系统的可靠性和透明度；乍得通过减少财产转让所需的时间加快了财产登记；几内亚通过降低财产转让登记费降低了财产登记成本。

（五）获得信贷

《2020 年全球营商环境报告》显示，总共有 8 个低收入经济体在融资营商环境的获得信贷方面进行了改革，来自欧洲及中亚地区（1个）、撒哈拉以南非洲地区（6 个）、拉丁美洲和加勒比地区（1 个），其改革均被世界银行认定为促进了营商环境便利化（见表 3 - 42）。

表 3 - 42　　　　　　　低收入经济体获得信贷改善措施

编号	经济体	地区	改善措施
1	中非共和国	撒哈拉以南非洲地区	中非共和国通过中非经济和货币共同体为信贷局的许可和运营建立了一个框架，从而改善了信贷信息的获取
2	乍得	撒哈拉以南非洲地区	乍得通过中非经济和货币共同体为信贷局的许可和运营建立了一个框架，从而改善了信贷信息的获取
3	海地	拉丁美洲和加勒比地区	海地通过扩大信贷局的覆盖范围，改善了对信贷信息的获取
4	尼日尔	撒哈拉以南非洲地区	尼日尔通过扩大信贷局的覆盖范围并开始分发公用事业公司的数据，改善了对信贷信息的访问
5	塞内加尔	撒哈拉以南非洲地区	塞内加尔通过扩大信贷局的覆盖范围和提供信用评分作为一项增值服务，改善了对信用信息的访问
6	塔吉克斯坦	欧洲及中亚地区	塔吉克斯坦通过启动统一、现代化和基于通知的抵押品登记系统，加强了信贷准入，引入功能性担保交易系统，扩大可作为抵押品的资产范围，允许对债务和义务进行一般描述，给予有担保债权人绝对优先权，并为重组程序中自动中止的救济规定时限和明确理由
7	多哥	撒哈拉以南非洲地区	多哥通过扩大信贷局的覆盖范围并开始分发公用事业公司的数据，改善了对信贷信息的访问
8	津巴布韦	撒哈拉以南非洲地区	津巴布韦在破产程序中给予有担保债权人绝对优先权，从而加强了获得信贷的机会

资料来源：https://www.worldbank.org/en/businessready/doing-business-legacy.

在改善方向上，各经济体主要从政府的法律法规执行力度和监管质量与效率角度出发，使得当地企业获得信贷更为便捷。例如，塔吉克斯坦通过启动统一、现代化和基于通知的抵押品登记系统加强了信贷准入，引入功能性担保交易系统，扩大可作为抵押品的资产范围，允许对债务和义务进行一般描述，给予有担保债权人绝对优先权，并为重组程序中自动中止的救济规定时限和明确理由；乍得通过中非经济和货币共同体为信贷局的许可和运营建立了一个框架，从而改善了信贷信息的获取。

（六）保护少数投资者

《2020 年全球营商环境报告》显示，尚未有低收入经济体在保护少数投资者方面进行改革。

（七）纳税

《2020 年全球营商环境报告》显示，总共有 5 个低收入经济体在纳税方面进行了改革，均来自撒哈拉以南非洲地区，其中 3 个经济体的部分改革被世界银行认定为促进了营商环境便利化（见表 3 - 43）。

表 3 - 43　　　　　　　低收入经济体纳税改善措施

编号	经济体	地区	改善措施
1	刚果民主共和国	撒哈拉以南非洲地区	刚果民主共和国通过将企业所得税税率从35%降至30%，降低了纳税成本
2	几内亚	撒哈拉以南非洲地区	几内亚通过降低企业所得税率和中小企业缴纳的最低统一税率，降低了纳税成本
3	塞内加尔	撒哈拉以南非洲地区	塞内加尔通过实施电子申报和支付系统使纳税更加容易，并通过合并多个税种降低了成本

资料来源：https：//www.worldbank.org/en/businessready/doing-business-legacy.

在改善方向上，各经济体均从政府的监管效率（包括程序、时间、成本和信息技术等）角度和法律法规角度出发，使得当地企业的纳税营商环境更加便利。例如，刚果民主共和国通过将企业所得税税率从35%降至30%。几内亚通过降低企业所得税税率和中小企业缴纳的最低统一税率，降低了纳税成本。

（八）跨境贸易

《2020年全球营商环境报告》显示，总共有3个低收入经济体在跨境贸易进行了改革，分别来自欧洲及中亚地区（1个）、撒哈拉以南非洲地区（2个），其中2个经济体的改革被世界银行认定为促进了营商环境便利化（见表3-44）。

表3-44　　　　　　　　　低收入经济体跨境贸易改善措施

编号	经济体	地区	改善措施
1	塞拉利昂	撒哈拉以南非洲地区	塞拉利昂通过升级其海关电子数据交换系统加快了跨境贸易，从而缩短了进口单证合规的时间
2	塔吉克斯坦	欧洲及中亚地区	塔吉克斯坦通过优先清关易腐货物出口，加快了出口速度

资料来源：https://www.worldbank.org/en/businessready/doing-business-legacy.

在改善方向上，各经济体均从政府的监管效率（包括程序、时间、成本和信息技术等）角度出发，使得当地贸易企业的跨境贸易行为更加高效。例如，塞拉利昂通过升级其海关电子数据交换系统加快了跨境贸易，从而缩短了进口单证合规的时间。

（九）执行合同

《2020年全球营商环境报告》显示，总共有1个低收入经济体在法律营商环境的执行合同方面进行了改革，来自撒哈拉以南非洲地区，其改革被世界银行认定为促进了营商环境便利化（见表 3 - 45）。

表 3 - 45　　　　　　低收入经济体执行合同改善措施

编号	经济体	地区	改善措施
1	马达加斯加	撒哈拉以南非洲地区	马达加斯加通过向商事法庭发布绩效衡量和进度报告，合同的执行变得更加容易

资料来源：https://www.worldbank.org/en/businessready/doing-business-legacy.

（十）办理破产

然而根据《2020 年全球营商环境报告》显示，尚未有低收入经济体在办理破产方面进行改革。

第四节　我国优化营商环境的实践现状

一、我国营商环境便利度总体情况

在分析我国营商环境敏感性之前，本书首先回顾我国近十年以来，营商环境各专项指标的排名和前沿距离的演变情况（见图 3 - 3 和图 3 - 4）。我国营商环境近十年总体情况趋向稳步上升态势，尤其是近一年，其排名达到了历史最高点（第 31 位），足以说明我国政府在营商环境改革中取得了较大成效。根据相关数据显示，我国营商环境各项指标在近三年以来有了显著进步。其中，开办企业（从第

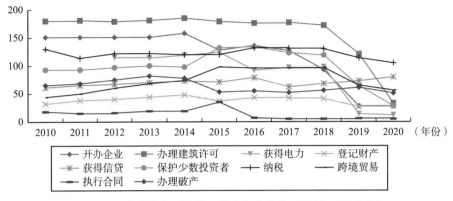

图3-3 我国营商环境排名位次变化曲线（2010—2020年）

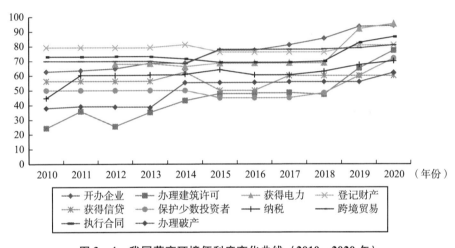

图3-4 我国营商环境便利度变化曲线（2010—2020年）

注：虽然以便利度作为营商环境排名的依据是世界银行在2012年评估报告中给出的方法，但是其为了使得数据具有可比性，以同样的方法对2012年以前的所有数据进行了更新和计算。

93位上升至第27位）、办理建筑许可（从第172位上升至第33位）、获得电力（从第98位上升至第12位）、保护少数投资者（从第119位上升至第28位）、纳税（从第130位上升至第105位）、跨境贸易（从第97位上升至第56位）。虽然我国营商环境总体情况表现良好，各专项领域也有一定的进步，但是根据评估体系中的 10 项专项指标的排名结果显示：我国除了开办企业、办理建筑许可、获得电力、登记财产、保护少数投资者和执行合同六个指标的排名处于平均水平（以我国 2020 年营商环境排名为平均水平）之上，其余四项指标的排名均落后于平均水平，包括获得信贷、纳税、跨境贸易和办理破产，可见，我国在这四个领域还需加大改革力度。

由于获得信贷和办理破产属于法律效力指标，涉及顶层的法律制度设计，因此本书仅讨论跨境贸易和纳税。为了更加明确我国在这两个领域是否具有可提升空间，本书以其前沿距离的排名区间是否落在密集区域内作为依据。

首先，我国纳税便利度得分 70.1 分，排名为 105 位，其所处区间［70～75）的经济体有 20 个，占所有经济体的 10.52%，即超过 1/10 的经济体处于该区间，故认为密集程度较大。我国纳税便利度在这一区间位列末位。因此，我国的纳税专项如要进入［75～80）区间，会有一定的难度。进一步观察，虽然纳税专项处于［70～75）区间的末位段，但是排在我国前面的五个经济体前沿距离的分数段较为密集，由此可见，纳税专项提升排名的可能性较大。

其次，我国跨境贸易前沿距离得分 86.5 分，排名为 56 位，其所处区间［85，90）的经济体有 19 个，占所有经济体的 10%，即 1/10 的经济体处在该区间内，故认为密集程度较大。我国跨境贸易前沿距离在这一区间位列倒数第 5 位。为此，我国如果要进入［90～100）区间较为困难，但是如果在［85，90）区间的排名往前进位，则较为容易。同时，这一区域的各经济体得分较为接近，例如我国距离排名第 53 的经济体冰岛仅差 0.2 分。可见，提升跨境贸易排名的可能性较大。

综上所述，提升两个落后指标排名的可能性比较大，存在较大提升空间。

二、我国营商环境改善措施总体情况

我国被纳入营商环境评估对象以来，其有效改善措施总共为 19 项，其中开办企业领域的改革效果尤为突出。例如，自 2012 年起我国制定了免除开办小微企业的行政事务性收费的规定；2014 年我国取消了最低注册资金的要求；2015 年我国又全面推行了"三证合一、一照一码"的经济模式。这一系列的营商环境改革措施，有效缩减了中小微企业登记注册的手续和成本，简化了开办企业的全流程，最终推动开办企业从世界银行 2014 年排名的第 158 位跃升至 2018 年的第 93 位。同时，获得信贷领域的改革效果也可圈可点，根据世界银行的评估结果，我国获得信贷自开始评估以来有的放矢地推出了如下政策措施：在 2008 年通过的赋予有担保债权人优先付款的新法律，促使法律权利指数在 2008～2014 年，由原先的 2 变为了 5，信息深度指数则由 4 变为了 5。又如，2017 年公用事业公司、银行和金融机构开始提供信用评分的规定，促进信用深度指数从 6 变为了 8。值得关注的是，信用登记机构覆盖率逐渐上升，从原先的 49% 上升为 91.10%，信用资料社覆盖率也由 0 变为 21.3%。虽然这两个指标不计入前沿距离计算的范围，但对其重视程度却是有目共睹的。获得信贷领域的不断创新和改革，促使该专项指标自评估开始的第 112 位上升至第 68 位。其他指标领域的改革措施可参见表 3－46。

表 3-46　近十年以来我国营商环境改善措施

指标	年份	改善措施	详细说明
开办企业	2013	规定在2012年1月到2014年12月开设的小微企业可以免除其行政事业性收费，该项措施降低了企业的立成本	每个指标的作用与反作用之间都有一个基本运行规律，但是规律会随着改革措施的不断变化而失效，所以必须要以自然年为底量挖掘新的改革措施替换它。例如，2013年规定免除创立中小微企业行政事业性收费的改革措施，促使中小微企业创业成本占比由上一评估年的3.6%降至2.1%，该措施创立中小微企业创业成本占比年均最终降至0.7%（注：在这一过程中，人均可支配收入占比，使得创业成本不断延续，使得创立中小微企业创业成本占比，但影响程度甚微）。一系列改革措施的实施使改革营商环境便利度排名位次不断上升，前沿距离得分不断地接近最佳实践者
	2015	消除了最低注册资本要求，要求只需从一个审计事务所取得验资报告即可，使得开办企业更为便利	
	2017	引入式取得营业执照，组织机构代码、税务登记的一站式服务，使得开办企业更为便利	
	2018	简化开办企业登记注册手续，使得创办企业更为便捷	
	2019	完善企业在线注册业务，简化社会保险注册手续	
	2020	将刻章手续合并至"一网通办"	
办理建筑许可证	2008	引入建筑许可证的电子处理技术，允许建筑公司在网上申请安全证书，从而减少了建筑许可证的审批	—
	2013	简化和集中项批准获得施工许可证的过程	
	2019	简化了申请施工许可证，竣工验收和不动产首次登记手续。通过提高建筑行业人员资质要求标准，提升建筑质量控制指数	根据评估结果显示，2019年和2020年的改革促使办理建筑许可便利度大幅提升
	2020	简化了对低风险建设项目的要求，减少了取水和排水申请的时间。通过对负责审查和审核建筑方案实施人员实施更严格的资格要求，以及实施差异化的建筑质量监督方案，提高了建筑施工的安全性	

续表

指标	年份	改善措施	详细说明
获得电力	2019	扩大了电网容量，使得160kW及以下的所有电力负荷都可直接接入低压电网，而这个连接过程的费用完全由电力公司承担，同时推出"电力＋互联网"业务，用电企业可直接在手机App上操作申请用电等业务	通过2018年以来电力直接改革，我国在获得电力方面取得了巨大成效，排名从2018年的第98位上升至最近一年的第12位，跃升86位，成为营商环境所有改革的最佳代表
	2020	简化了用电申请流程，提高了电价变化的透明度	—
登记财产	2019	简化了登记财产的行政手续并提高了土地管理制度的可靠性和透明度	根据评估结果显示，2008～2019年，登记财产的手续维持不变，时间由原先的29天降为9天，成本占比由原先的3.6%升为4.6%，土地管理系统的质量指数则由原先的17变为23
获得信贷	2008	通过赋予有担保债权人优先付款的新法律加强了担保交易制度	根据评估结果显示，2008～2019年，获得信贷的衡量方法发生了变化。例如，根据旧方法对款的评估体系，2008年通过的赋予有担保债权人优先付款的新法律，促使法律权利指数在2008～2014年由原先的2变为了5，信息深度指数则由原先的2变为了5。又如，根据新方法的评估体系，2017年公用事业公司、银行和金融机构开始提供信用评分的规定，促进信用深度指数从6变为了8。值得关注的是，信用登记机构覆盖率逐渐上升，从原先的49%变为21.3%。虽然这两个指标不计入前沿距离计算的范围，但是可以看出中国对这方面重视程度
	2009	通过一项新的物权法加强了其担保交易体系，扩大了可被用作抵押品的资产范围，包括应收账款和不断变化的资产池	
	2014	引入信用信息行业法规提高其信用信息系统，保证借款人的所检查的数据正确性	
	2017	改善了获得信用信息，开始报告付款记录并且含公用事业公司、银行和金融机构提供信用评分	

指标	年份	改善措施	详细说明
保护少数投资者	2019	加强了股东在公司重大决策中的权利和作用，明确了所有权和控制结构并且要求股东退还法律费用	根据评估结果显示，2008～2020年，保护少数投资者的衡量方法虽然发生了变化，但是整体而言，保护少数投资者的衡量结果基本维持了不变。近十年以来，我国对保护少数投资者的营商环境优化情况不容乐观
	2020	加强了对关联方的不公平交易追究控股股东的责任，明确所有权和控制权结构	
纳税	2009	通过统一税收减免的标准和会计方法，以及降低企业所得税率，为中国企业提供了更便捷、更低成本的税收环境	根据评估结果显示，2009年通过的统一税收减免的标准和会计方法以及降低税率的措施，促使中小企业在会计方法次数、时间和纳税指标三个方面分别下降了26次、368小时和2.1%。基于纳税指标的显著性变化，在接下来的几年内，我国相继颁布实施诸如统一国内外企业的税收制度，加强税收征收电子系统，降低社保缴费率等一系列改革措施，直接为中小企业创造良好的纳税环境
	2011	新的企业所得税法统一了国内外企业所得税，明确了企业所得税目的应纳税所得额的计算方式	
	2015	加强税收征收电子系统，在纳税人服务中采用新的沟通渠道，使公司更容易缴税。此外，上海降低了社保缴费率，使得公司纳税成本更低	
	2016	上海降低了社保缴费率，使得公司纳税成本更低	—
	2018	中国提出了宽松措施，使得企业纳税更便利	
	2019	取消了营业税，允许同申报和缴纳所得印花税并通过实施多项行政改革降低了合规时间	
	2020	实施中小企业所得税优惠政策，降低部分行业增值税率，完善电子报税支付系统	

续表

指标	年份	改善措施	详细说明
跨境贸易	2010	放宽贸易信贷限制，使得跨境贸易更容易	根据旧方法的评估体系，跨境贸易的进出口成本反而呈现逐年上升趋势。而根据新方法方面均无变化。我国海关近年来颁布和实施了一系列改善措施，例如实现无纸化通关，建立单一窗口等，对近一年的营商环境便利性排名和前沿距离真正起到了有效的促进作用
	2019	实施单一窗口，取消行政收费，提高透明度以及鼓励竞争，减少了进出口时间和成本	
	2020	实施货物预申报，港口基础设施升级，海关管理优化和收费公示等措施	
执行合同	2009	加强合同执法体系，加大执法判断力度，限制债务人隐瞒资产，逃避执法的方式	从评估结果来看，我国的执行合同改善措施并未有效提升其营商环境便利度排名和前沿距离。例如，2009年我国加强了合同执法体系，加大了执法力度，然而其评估结果显示，执行合同时间和执行成本占比未得到改善；而在2014年，我国修改民事诉讼法用于简化和加速所有法庭诉讼程序，却增加了执行合同时间和执行成本有法庭诉讼程序，获得未尽如人意的结果
	2014	修改民事诉讼法来简化和加速所有法庭诉讼程序，使得执行合同更加容易	
	2020	规定了可允许的最长延期天数，公布了法庭绩效评估和进展报告	
办理破产	2008	通过新的企业破产法，加强了破产程序，引入了重组程序，允许组建债权人委员会，赋予有担保债权人权利，并为专业破产管理人员提供角色	从评估结果来看，办理破产的时间和成本均维持不变，而回收率则由原先的35.9%上升为36.9%。结果显示，虽然我国办理破产在2008年颁布和实施了诸如新的企业破产法，加强办理破产程序等改善措施，但是改善效果基微
	2020	规定了启动后的信贷优先权，并增加了债权人对破产程序的参与	

第四章
优化营商环境竞争空间溢出效应
——基于全球视角

第一节 文献综述与理论分析

以利润最大化为目标的企业主体在寻求投资机会时，总是会在最大限度下实现资源最优配置。当企业进入一个完全陌生且不同于本国或地区的商业环境时，不仅要取得当地消费者、供货商等市场主体的信任，还要适应当地的文化、传统习俗等。一个良好的营商环境意味着具有完善的法律制度，能够从制度层面上消除企业对投资的顾虑，避免因制度不完善引起的投资风险。同时，"法与金融"理论（La Porta、Lopez-de–Silanes、Shleifer and Vishny，LLSV）的核心观点指出，高效且透明的制度环境是促进金融发展和经济增长的关键性因素（La Porta et al.，1997，1998）。自WTO成立以来，全球经济一体化进程和全球治理的发展在不断加速，全球区域间的相互竞争愈演愈烈，已经从项目竞争、政策竞争、科技竞争和贸易竞争等竞争行动上升为国家或区域间的制度竞争。企业在一国或地区的投资，无外乎是看中其潜力的市场、丰富的自然资源、廉价的劳动力和优质的战略资源四种动机（周超等，2017），而这往往需要良好的营商环境来维护。因此，各国或地区政府为了吸引企业投资，满足当地人民需求，提高人民生活水平和幸福度，往往会优化营商环境，为企业投资提供一切可便利的政策措施。例如，爱尔兰、乌干达和肯尼亚等经济体取消了签署注册文件之前的宣誓佣金的要求，降低了企业进入门槛。又如，在纳税改革措施中，为提高企业纳税便利性，降低企业纳税负担，中国、印度和越南等经济体降低了劳动税、强制性派款，伊朗、科索沃等经济体为企业提供了更加快捷的增值税退税流程。从现有理论和实际案例可知，当前各经济体或地区政府之间可能在营商环境领域形成一种竞争态势或是相互借鉴趋势。为此，本书提出研究假设：在限定其他条件下，各经济体间存在营商环境的空间溢出效应。

第二节　研究设计

一、空间相关性检验

为判断贸易营商环境便利度是否符合空间面板计量模型统计分析的要求，考虑的第一要素就是是否存在空间自相关性，一般采用全域自相关分析的 Moran's I 指数和 Gear'C 指数以及局域自相关分析的 Moran 散点图；考虑是否存在空间依赖性，一般采用基于最大似然估计方法（Maximum Likelihood Estimate，MLE）的拉格朗日乘数检验

（Larange Multiplier，LM 检验）。

1. Moran's I 指数和 Geary'C 指数

当前，用于处理空间自相关分析的空间数据探索性分析（The Exploratory Spatial Data Analysis，ESDA）技术分为全域自相关分析和局域自相关分析（Messner et al.，1999）。通常情况下，全域空间自相关分析又包括全域 Moran's I 指数和 Geary'C 指数（也称为"吉尔里相邻比率"）（Anselin，1995），其数学表达公式如下式所示：

$$\text{Moran'I} = \frac{\sum_{i=1}^{N}\sum_{j=1}^{N}W_{ij}(Y_i - \overline{Y})(Y_j - \overline{Y})}{S^2 \sum_{i=1}^{N}\sum_{j=1}^{N}W_{ij}} \tag{4.1}$$

$$\text{Geary'C} = \frac{(N-1)\sum_{i=1}^{N}\sum_{j=1}^{N}W_{ij}(Y_i - Y_j)^2}{2(\sum_{i=1}^{N}\sum_{j=1}^{N}W_{ij})[\sum_{i=1}^{N}(Y_i - \overline{Y})^2]} \tag{4.2}$$

其中，公式（4.1）中的 $S^2 = \frac{\sum_{i=1}^{N}(Y_i - \overline{Y})}{N}$ 为样本方差，$\overline{Y}$ 表示所有观测个体的贸易营商环境便利度的平均值，Y_i 和 Y_j 分别表示观测个体 i 的贸易营商环境便利度，W_{ij} 为观测个体 i 和观测个体 j 的一阶地理相邻矩阵，N 表示样本中的观测个体数量。

全域 Moran's I 指数取值范围在（-1，1）之间，大于 0 表示空间正相关，当指数值越靠近 1 时，表明空间正相关度越大；反之，小于 0 表示空间负相关，当指数值越靠近 -1 时，表明空间负相关度越大。如果 Moran's I 指数无限接近 0，则表示空间分布为随机，观测个体之间不存在空间自相关。

Geary'C 指数的取值范围在（0，2）之间，小于 1 表示空间正相关；相反，如果指数值大于 1 则表示空间负相关。如果 Geary'C 指数无限接近 1，则与 Moran's I 指数无限接近 0 的表示含义无差别。

2. Moran 散点图

Moran 散点图从局域角度分析空间自相关，是一种直观的可视化分析工具。散点图中的 x 轴表示研究变量 z，y 轴表示研究变量 z 的空间滞后加权平均值。需要说明的是，图中所有数据均已标准化，并不是原始数据。在散点图中，四个象限分别表示四种空间自相关类型：第一象限和第三象限表示空间正相关，分别是高高类型（HIGH – HIGH）和低低类型（LOW – LOW），高高类型表明高便利度观测个体的周边聚集着同样高便利度观测个体，低低类型表明低便利度观测个体的周边聚集着同样低便利度观测个体；第二象限和第四象限表示空间负相关，分别是高低类型（HIGH – LOW）和低高类型（LOW – HIGH），高低类型表明高便利度观测个体的周边聚集着低便利度观测个体，低高类型表明低便利度观测个体的周边聚集着高便利度观测个体。

3. LM 检验

LM 检验包括误差项拉格朗日乘数形式（LMerr）、滞后项拉格朗日乘数形式（LMlag）、稳健的误差项拉格朗日乘数形式（R – LMerr）和稳健的滞后项拉格朗日乘数形式（R – LMlag），用于诊断静态空间面板模型类别的检验方法。根据前人研究结果（Anselin et al.，1996；白俊红和蒋伏心，2015），其诊断标准为：首先比较 LMerr 和 LMlag，选择显著一方作为空间计量模型；如果两者都显著，再进一步比对 R – LMerr 和 R – LMlag，并将显著一方作为空间计量模型。

然而，上述空间自相关检验仅限于空间横截面数据，不能用空间面板数据。根据经验做法（何江和张馨之，2006），采用分块对角矩阵 $C = I_r \otimes W$（其中，I_r 为 $T \times T$ 的单位矩阵，W 为 $N \times N$ 的非负空间权重矩阵）代替 Moran's I 指数等统计量中的空间权重矩阵，就可将空间横截面数据检验方法扩展至空间面板数据检验方法。

二、实证模型设定

1. 空间计量模型

空间计量模型推翻了传统计量经济模型认为的观测个体为相互独立的典型假设，提出了观测个体的经济行为依赖于其他观测个体的经济行为，即为空间依赖性或空间相关性（Anselin，1988a）。这种空间依赖性在空间计量模型中体现在滞后项和误差项，因此一般的空间计量模型又分为空间滞后模型（Spatial Auto Regressive Model，SAR）和空间误差模型（Spatial Error Model，SEM）。这两种模型均属于静态空间面板模型，而将因变量的一阶滞后项作为自变量加入模型中，则成为动态空间面板模型。

SAR 模型的数学表达式：

$$Y_{it} = \alpha + \rho \sum_{j=1}^{N} W_{ij} Y_{jt} + \beta X_{it} + \varepsilon_{it}; \ \varepsilon_{it} \sim N(0, \ \sigma^2 I) \quad (4.3)$$

SEM 模型的数学表达式：

$$Y_{it} = \alpha + \beta X_{it} + \varepsilon_{it}$$

$$\varepsilon_{it} = \lambda \sum_{j=1}^{N} W_{ij} \varepsilon_i + \mu_{it}; \ \mu_{it} \sim N(0, \ \sigma^2 I) \quad (4.4)$$

在公式（4.3）中，Y_{it}、Y_{jt} 分别为观测个体 i 和观测个体 j 在 t 时期的观测值；α 为常数项；ρ 为空间自相关反应系数，即周边相邻观测个体的观测值对本观测个体的观测值的影响程度；W_{ij} 为行标准化后的空间相邻权重矩阵；$\sum_{j=1}^{N} W_{ij} Y_{jt}$ 为空间滞后因变量，即除观测个体 i

之外其他相邻观测个体观测值的加权平均值；X_{it} 为观测个体 i 的解释变量，β 为其回归系数；ε_{it} 为残差扰动项。

在公式（4.4）中，λ 为观测个体间的观测值的空间误差反应系数；衡量由于因变量的误差冲击对本观测个体的观测值的影响程度；$\sum_{j=1}^{N} W_{ij}\varepsilon_{it}$ 为空间滞后项误差因变量，即除观测个体 i 之外其他相邻观测个体观测值的误差冲击的加权平均值；μ_{it} 为残差扰动项；其他参数定义与公式（4.3）相同。

2. 营商环境溢出的模型设定

为了考察营商环境非静态空间溢出效应、静态空间溢出效应和动态空间溢出效应，本书构建如下模型：

SAR 面板模型：

$$DTF_{it} = \alpha + \tau DTF_{i(t-1)} + \rho \sum_{j=1}^{N} W_{ij}DTF_{jt} + \beta_1 GDP_{it} + \beta_2 Import_{it}$$
$$+ \beta_3 Export_{it} + \beta_4 POP_{it} + \varepsilon_{it}; \quad \varepsilon_{it} \sim N(0, \sigma^2 I) \qquad (4.5)$$

SEM 面板模型：

$$DTF_{it} = \alpha + \tau DTF_{i(t-1)} + \beta_1 GDP_{it} + \beta_2 Import_{it}$$
$$+ \beta_3 Export_{it} + \beta_4 POP_{it} + \varepsilon_{it} \qquad (4.6)$$
$$\varepsilon_{it} = \lambda \sum_{j=1}^{N} W_{ij}\varepsilon_i + \mu_{it}; \quad \mu_{it} \sim N(0, \sigma^2 I)$$

其中，DTF_{it} 表示第 i 个经济体第 t 时期内的营商环境便利度，$DTF_{i(t-1)}$ 表示 DTF_{it} 的滞后项，DTF_{jt} 第 j 个经济体第 t 时期内的营商环境便利度，GDP_{it} 表示第 i 个经济体第 t 时期内的经济水平，$Import_{it}$ 表示第 i 个经济体第 t 时期内的货物和服务进口贸易额，$Export_{ij}$ 表示第 i 个经济体第 t 时期内的货物和服务出口贸易额，POP_{it} 表示第 i 个经济体第 t 时期内的人口规模。α 为模型的常数项，τ 为营商环境便利度的滞后项的响应系数，ρ 为周边相邻经济体的营商环境便利度对本观测个体的营商环境便利度的影响程度系数，β_1、β_2、β_3、β_4 为解释变量的响应系数，其他参数的定义与公式（4.3）和公式（4.4）相同。如果 $\tau=0$，$\varepsilon_{it}=0$，公式（4.5）和公式（4.6）表示非空间静态面板模型；如果 $\tau=0$，$\varepsilon_{it}\neq0$，公式（4.5）和公式（4.6）表示静态空间面板模型；如果 $\tau\neq0$，$\varepsilon_{it}\neq0$，公式（4.5）和公式（4.6）表示动态空间面板模型。

3. 空间面板模型的估计方法

由于传统计量模型忽略了观测个体之间的空间因素存在的可能性，会导致估计结果有偏和不一致性。对于静态空间面板模型的估计，由于自变量的内生性所致，如果仍然采用最小二乘法估计（OLS 估计），将致使估计结果产生偏误。现有文献则采用工具变量法（IV 法）、极大似然法（ML 法）、广义最小二乘法（GLS）等估计方法对静态空间面板模型进行统计分析（Elhorst，2014）。对于动态空间面板模型的估计，尚未有统一的估计方法，但是大致可以分为三种方法：一是 GG 法（Griffth – Getis）进行估计（Getis and Griffith，2002），前提条件为先剔除空间相关性；二是基于传统极大似然的无条件极大似然估计方法（Elhorst，2005）；三是广义矩估计法（GMM）进行估计（Hansen，1982）。本书根据研究需求，采用广义矩估计法对动态空间面板模型进行估计。

三、样本选择和变量说明

1. 指标构建

（1）营商环境便利度。

本书参考世界银行营商环境评估体系，选取开办企业、办理建筑许可、获得电力、登记财产、获得信贷、保护少数投资者、纳税、跨境贸易、执行合同和办理破产10项一级指标和41项二级指标来度量营商环境便利度。各项指标的定义参见本书第三章第二节。

由此，本书构建"营商环境便利度"指标体系，具体指标构成如表4-1所示。为计算"营商环境便利度"，本书对二级指标的原始数据采用公式"（最差值-当前值）/（最差值-前沿值）×100"①进行归一化处理，接着对归一化后的二级指标数据进行简单算术平均得到各项一级指标，最后对各项一级指标再进行简单算术平均得到目标层"营商环境便利度"的数值。

表4-1　　　　　　　　　　　营商环境便利度指标体系

目标层	一级指标	二级指标	单位
营商环境便利度（DTF）	开办企业便利度（DTF1）	开办企业手续	个
		开办企业时间	天
		开办企业成本	%
		最低注册资本金	%
	办理建筑许可便利度（DTF2）	办理建筑许可手续	个
		办理建筑许可时间	天
		办理建筑许可成本	%
		建筑质量控制指数	0～15
	获得电力便利度（DTF3）	获得电力手续	个
		获得电力时间	天
		获得电力成本	%
		供电可靠性和电费透明度	0～8
	登记财产便利度（DTF4）	登记财产手续	个
		登记财产时间	天

① "最差值"和"前沿值"以世界银行《全球营商环境报告》公布为标准。

续表

目标层	一级指标	二级指标	单位
营商环境便利度（DTF）	登记财产便利度（DTF4）	登记财产成本	%
		土地管理系统质量指数	0～30
	获得信贷便利度（DTF5）	信息深度指数	0～8
		法律权利指数	0～12
	保护少数投资者便利度（DTF6）	披露程度指数	0～10
		董事责任程度指数	0～10
		股东诉讼便利度指数	0～10
		股东权利指数	0～10
		所有权和管理控制指数	0～10
		公司透明度指数	0～10
	纳税便利度（DTF7）	纳税次数	次
		纳税时间	天
		纳税成本	%
		税后事项指数	0～100
	跨境贸易便利度（DTF8）	出口时间：边界合规	小时/箱
		出口时间：单证合规	小时/箱
		出口成本：边界合规	美元/箱
		出口成本：单证合规	美元/箱
	跨境贸易便利度（DTF8）	进口时间：边界合规	小时/箱
		进口时间：单证合规	小时/箱
		进口成本：边界合规	美元/箱
		进口成本：单证合规	美元/箱
	执行合同（DTF9）	执行合同时间	天
		执行合同成本	%
		司法程序指数	0～18
	办理破产（DTF10）	办理破产回收率	%
		破产框架力度指数	0～16

资料来源：https：//www.worldbank.org/en/businessready/doing-business-legacy.

（2）解释变量和控制变量。

其他控制变量包括经济水平（GDP），指各经济体当年按购买力平价（PPP）衡量的人均可支配收入（2011 年不变价）；进口贸易额（Import），指各经济体当年货物和服务进口贸易额；出口贸易额（Export），指各经济体当年货物和服务出口贸易额；人口规模（POP），指各经济体当年总人口数量。

选择上述四项指标作为控制变量的主要原因为：①经济水平（GDP）在一定程度上表示了一个经济体或地区的竞争实力，会影响经济体的营商环境建设，经济水平越高，营商环境建设更完善，营商环境的交易成本就越低（Djankov et al.，2006a）；②进口贸易额（Import）和出口贸易额（Export）实则上反映了经济体与外界经济联系的紧密性，根据引力模型理论，一个经济体的进出口贸易额越大，说明该经济体与外界联系越密切，相对而言，该经济体的营商环境更具有吸引力；③人口规模（POP）反映了一个经济体的人口资源和劳动力水平，有学者认为在同等条件下，一个经济体更愿意优先选择与人口规模较大的经济体进行贸易活动（吴小康和于津平，2016）。

为消除数据带来的异方差问题，本书对所有数据取自然对数，具体如表 4-2 所示。

表 4-2　　　　　　　　　　　　变量定义

变量名称	变量代码	变量定义
营商环境便利度	DTF	ln(营商环境便利度 +1)
开办企业便利度	DTF1	ln(开办企业便利度 +1)
办理建筑许可便利度	DTF2	ln(办理建筑许可便利度 +1)

续表

变量名称	变量代码	变量定义
获得电力便利度	DTF3	ln（获得电力便利度 +1）
登记财产便利度	DTF4	ln（登记财产便利度 +1）
获得信贷便利度	DTF5	ln（获得信贷便利度 +1）
保护少数投资者便利度	DTF6	ln（保护少数投资者便利度 +1）
纳税便利度	DTF7	ln（纳税便利度 +1）
跨境贸易便利度	DTF8	ln（跨境贸易便利度 +1）
执行合同便利度	DTF9	ln（执行合同便利度 +1）
办理破产便利度	DTF10	ln（办理破产便利度 +1）
经济水平	GDP	ln（经济水平 +1）
进口贸易额	Import	ln（进口贸易额 +1）
出口贸易额	Export	ln（出口贸易额 +1）
人口规模	POP	ln（人口规模 +1）

2. 空间矩阵设计

"地理学第一定律"认为经济事物或活动之间不但存在着广泛的地理空间联系，而且其关联性随着地理空间位置的变化而变化，即地理空间位置越近，则关联性越强（Tobler，1970）。因此，根据空间相邻标准，本书认为由于地理空间位置的相邻，营商环境存在明显的空间溢出效应。通过空间相邻权重矩阵 W 表示空间单位的相邻关系，其中矩阵的对角线上元素为 0，其他则满足：

$$W = \begin{cases} 1 \text{ 如果经济体 i 和经济体 j 空间相邻} \\ 0 \text{ 如果经济体 i 和经济体 j 空间不相邻} \end{cases} \quad (i \neq j) \quad (4.7)$$

3. 数据来源

本书以 2009—2017 年全球 143 个经济体为研究对象。"营商环境便利度"及其子项指标的原始数据均来源于世界银行"营商环境项目数据库"。经济水平（GDP）、进口贸易额（Import）、出口贸易额（Export）和人口规模（POP）的原始数据均来源于世界银行的"公开数据库"。相邻矩阵中的各经济体间的相邻关系则来源于法国前瞻性研究以及国际信息中心（CEPII）的国际贸易研究基础数据库（BACI）。

第三节　实证结果：空间自相关与实证回归结果分析

一、描述性统计

本书空间计量模型的主要回归变量的描述性统计如表 4-3 所示。表中显示，全球 143 个经济体营商环境便利度（DTF）的平均值为 4.08，最小值为 3.16，最大值为 4.52。营商环境便利度的子项指标描述性统计如下：开办企业便利度（DTF1）的平均值为 4.32，最小值为 1.66，最大值为 4.60；办理建筑许可便利度（DTF2）的平均值为 4.05，最小值为 0，最大值为 4.53；获得电力便利度（DTF3）的平均值为 4.13，最小值为 0，最大值为 4.61；登记财产便利度（DTF4）的平均值为 4.11，最小值为 0，最大值为 4.61；获得信贷便利度（DTF5）的平均值为 3.76，最小值为 0，最大值为 4.62；保护少数投资者便利度（DTF6）的平均值为 3.91，最小值为 2.40，最大值为 4.55；纳税便利度（DTF7）的平均值为 4.15，最小值为 0，最大值为 4.61；跨境贸易便利度（DTF8）的平均值为 4.07，最小值为 0，最大值为 4.61；执行合同便利度（DTF9）的平均值为 4.00，最小值为 1.14，最大值为 4.51；办理破产便利度（DTF10）的平均值为 3.38，最小值为 0，最大值为 4.60。出口贸易额（Export）的平均值为 21.79，标准差为 6.88；进口贸易额（Import）的平均值为 21.96，标准差为 6.86；经济水平（GDP）的平均值为 8.78，标准差为 2.18；人口规模（POP）的平均值为 15.87，标准差为 2.98。从表 4-3 的描述性统计来看，全球 143 个经济体的营商环境便利水平（DTF）较差，且各经济体之间差异较大。同时，全球 143 个经济体在开办企业便利度（DTF1）表现最好，获得信贷便利度（DTF5）表现最差且差异最大。在经济特征方面，全球 143 个经济体的表现也出现了较大差异。

表 4-3　　　　　　　　　　　描述性统计结果

变量	观测个体	均值	标准差	最小值	中位数	最大值
DTF	1287	4.08	0.23	3.16	4.11	4.52
DTF1	1287	4.32	0.28	1.66	4.41	4.60
DTF2	1287	4.05	0.59	0	4.19	4.53
DTF3	1287	4.13	0.45	0	4.29	4.61
DTF4	1287	4.11	0.44	0	4.18	4.61
DTF5	1287	3.76	0.72	0	3.93	4.62
DTF6	1287	3.91	0.33	2.40	3.96	4.55
DTF7	1287	4.15	0.39	0	4.25	4.61
DTF8	1287	4.07	0.67	0	4.26	4.61
DTF9	1287	4.00	0.32	1.14	4.06	4.51
DTF10	1287	3.38	1.18	0	3.68	4.60

续表

变量	观测个体	均值	标准差	最小值	中位数	最大值
Export	1287	21.79	6.88	0	23.37	28.53
Import	1287	21.96	6.86	0	23.55	28.70
GDP	1287	8.78	2.18	0	9.22	11.73
POP	1287	15.87	2.98	0	16.12	21.05

表 4 - 4 显示了营商环境便利度（DTF）与经济特征之间的相关性，其表现均为强烈显著的正向相关，呈现线性关系。

表 4 - 4　　　　　　　　　　变量间的相关系数

变量	DTF	Export	Import	GDP	POP
DTF	1				
Export	0.50***	1			
Import	0.48***	1.00***	1		
GDP	0.60***	0.57***	0.55***	1	
POP	0.20***	0.54***	0.55***	0.56***	1

注：表中下三角列示的是 Pearson 相关系数。* 、** 、*** 分别代表在 10% 、5% 和 1% 水平上显著。

二、全域和局域空间自相关分析

1. 全域空间自相关分析

为确定全球 143 个经济体的营商环境便利度（DTF）的空间聚集程度和空间依赖性，本书首先采用探索性空间数据分析方法，运用度量全局空间自相关的"莫兰指数 I"（Moran's I）（Moran，1950）和

"吉尔里指数 C"（Geary'C）（Geary，1954）来分析营商环境便利水平是否存在空间效应。进一步地，本书运用局域空间关联指标莫兰散点图及其显著性水平来检验这种空间分布格局。

表 4 - 5 报告了全球 143 个经济体在 2009 ~ 2017 年的营商环境便利度（DTF）的 Moran's I 指数和 Geary'C 指数。表中数据显示，营商环境便利度（DTF）均符合 Moran's I 指数和 Geary'C 指数显著正相关的取值范围，即具有空间正相关。在 2014 年，营商环境便利度（DTF）的 Moran's I 指数和 Geary'C 指数的数值表明该年份相较于其他年份而言，空间效应更为强烈。

表 4 - 5   **Moran's I 指数和 Geary'C 指数检验结果**

年份	Moran's I			Geary'C		
	I	Z 值	P 值	C	Z 值	P 值
2009	0.586	8.800	0.000	0.391	-7.660	0.000
2010	0.586	8.800	0.000	0.385	-7.734	0.000
2011	0.580	8.703	0.000	0.399	-7.741	0.000
2012	0.570	8.559	0.000	0.408	-7.560	0.000
2013	0.582	8.731	0.000	0.396	-7.812	0.000
2014	0.616	9.243	0.000	0.362	-8.226	0.000
2015	0.589	8.863	0.000	0.380	-7.594	0.000
2016	0.550	8.289	0.000	0.410	-7.129	0.000
2017	0.502	7.579	0.000	0.454	-6.522	0.000

2. 局域空间自相关分析

图 4 - 1 则显示了营商环境便利度（DTF）2009 年和 2017 年的空

间关联的 Moran's I 散点图。从图 4 - 1 的图（a）和图（b）可见：在第一象限中，该经济体的营商环境便利度（DTF）较高，其相邻经济体的营商环境便利度（DTF）也较高；在第二象限中，该经济体的营商环境便利度（DTF）较高，但其相邻的营商环境便利度（DTF）则较低；在第三象限中，该经济体的营商环境便利度（DTF）较低，其相邻经济体的营商环境便利度（DTF）也较低；在第四象限中，该经济体的营商环境便利度（DTF）较低，但其相邻经济体的营商环境便利度（DTF）则较高。散点图趋势线的斜率为 Moran's I 指数值，从图 4 - 1 可以看出，该斜率为正，其值分别为 0.586 和 0.502，并且大部分经济体集中在第一象限和第三象限中，该结果说明全球 143 个经济体的营商环境便利度（DTF）呈现空间正相关，换言之，全球 143 个经济体的政府之间存在营商环境溢出效应的现象。

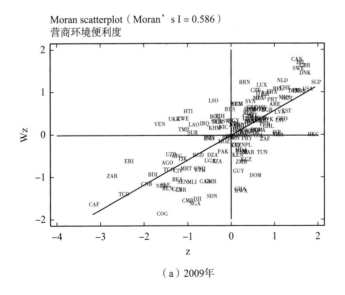

（a）2009年

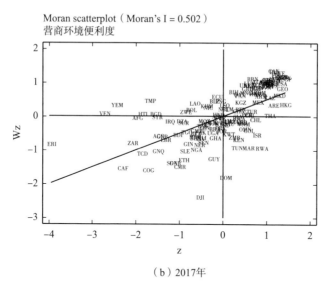

（b）2017年

图 4-1　2009 年和 2017 年 Moran's I 散点图——营商环境便利度

三、实证结果分析

为了便于比较，本书依据公式（4.5）和公式（4.6）分别构建非空间静态面板模型；考虑空间相关性时，构建静态空间面板模型；考虑空间动态性时，构建动态空间面板模型。

1. 非静态空间面板模型

表 4-6 报告了最小二乘法（OLS）对非空间静态面板模型的估计结果。结果显示，DW 值为 0.323，表明变量之间存在相关性，也验证了表 4-4 的结果。此外，根据前文的空间自相关分析，营商环境存在空间自相关性，因此，需重新构建空间面板模型并估计参数，以消除自相关性的影响（苏屹和林周周，2017）。

表 4 - 6　　　非空间静态面板模型——最小二乘法估计（OLS）结果

变量	C	Export	Import	GDP	POP	调整 R^2	F	DW
系数	3.681	0.076	- 0.065	0.056	- 0.021			
T 值	138.00	5.85	- 4.99	- 18.1	- 10.14	0.469	285.403	0.323
P 值	0.000	0.000	0.000	0.000	0.000			

2. 静态空间面板模型

在构建静态空间面板模型之后，首先对模型的空间依赖性进行 LM 检验，其结果如表 4 - 7 所示。结果显示，误差项和滞后项的拉格朗日乘数及其稳健形式均通过 1% 水平的显著性检验。依据前文所述的 LM 检验的判别标准，可同时选择空间面板误差模型和空间面板滞后模型。

表 4 - 7　　　　　　　　　空间依赖性检验结果

检验项目	LM（err）	R - LM（err）	LM（lag）	R - LM（lag）
LM 值	136.294	45.409	336.270	245.386
P 值	0.000	0.000	0.000	0.000

表 4 - 8 报告了静态空间面板的 SAR 和 SEM 的估计结果。模型（1）~ 模型（8）分别表示 SAR 和 SEM 的无固定效应、空间固定效应、时间固定效应、时空固定效应。根据两种模型的 Hausman 检验显示，均选择 SAR 和 SEM 的固定效应作为模型的估计结果。

表 4 - 8　　　　静态空间面板——SAR 和 SEM 回归结果

变量	SAR				SEM			
	（1）	（2）	（3）	（4）	（5）	（6）	（7）	（8）
常数项	1.757 *** (10.15)	—	—	—	3.750 *** (80.93)	—	—	—

变量	SAR				SEM			
	（1）	（2）	（3）	（4）	（5）	（6）	（7）	（8）
Export	0.051 ** (2.19)	0.048 * (1.94)	0.050 (1.49)	0.057 ** (2.27)	0.057 ** (2.56)	0.052 ** (2.26)	0.061 * (1.84)	0.056 ** (2.30)
Import	-0.046 ** (-2.07)	-0.043 * (-1.83)	-0.041 (-1.25)	-0.052 ** (-2.19)	-0.052 ** (-2.47)	-0.047 ** (-2.17)	-0.053 (-1.64)	-0.051 ** (-2.23)
GDP	0.014 ** (2.39)	0.009 * (1.77)	0.037 *** (3.20)	0.009 * (1.87)	0.016 *** (2.70)	0.009 ** (2.48)	0.039 *** (2.94)	0.010 ** (2.43)
POP	0.005 (1.47)	0.008 *** (2.98)	-0.010 (-1.45)	0.009 *** (3.16)	0.006 (1.48)	0.009 *** (2.77)	-0.011 (-1.52)	0.009 *** (3.38)
ρ	0.496 *** (11.98)	0.485 *** (10.50)	0.455 *** (7.71)	0.370 *** (7.73)	—	—	—	—
λ	—	—	—	—	0.492 *** (10.71)	0.494 *** (10.91)	0.475 *** (5.65)	0.374 *** (7.78)
σ^2	0.003 *** (7.53)	0.003 *** (7.57)	0.021 *** (7.51)	0.002 *** (7.30)	0.003 *** (7.44)	0.002 *** (7.49)	0.023 *** (7.77)	0.002 *** (7.18)
R^2	0.505	0.445	0.566	0.422	0.370	0.305	0.467	0.315
Log-L	1602.827	1978.576	631.992	2022.180	1568.912	1978.400	556.316	2018.765
N	1287	1287	1287	1287	1287	1287	1287	1287
Hausman	67.54 ***				91.98 ***			

注：*** 、** 、* 分别表示通过1%、5%和10%水平上的显著性检验，括号内的数值表示的是对应的 t 值。

从表4-8可以看出：

（1）从 σ^2 、R^2 和 Log-L 的估计值可以看出，模型（1）~模型（8）的整体拟合优度较高，说明构建的静态空间面板模型可以较好地解释营商环境在空间上的依赖性和溢出效应。

（2）从8种模型的估计结果来看，模型（1）和模型（5）的估计结果显示，除了人口规模（POP）的系数未通过显著性检验之外，其他解释变量的系数均通过显著性检验；模型（3）的估计结果显示，只有经济水平（GDP）的系数通过显著性检验，其他解释变量的系数均未通过显著性检验；模型（2）、模型（4）、模型（6）、模型（7）和模型（8）的估计结果显示，所有解释变量的系数均通过显著性检验。结合拟合优度，可以看出具有时空固定效应的 SAR 和 SEM 的估计结果明显优于无固定效应、空间固定效应和时间固定效应。因此，本书选择模型（4）和模型（8）的估计结果进行后续讨论。事实上，营商环境不仅具有结构性差异，还存在时间差异，例如同样的时间跨度，发达经济体的营商环境要明显优于发展中经济体和欠发达经济体，不论遗漏何种差异的影响，都将在一定程度上造成估计结果的偏误。在无固定效应的模型（1）和模型（5）中，假设各经济体具有相同的营商环境便利度，显然估计结果的有效性不能得到保证；在空间固定效应的模型（2）和模型（6）中，虽然考虑了空间个体差异的影响，但是忽略了时间差异的影响，估计结果同样会存在偏差；在时间固定效应的模型（3）和模型（7）中，虽然考虑了时间差异的影响，但是忽略了空间个体差异的影响，估计结果也同样不能保障有效性；而在时空固定效应的模型（4）和模型（8）中，同时考虑了空间差异和时间差异带来的影响，并且各项解释变量的系数均通过了显著性检验，进一步说明模型（4）和模型（8）能有效避免因时空双重差异导致的估计偏误，更能准确地反映实际情况。

（3）从 SAR 和 SEM 的四种效应估计结果来看，空间自回归反应系数 ρ 值和空间误差反应系数 λ 值均为正，且通过了 1% 水平的显著性检验，说明全球的营商环境存在空间相关性，并且此相关性为正，即大部分营商环境表现较好的经济体对周边经济体具有正向带动作用。进一步说明经济体的营商环境除了受自身经济发展条件影响之外，在一定程度上还受到周边经济体营商环境的影响。

（4）在时空固定效应的模型（4）和模型（8）中，空间自回归反应系数 ρ 值和空间误差反应系数 λ 值分别为 0.370 和 0.374，说明地理特征对营商环境便利度产生影响，且区域间的营商环境便利度的变动产生了空间溢出效应。同时，两种反应系数的符号均为正，说明地理相邻的经济体间会产生空间依赖性，即一经济体的营商环境便利度会受到相邻经济体的影响。地理相邻的经济体会在一定程度上产生空间交互作用，各经济体的经济、人口、文化等要素的流动，有利于社会资源等的合理配置，产生制度竞争效应，进而推动营商环境的空间集聚。

3. 动态空间面板模型

一经济体除了受到经济水平、开放程度、人口规模等因素影响外，还受到其他潜在因素的因素，诸如执政官员的文化背景、社会习俗、政策措施以及制度背景等，然而这些潜在因素难以估量，但又不能完全忽略。因此，本书采用营商环境便利度（DTF）的时空滞后项来表征这些潜在因素对营商环境便利度（DTF）的影响，从而构建空间动态面板模型。

表 4-9 报告了具有时空固定效应的营商环境便利度（DTF）的空间动态面板模型的估计结果。从表 4-9 可以看出，空间自回归反应系数 ρ 显著为正，这与静态空间面板模型的估计结果保持一致，可以充分说明考虑双重时空效应来表征营商环境的空间自相关性是合理的。空间动态面板模型是从动态视角看待营商环境，考虑的影响因素更加广泛，同时将诸如地理特征的影响和文化背景、社会习俗等潜在因素的影响纳入模型当中，表达了一经济体的营商环境会受其他经济体的很多潜在因素的影响，具有较强的空间依赖性。因此，空间动态面板模型能够较好地解释营商环境的空间相关特征。时空滞后被解释变量，即 $W \times DTF_{-1}$，其估计结果显著为正，说明一经济体的执政

官员的文化背景、当地社会习俗、制度背景等潜在因素与营商环境呈正相关。

表4-9 动态空间面板——SAR回归结果

决定因素	（9）具有时空固定效应的空间动态面板模型
$W \times DTF_{-1}$	0.427 *** (4.95)
Export	0.048 * (1.94)
Import	-0.043 * (-1.84)
GDP	0.007 (1.29)
POP	0.010 *** (3.23)
ρ	0.143 *** (4.10)
σ^2	0.002 *** (8.22)
R^2	0.615
Log-L	1871.241
N	1144

注：***、**、*分别表示通过1%、5%和10%水平上的显著性检验，括号内的数值表示的是对应的t值。

表4-10报告了空间动态面板模型的直接效应和间接效应，包括短期效应和长期效应，其中直接效应也称为反馈效应，间接效应也称为溢出效应。从表4-10的第二列可以看出，无论是短期直接效应还是长期直接效应，经济水平的估计系数均显著地异于零，且符号为正，说明了经济发展水平越高，越有利于营商环境便利度的提升。同时，该估计结果不同于表4-9中的出口贸易额系数估计0.048，出

现这种情况的原因在于存在反馈效应,而这种反馈效应是通过相邻的经济体来传递并把这种效应传回这个经济体自身。

同时,从表4-10的第三列可以看出,无论是短期溢出效应还是长期溢出效应,出口贸易额的估计系数是正的且显著异于零。这说明,一经济体的出口贸易水平上升不仅会提升自身的营商环境便利度,也会在一定程度上提升相邻经济体的营商环境便利度(DTF)。当然,从长期来看,这种溢出效应会更大,这也符合微观经济学理论。

表4-10 不同效应的估计结果

决定因素	短期直接效应	短期间接效应	短期总效应
Export	0.047 ** (1.99)	0.007 * (1.87)	0.055 ** (2.01)
Import	-0.043 * (-1.88)	-0.007 * (-1.76)	-0.049 * (-1.90)
GDP	0.007 (1.33)	0.001 (1.21)	0.008 (1.33)
POP	0.010 *** (3.43)	0.002 *** (2.63)	0.011 *** (3.46)
决定因素	长期直接效应	长期间接效应	长期总效应
GDP	0.053 ** (2.00)	0.056 ** (2.01)	0.109 ** (2.02)
Import	-0.048 * (-1.89)	-0.050 * (-1.89)	-0.098 * (-1.91)
Export	0.008 (1.33)	0.009 (1.29)	0.017 (1.32)
POP	0.011 *** (3.45)	0.012 *** (3.23)	0.023 *** (3.42)

注: ***、 **、 * 分别表示通过1%、5%和10%水平上的显著性检验,括号内的数值表示的是对应的 t 值。

第四节　进一步研究：影响营商环境空间溢出效应的具体因素

本书分别从开办企业便利度（DTF1）、办理建筑许可便利度（DTF2）、获得电力便利度（DTF3）、登记财产便利度（DTF4）、获得信贷便利度（DTF5）、保护少数投资者便利度（DTF6）、纳税便利度（DTF7）、跨境贸易便利度（DTF8）、执行合同便利度（DTF9）和办理破产便利度（DTF10）10个子项环境进一步分析影响营商环境空间溢出效应的具体因素。

表4-11报告了全球143个经济体在2009~2017年营商环境子项指标的 Moran's I 指数和 Geary'C 指数。表4-11中的数据显示，除了办理建筑许可便利度（DTF2）不符合 Moran's I 指数和 Geary'C 指数显著正相关的取值范围之外，其他子项指标均符合，即具有空间正相关。因此，在后续分析中，本书不包括办理建筑许可便利度（DTF2）。

表4-11　　　不同维度的营商环境 Moran's I 指数检验结果

年份	DTF1	DTF2	DTF3	DTF4	DTF5
2009	0.276 *** (4.424)	0.052 (0.974)	0.238 *** (4.233)	0.143 *** (2.689)	0.442 *** (6.648)
2010	0.269 *** (4.328)	0.047 (0.924)	0.304 *** (4.638)	0.143 *** (2.730)	0.438 *** (6.598)
2011	0.317 *** (4.850)	-0.005 (0.034)	0.293 *** (4.475)	0.152 *** (2.973)	0.333 *** (5.062)

续表

年份	DTF1	DTF2	DTF3	DTF4	DTF5
2012	0.314 *** (4.802)	-0.011 (-0.065)	0.248 *** (3.829)	0.161 *** (3.120)	0.294 *** (4.492)
2013	0.257 *** (3.951)	0.012 (0.321)	0.320 *** (4.894)	0.152 *** (3.053)	0.250 *** (3.917)
2014	0.230 *** (3.555)	0.029 (0.652)	0.494 *** (7.453)	0.237 *** (4.481)	0.301 *** (4.725)
2015	0.240 *** (3.729)	-0.010 (-0.057)	0.143 *** (2.515)	0.231 *** (4.420)	0.310 *** (4.865)
2016	0.238 *** (3.727)	-0.001 (0.096)	0.114 ** (2.019)	0.222 *** (4.268)	0.305 *** (4.800)
2017	0.169 *** (2.722)	-0.004 (0.053)	0.108 ** (1.922)	0.200 *** (3.884)	0.287 *** (4.529)
年份	DTF6	DTF7	DTF8	DTF9	DTF10
2009	0.229 *** (3.508)	0.219 *** (3.665)	0.515 *** (8.044)	0.300 *** (5.058)	0.220 *** (3.395)
2010	0.252 *** (3.866)	0.287 *** (4.495)	0.504 *** (7.868)	0.319 *** (5.180)	0.227 *** (3.504)
2011	0.255 *** (3.910)	0.330 *** (5.067)	0.502 *** (7.910)	0.309 *** (5.029)	0.241 *** (3.714)
2012	0.277 *** (4.236)	0.367 *** (5.631)	0.541 *** (8.400)	0.313 *** (5.100)	0.219 *** (3.385)
2013	0.356 *** (5.455)	0.364 *** (8.411)	0.543 *** (8.411)	0.249 *** (4.112)	0.112 ** (1.793)
2014	0.316 *** (4.874)	0.385 *** (5.948)	0.268 *** (4.349)	0.302 *** (4.822)	0.115 ** (1.848)
2015	0.300 *** (4.635)	0.455 *** (6.952)	0.272 *** (4.424)	0.302 *** (4.820)	0.115 ** (1.839)
2016	0.273 *** (4.221)	0.488 *** (7.467)	0.267 *** (4.339)	0.282 *** (4.506)	0.120 ** (1.918)
2017	0.230 *** (3.562)	0.476 *** (7.286)	0.253 *** (4.124)	0.261 *** (4.185)	0.098 * (1.593)

注：***、**、*分别表示通过1%、5%和10%水平上的显著性检验，括号内的数值表示的是对应的 t 值。

依照前文做法，本书同样对模型的空间依赖性进行 LM 检验，结果如表 4 - 12 所示。从表 4 - 12 的结果可知，开办企业便利度（DTF1）、获得信贷便利度（DTF5）、保护少数投资者便利度（DTF6）、跨境贸易便利度（DTF8）和办理破产便利度（DTF10）的误差项和滞后项的拉格朗日乘数及其稳健形式均通过 1% 水平的显著性检验，而获得电力便利度（DTF3）的滞后项拉格朗日乘数和稳健形式均通过 1%水平的显著性检验，误差项拉格朗日乘数不显著，但是稳健形式显著，登记财产便利度（DTF4）的滞后项拉格朗日乘数和稳健形式均通过 1% 和 5% 水平的显著性检验，滞后项拉格朗日乘数显著，但是稳健形式不显著，纳税便利度（DTF7）和执行合同便利度（DTF9）的情况与获得电力便利度（DTF3）相同，依据前文所述的 LM 检验的判别标准，除了登记财产便利度（DTF4）选择空间误差模型外，其他均选择空间面板滞后模型。

表 4 - 12　　　　　　不同维度营商环境的空间依赖性检验

变量	LM(err)	R - LM(err)	LM(lag)	R - LM(lag)
DTF1	73. 423 *** (0. 000)	11. 404 *** (0. 001)	104. 362 *** (0. 000)	42. 343 *** (0. 000)
DTF3	0. 453 (0. 501)	43. 708 *** (0. 000)	10. 646 *** (0. 001)	53. 901 *** (0. 000)
DTF4	46. 081 *** (0. 000)	4. 132 ** (0. 042)	42. 254 *** (0. 000)	0. 305 (0. 581)
DTF5	99. 986 *** (0. 000)	6. 666 *** (0. 010)	129. 201 *** (0. 000)	35. 881 *** (0. 000)
DTF6	35. 178 *** (0. 000)	27. 343 *** (0. 000)	63. 274 *** (0. 000)	55. 439 *** (0. 000)

变量	LM(err)	R−LM(err)	LM(lag)	R−LM(lag)
DTF7	136.539 *** (0.000)	2.141 (0.143)	163.411 *** (0.000)	29.012 *** (0.000)
DTF8	94.647 *** (0.000)	37.288 *** (0.000)	161.174 *** (0.000)	103.815 *** (0.000)
DTF9	101.024 *** (0.00)	1.244 (0.265)	107.287 *** (0.000)	7.507 *** (0.006)
DTF10	22.904 *** (0.00)	8.542 *** (0.003)	39.552 *** (0.000)	25.190 *** (0.000)

注：***、**、*分别表示通过1%、5%和10%水平上的显著性检验，括号内数值表示的是对应的P值。

表4-13报告了营商环境的不同维度的空间自回归模型的估计结果。结果可知，模型（11）、模型（12）和模型（15）的空间滞后反应系数和空间误差反应系数并未通过显著性检验，其他模型均通过1%和10%水平的显著性检验，即获得电力便利度（DTF3）、登记财产便利度（DTF4）和保护少数投资者便利度（DTF6）空间自相关性不显著，但是符号为正，也就是说一经济体在提升获得电力便利度（DTF3）、登记财产便利度（DTF4）和保护少数投资者便利度（DTF6）时，对周边经济体正向影响不显著。产生该种现象的可能原因在于一经济体的垄断行业、产权制度是长期形成的，在短时间内不会因为周边其他经济体的改变而改变。开办企业便利度（DTF1）、获得信贷便利度（DTF5）、纳税便利度（DTF7）、跨境贸易便利度（DTF8）、执行合同便利度（DTF9）和办理破产便利度（DTF10）的空间自回归反应系数ρ值均为正，且通过了1%水平的显著性检验，说明全球范围内上述维度的营商环境存在空间相关性，

并且此相关性为正，即对周边经济体具有正向带动作用，进一步验证了前文检验结果。

表 4 - 13   不同维度营商环境空间自回归模型回归结果

变量	（10）	（11）	（12）	（13）	（14）
Export	0.017 （0.36）	0.186 （1.14）	0.279 （1.13）	0.052 * （1.82）	0.293 *** （2.61）
Import	-0.015 （-0.32）	-0.156 （-1.02）	-0.263 （-1.11）	-0.049 * （-1.72）	-0.283 *** （-2.59）
GDP	0.018 （0.70）	-0.014 （-0.65）	0.069 *** （4.15）	0.011 *** （5.31）	-0.022 （-1.56）
POP	-0.009 （-0.63）	0.011 （0.90）	0.103 *** （11.03）	-0.003 ** （-2.19）	0.146 *** （17.63）
ρ	0.313 *** （5.16）	0.025 （1.37）		0.196 *** （2.95）	0.206 *** （4.59）
λ			0.026 （0.41）		
σ^2	0.016 ** （2.51）	0.092 ** （2.27）	0.066 ** （2.16）	0.006 *** （6.16）	0.072 *** （4.00）
R^2	0.171	0.090	0.125	0.157	0.073
Log - L	834.332	-293.685	-75.520	1474.874	-142.233
N	1287	1287	1287	1287	1287
变量	（15）	（16）	（17）	（18）	（19）
Export	-0.020 （-0.74）	0.082 （1.31）	0.324 （1.39）	0.018 （0.62）	0.118 * （1.82）
Import	0.020 （0.73）	-0.079 （-1.27）	-0.299 （-1.32）	-0.017 （-0.60）	-0.113 * （-1.78）
GDP	-0.006 （-0.99）	0.003 （0.77）	0.034 ** （2.24）	0.019 *** （4.63）	-0.042 *** （-2.66）
POP	-0.003 （-0.74）	-0.009 *** （-3.73）	0.130 *** （14.35）	-0.002 （-1.10）	0.034 *** （4.10）

续表

变量	（15）	（16）	（17）	（18）	（19）
ρ	0.028 （0.42）	0.184*** （3.60）	0.317*** （2.99）	0.118* （1.76）	0.257*** （3.34）
σ^2	0.011*** （9.12）	0.027* （1.88）	0.120*** （3.58）	0.005*** （6.77）	0.079*** （3.28）
R^2	0.134	0.094	0.125	0.234	0.028
Log－L	1086.144	487.371	－483.016	1545.725	－203.875
N	1287	1287	1287	1287	1287

注：***、**、*分别表示通过1%、5%和10%水平上的显著性检验，括号内的数值表示的是对应的t值。

从表4－13的估计结果可以看出，跨境贸易便利度（DTF8）在整个营商环境的空间自相关性最大，系数达到了0.317，其次是开办企业便利度（DTF1），系数为0.313。该结论进一步说明国际贸易过程中，政府监管效率和监管质量的重要性。

第五节　稳健性分析

为了检验前文结果的稳健性，本书选择国家治理能力（World Governance Index，WGI）中的"政府效率"（Government Effectiveness，GE）指标作为营商环境的代理变量。政府效率反映了人们对公共服务质量、公务员素质水平、其与政治压力的独立程度、政策制定和实施的质量以及政府对政策承诺的信誉度的看法。实际上，根据前文所述，政府需要制定高效的营商规则，提高政府效率，为企业提供有效的政策支持，从而提高企业的获得感。由此可见，政府效率能在一定程度上表示经济体的营商环境。

表4-14报告了全球143个经济体在2009~2017年政府效率的全域Moran's I指数和Geary'C指数。表4-14中的数据显示，政府效率均符合Moran's I指数和Geary'C指数显著正相关的取值范围，即具有空间正相关。同时，在2014年，政府效率的Moran's I指数和Geary'C指数的数值表明该年份相较于其他年份而言，空间效应更为强烈。

表4-14　　　Moran's I指数和Geary'C检验结果——政府效率

年份	Moran's I			Geary'C		
	I	Z值	P值	C	Z值	P值
2009	0.592	8.875	0.000	0.337	-8.660	0.000
2010	0.602	9.016	0.000	0.338	-8.668	0.000
2011	0.598	8.971	0.000	0.338	-8.663	0.000
2012	0.605	9.058	0.000	0.331	-8.792	0.000
2013	0.611	9.144	0.000	0.328	-8.878	0.000
2014	0.613	9.191	0.000	0.330	-8.807	0.000
2015	0.592	8.877	0.000	0.343	-8.663	0.000
2016	0.580	8.693	0.000	0.354	-8.483	0.000
2017	0.580	8.702	0.000	0.350	-8.498	0.000

图4-2则显示了政府效率在2009年和2017年的空间关联的Moran's I散点图。从图4-2的图（a）和图（b）可见，在第一象限中，该经济体的政府效率较高，其相邻经济体的政府效率也较高；在第二象限中，该经济体的政府效率较高，但其相邻的政府效率则较低；在第三象限中，该经济体的政府效率较低，其相邻经济体的政府效率也较低；在第四象限中，该经济体的政府效率较低，但其相邻经济体的政府效率则较高。散点图趋势线的斜率为Moran's I指数值，从图4-2可以看出，该斜率为正，其值分别为0.592和0.590，并

且大部分经济体集中在第一象限和第三象限中。该结果说明全球143个经济体的政府效率呈现空间正相关，换言之，全球143个经济体的政府之间存在政府效率溢出效应的现象。

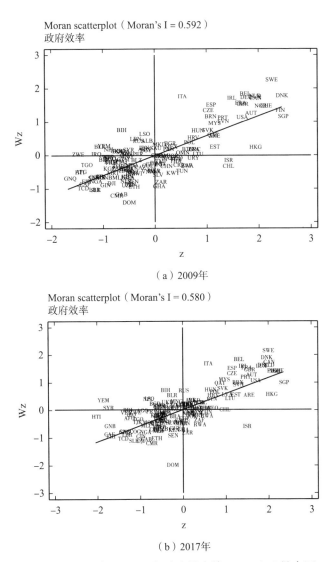

（a）2009年

（b）2017年

图4-2　2009年和2017年政府效率的Moran's I散点图

表4-15报告了政府效率的传统计量模型和空间自回归模型的估计结果。其中，在模型（20）中对其空间依赖性进行LM检验。结果显示，政府效率的误差项和滞后项的拉格朗日乘数及其稳健形式均通过1%水平的显著性检验。在此，本书选择空间面板误差模型作为检验空间自相关性的模型。同时，通过Hausman检验显示，选择SAR固定效应模型的估计结果。

从表4-15中 σ^2、R^2 和 Log-L 的估计值可以看出，模型（20）的整体拟合优度较高，说明构建的静态空间面板模型可以较好地解释政府效率在空间上的依赖性和溢出效应。从SAR时空固定效应估计结果来看，空间自回归反应系数ρ值均为正，且通过了1%水平的显著性检验。表4-15中的研究结果与图4-2的Moran's I指数散点图的直观结论基本一致，进一步支持了本书的研究结果是稳健的。

表4-15　　传统计量模型和空间自回归（SAR）模型回归结果——政府效率

变量	传统计量模型	SAR 固定效应模型	SAR 随机效应模型	SAR 时空固定效应模型
	（20）	（21）	（22）	（23）
Export	0.514 *** （9.56）	-0.003 （-0.14）	0.010 （0.41）	-0.001 （-0.03）
Import	-0.475 *** （-8.87）	0.012 （0.53）	-0.001 （-0.03）	0.010 （0.19）
GDP	0.237 *** （18.46）	0.017 ** （2.26）	0.028 *** （3.45）	0.018 ** （1.97）
POP	-0.139 *** （-15.87）	0.005 （0.66）	-0.003 （-0.42）	0.004 （0.90）
Constant	-0.733 *** （-6.66）		-0.447 *** （-3.80）	

续表

变量	传统计量模型	SAR 固定效应模型	SAR 随机效应模型	SAR 时空固定效应模型
	（20）	（21）	（22）	（23）
ρ		0.147 *** （4.54）	0.235 *** （7.26）	0.143 *** （2.73）
R^2	0.466	0.213	0.351	0.217
Log – L	– 1370.290	885.360	389.752	885.699
N	1287	1287	1287	1287
空间依赖性检验				
Moran's I（error）	14.460 ***			
LM（error）	206.857 ***			
Robust – LM（error）	21.130 ***			
LM（lag）	399.411 ***			
Robust – LM（lag）	213.684 **			
Hausman 统计量		26.01 ***		

注：*** 、** 、* 分别表示通过1%、5%和10%水平上的显著性检验，括号内的数值表示的是对应的 t 值。

第五章
营商环境对技术创新的经济效应
——基于投资动机视角

第一节 文献综述与理论分析

现有文献对营商环境与技术创新的影响关系研究分别从宏观层面和微观层面进行了探讨。

从宏观层面来看，营商环境对于技术发源地的研发溢出具有显著的影响，而营商环境质量较高的经济体能从全球一体化的国际贸易中获得更多的研发溢出效应。同时，除了营商环境之外，诸如知识产权保护、市场化程度等制度也具有相同的效应，这一观点得到了实证检验支持（邓海滨和廖进中，2010）。在已有研究表明营商环境对经济增长的重要性滞后（Amin and Haidar，2012；Haidar，2012），杰尔巴希安等（Jerbashian and Kochanova，2016）认为这一宏观层面影响关系背后，存在着一个重要的关键性因素，那就是信息技术持续投入对经济增长的巨大贡献，尤其是行业层面的信息技术投入。为此，从开办企业、登记财产、获得信贷、保护少数投资者和纳税五个方面实证检验了营商环境对信息技术投入的重要性。从其研究结果来看，营商环境确实能带动行业信息技术投入，但是诸如登记财产的成本、股东诉讼能力和董事责任感会抑制其发展。此外，还有一部分学者则研究法规对研发技术投入的影响（Gruber and Verboven，2001；Gust and Marquez，2004；Koski and Kretschmer，2005；Grajek and Roeller，2012；Andonova and Diaz–Serrano，2009），发现较少的繁文缛节和放松管制能够加强研发技术的投入并鼓励投资。

从微观层面来看，营商环境是企业研发决策行为的重要决定因素。例如，有学者认为面对外生需求的波动，企业存在不同的研发决策行为模式的根本原因在于自身所处的营商环境（马骆茹和朱博恩，2017）。有学者通过模糊集定性比较分析法总结出影响企业技术创新的三条路径，其中一条就为"营商环境支持型"（罗天正和关皓，2020）。同时，有学者认为营商环境决定了企业的研发强度（何凌云和陶东杰，2018）。优化营商环境是一种政府行为，营商环境优劣与政府支持、政府干预有密切联系。故部分学者从政府支持和政府干预的角度研究其对技术创新的影响（张小蒂和李风华，2001）。进一步地，许志端等证实了上述学者的研究，认为持续优化营商环境不仅能为企业加强研发投入和提高专利产出提供有力的保障，而且能进一步促进企业绩效（许志端和阮舟一龙，2019）。另外，还有部分学者从跨国比较的角度，研究知识产权保护对企业技术创新和技术变革的影响（Moser，2005；Chen and Puttitanun，2005）。也有越来越多的学者关注中国情景下知识产权保护对企业技术创新的作用，尤其是非上市企业（史宇鹏和顾全林，2013；胡凯等，2012；张杰和芦哲，2012）。有学者认为营商环境对技术创新的影响，主要体现在税收方面，尤其是对中小企业和初创企业的影响更为深远（徐建斌和朱芸，2020）。

根据世界银行营商环境评估指标体系，部分学者从行政角度、法治角度和金融角度探讨营商环境与技术创新的影响效应。例如，有学者从行政、法治和金融等维度分别检验了营商环境对关系型借贷和关系型金融与技术创新的调节作用，认为营商环境在一定程度上不仅会弱化关系型借贷对技术创新的推动作用，而且会弱化关系型融资对企业创新的挤出效应（冯涛和张美莎，2020）。也有学者认为从法治层面和行政层面优化营商环境通过提升金融业竞争指数和信贷资金分配市场化程度，进而促进企业技术创新（张美莎等，2019；徐浩和张美莎，2019）。部分学者则从行政治理和法治水平层面揭示了营商环境优化对同群偏向性和技术创新的调节效应，认为营商环境优化会提升政府财政投入的创新绩效（徐浩等，2019）。有学者从行政角度考察行政审批制度对企业创新的影响，认为成立行政审批中心能有效降低企业制度性交易成本，进而显著促进企业的创新能力（王永进和冯笑，2018）。但是，也存在相反作用，原因在于行政审批制度改革使得政府的行政效率提高，降低企业进入门槛，从而产生空间挤压效应，有可能会抑制企业创新。有学者以劳动力视角，证实了劳动力市场管制在长期合同调节作用下能够进一步促进企业技术创新，尤其是技术密集型行业的工艺创新（吕铁和王海成，2015）。也有学者认为简政放权对技术创新产生正向影响，并与政府补贴的互补效应更有利于技术创新的发展，但是前提条件必须是地方政府的制度环境优良且企业属于高研发密集型行业（夏后学和谭清美，2017）。基于一般均衡模型，有学者考察了营商环境和技术创新的动态比较优势（卢万青和陈万灵，2018）。研究发现，营商环境不仅能够通过改善信用体系、强化知识产权保护和加强融资便利性等途径来促进企业技术创新，而且能够通过提升行政效率、减轻税务负担等途径降低企业制度性交易成本。同时，营商环境对技术创新具有门槛效应，我国也正处在"廉价生产要素比较优势"向"营商环境比较优势"的转变期。

一、营商环境与研发投入

第一，优化营商环境可以提高信息透明度，降低信息不对称性，进而影响企业研发投入。优化营商环境能够建立完善的信用信息体系，提升市场主体信息的公开程度，帮助金融机构识别具有创新潜能的企业。优化营商环境有助于投资机构拓宽获取信息渠道，摒除虚假有害信息，协助投资机构精准甄别和判断企业最具投资价值和潜能的技术研发项目。优化营商环境可以营造出一种稳定公平透明的外部环境，以法治作为根本保障和基础，提升企业对外界的信任程度，进一步促进企业披露信息的意愿，吸引投资资本追逐"优先利润"和占据市场竞争优势，从而降低自身的融资约束。依据公共选择理论，政府持续优化营商环境将加强资源流向的动力，促进企业获得资源的机会，提高研发投入的期望收益，从而激发企业研发投入的意愿（Djankov et al.，2002）。优化营商环境也是提升法治化建设的一种途径，因此，根据相关研究发现，法治化营商环境是银行判断企业是否获得贷款的根本（Haselmann and Wachtel，2010）。地区的营商环境法治化程度越高，企业技术创新项目获得银行贷款的可能性就越大，尤其是针对中小企业而言，可能性往往会大于大型企业。反之，地区营商环境法治化不健全，会降低银行获得企业信息完备性，也会降低企业披露信息的积极性，从而资本会流向抗风险能力更强和信息披露制度更完善的企业。

第二，优化营商环境能够强化知识产权保护，降低技术创新溢出效应，进而影响企业研发投入。技术创新溢出即技术创新的外部性，是指技术创新产生的福利和收益被他人获取（Jaffe，1986）。技术创新溢出对企业而言具有两面性：一方面，可以让未实施创新或不具备技术创新能力的企业通过向专利公司支付授权费用而获益；另一方面，这些企业也可能会采用模仿创新非法盗取等低成本手段损害专利公司利益从而为自己产生福利。因此，如果地区营商环境越差，知识产权保护力度就越弱，未实施创新或不具备技术创新能力的企业越有可能采取低成本手段对实施创新或具备技术创新能力的企业造成侵权损害，致使该类企业不再产生积极主动的投资创新意愿（Arrow and Hurwicz，1962）。然而，在营商环境优越的地区，知识产权保护行政执法、司法保护和执法效果都能得到更好保证，实施创新或具备技术创新能力的企业可以通过知识产权保护使得自身专利得以受益，进一步激励企业向技术创新项目投入大量的人力、物力和财力等资源。

第三，优化营商环境可以增加融资渠道，进而影响企业研发投入。随着优化营商环境宽松融资制度、完善投资者保护制度、增加融资渠道、提高企业融资安全性和降低企业融资难度，贷款市场重心将转向借款方。作为贷款方的投资机构会更加主动地寻找优质客户，并为高回报率的技术创新项目提供资金支持。以美国市场为样本，有学者验证了放松银行管制，能够促进企业的研发创新投入（Chava et al.，2013）。再者，优化营商环境将促进银行业的充分竞争，这种竞争性的市场结构可以促进企业技术创新，且中小企业获益效果更加明显（唐清泉和巫岑，2015）。

综上所述，本书提出研究假设 H1：

H1：营商环境便利度的提升，将加强企业研发投入。

二、营商环境与专利产出

优化营商环境对企业专利产出的影响主要包括两个方面。一是优化营商环境能够降低企业的制度性交易成本，进而影响专利产出。优化营商环境能够完善专利审批制度，缩短企业专利申请流程和时间，降低企业的制度性交易成本，提高企业申请创新活动的便利性，从而让企业有更多的时间和资本用于创新活动，发挥主观创新能动性（夏杰长和刘诚，2017），反之则不然。例如，有学者从法治角度和行政角度对跨国层面的经验数据进行研究，结果表明法律对投资者权利保护越好，企业面临的政府行政环境越好，则技术创新的资金投入和人员投入将越多，以专利形式衡量的创新产出也将越多（鲁桐和党印，2015）。又如，关于行政审批制度与企业创新的影响关系研究也证实了这一点（王永进和冯笑，2018）。二是优化营商环境意味着政府干预逐渐减少、产权保护力度逐渐加强（何凌云和陶东杰，2018）。当产品市场竞争环境逐渐趋于完全竞争，企业则更愿意为新技术提出专利申请和保护，加强自身竞争优势；相反，如果地方营商环境不佳，意味着政府干预过多或失灵，资源配置错位和市场混乱，竞争主体间相互模仿和抄袭，企业则不愿意披露专利。同时，根据前文所述，优化营商环境能加强企业的研发投入，而已有相关文献证明研发投入与专利产出呈现显著的正相关关系（Hausman et al.，1984），良好的营商环境将通过促进企业研发投入进一步增加企业的专利产出。

由此，本书提出研究假设 H2：

H2：营商环境便利度的提升，将提高企业专利产出。

第二节　研究设计

一、实证模型设定

有学者认为技术创新的空间性容易被忽视，这必将导致偏误的研究结果（Rey and Montouri，1999）。同时，技术创新又呈现动态性，即前期技术创新水平的积累会对当期技术创新水平产生影响（徐浩和冯涛，2018），故而本书引入被解释变量的滞后一期项以避免"鸡生蛋，蛋孵鸡"的内生性问题（Elhorst，2014）。因此，基于安瑟琳（Anselin，1988b）提出的模型，构建了如下动态空间面板模型：

$$\text{Innov}_{it} = \beta W_{ij}\text{Innov}_{it-1} + \rho \sum_{j=1}^{N} W_{ij}\text{Innov}_{it} + \gamma \text{DTF}_{it} + \sum_{k=1}^{M} \alpha_k \text{Control}_{itk}$$
$$+ \alpha_i + \nu_t + \varepsilon_{it} \tag{5.1}$$

$$\text{Innov}_{it} = \beta W_{ij}\text{Innov}_{it-1} + \gamma \text{DTF}_{it} + \sum_{k=1}^{M} \alpha_k \text{Control}_{itk} + \alpha_i + \nu_t + \varepsilon_{it},$$

$$\varepsilon_{it} = \lambda \sum_{j=1}^{M} W_{ij}\varepsilon_{it} + \mu_{it}$$

$$\tag{5.2}$$

其中，公式（5.1）为动态空间滞后面板模型（SAR），公式（5.2）为动态空间误差面板模型。在公式（5.1）和公式（5.2）中，Innov_{it} 为 i 地区第 t 期的技术创新水平，分别用研发投入和研发产出进行衡量；DTF_{it} 为 i 地区第 t 期的营商环境便利度；ρ 为空间自相关反应系数，即周边相邻省份的技术创新水平对本观测个体的技术创新水平的影响程度系数；λ 为空间误差项反应系数；$\sum_{j=1}^{N} W_{ij} Innov_{ij}$ 为空间滞后变量，指第 t 年区域 i 周边相邻地区技术创新水平的加权平均值；$Innov_{it-1}$ 为时间滞后变量，指第 t−1 年区域 i 的技术创新水平；$Control_{itk}$ 为控制变量集合。下标 i、t 和 k 分别为区域、年份和自变量，ε 为随机扰动项，W 为标准化的空间权重矩阵，如公式 (5.3) 所示。本书采用是否相邻作为空间权重矩阵元素。

$$W = \begin{cases} 1 & \text{如果区域 i 和区域 j 空间相邻} \\ 0 & \text{如果区域 i 和区域 j 空间不相邻} \end{cases} (i \neq j) \qquad (5.3)$$

二、样本选择和变量说明

鉴于本书考察时期为 2008 年金融危机之后，故选取 2009—2017 年的 9 年间我国 31 个省份构建面板数据（不包括我国港澳台地区）。根据我国对外直接投资（OFDI）、外商直接投资（FDI）、进口贸易（IMPORT）和出口贸易（EXPORT）的规模存量，结合各国或地区研发资本存量，同时考虑到数据的可获得性，本书选择中国香港、英国、意大利、土耳其、日本、美国、加拿大、韩国、法国、俄罗斯联邦和德国，共 11 个国家（地区），作为测算外商研发资本存量的样本。选取这 11 个样本国家（地区）的原因主要在于：一方面，它们不仅与我国有紧密的进出口贸易关系，而且也是外商直接投资和对外直接投资的主要来源地和流向地，并且占据各类金额的较大比例，以 2017 年为例，11 个国家（地区）的对外直接投资占我国对外直接投资总额的 62.13%；另一方面，根据联合国教科文组织

（UNESCO）对世界各国（地区）的科技研发投资的统计数据，前十五位的研发费用支出就包含了上述 11 个国家（地区）中的 9 个，分别是美国、日本、德国、韩国、法国、英国、俄罗斯联邦、意大利和加拿大。可见，本书选择的样本国家（地区）在一定程度上具有很好的代表性。

1. 被解释变量

本书采用研发投入（以研发费用投入和研发人员投入为衡量标准）、研发产出（以专利产出为衡量标准）作为衡量一地区技术创新能力的变量：（1）研发费用投入（RD）是指一地区用于开展研发活动的实际支出，包括基础研究、应用研究和试验发展，采用研发费用与该地区的 GDP 的占比表示；（2）研发人员投入（Labor）采用研发人员全时当量衡量，指全时人员数加非全时人员按工作量折算为全时人员数的总和①；（3）专利产出（Patent）是由发明专利、实用新型专利和外观设计专利三类专利申请量的加总。

2. 核心解释变量

（1）省域营商环境。

本书参考已有研究对国际研发资本溢出计算思路（Coe and Helpman，1995），设计了以下步骤，对我国 31 个省份的营商环境进行计算：

第一步，依据公式：

$$DTF_t^{ofdi} = \sum (OFDI_{jt}/GFCF_{jt}) DTF_{jt} \qquad (5.4)$$

$$DTF_t^{fdi} = \sum (FDI_{jt}/GFCF_{jt}) DTF_{jt} \qquad (5.5)$$

$$DTF_t^{im} = \sum (IMPORT_{jt}/GFCF_{jt}) DTF_{jt} \qquad (5.6)$$

---

① 国家统计局：http://www.stats.gov.cn/tjsj/zbjs/201310/t20131029_449419.html.

$$DTF_t^{ex} = \sum (EXPORT_{jt}/GFCF_{jt}) DTF_{jt} \qquad (5.7)$$

计算 11 个国家或地区的四种渠道对应的 DTF 值。其中，DTF_t^{ofdi} 表示 11 个国家或地区在 t 年的对外直接投资渠道对应的 DTF 值，DTF_t^{fdi} 表示 11 个国家或地区在 t 年的外商直接投资渠道对应的 DTF 值，DTF_t^{im} 表示 11 个国家或地区在 t 年的进口贸易渠道对应的 DTF 值，DTF_t^{ex} 表示 11 个国家或地区在 t 年的出口贸易渠道对应的 DTF 值；$OFDI_{jt}$ 表示我国在 t 年对 j 国家或地区的对外直接投资额，FDI_{jt} 表示我国在 t 年获得 j 国家或地区的外商直接投资额，$IMPORT_{jt}$ 表示我国在 t 年对 j 国家或地区的进口贸易额，$EXPORT_{jt}$ 表示我国在 t 年对 j 国家或地区的出口贸易额；$GFCF_{jt}$ 表示 j 国家或地区在 t 年的固定资本形成总额。

第二步，依据公式：

$$DTF_{it}^{ofdi} = (OFDI_{it}/OFDI_t) DTF_t^{ofdi} \qquad (5.8)$$

$$DTF_{it}^{fdi} = (FDI_{it}/FDI_t) DTF_t^{fdi} \qquad (5.9)$$

$$DTF_{it}^{im} = (IMPORT_{it}/IMPORT_t) DTF_t^{im} \qquad (5.10)$$

$$DTF_{it}^{ex} = (EXPORT_{it}/EXPORT_t) DTF_t^{ex} \qquad (5.11)$$

计算我国 31 个省份四种渠道对应的 DTF 值。其中，DTF_{it}^{ofdi} 表示我国 i 省份在 t 年的对外直接投资渠道对应的 DTF 值，DTF_{it}^{fdi} 表示我国 i 省份在 t 年的外商直接投资渠道对应的 DTF 值，DTF_{it}^{im} 表示我国 i 省份在 t 年的进口贸易渠道对应的 DTF 值，DTF_{it}^{ex} 表示我国 i 省份在 t 年的出口贸易渠道对应的 DTF 值。

$OFDI_{it}$ 表示我国 i 省份在 t 年的对外直接投资总额，FDI_{it} 表示我国 i 省份在 t 年的外商直接投资总额，$IMPORT_{it}$ 表示我国 i 省份在 t 年的进口贸易总额，$EXPORT_{it}$ 表示我国 i 省份在 t 年的出口贸易总额。

第三步，依据公式：

$$DTF_{it} = (DTF_{it}^{ofdi} + DTF_{it}^{fdi} + DTF_{it}^{im} + DTF_{it}^{ex})/4 \tag{5.12}$$

最终得到我国 31 个省份的 DTF 平均值。

（2）四种渠道的国外研发资本存量溢出。

第一，对外直接投资渠道的国外研发资本存量溢出。

首先，通过公式：

$$S_t^{ofdi} = \sum (OFDI_{jt}/GFCF_{jt})S_{jt}^{rd} \tag{5.13}$$

计算我国通过对外直接投资渠道获得国外研发资本存量溢出。其中，S_{jt}^{rd} 为国外研发资本存量，计算思路为：本书以 2009 年为基期，采用已有研究（Griliches，1991）提出的方法计算 11 个国家或地区基期的研发存量，公式为：

$$S_{j2009}^{rd} = RD_{j2009}/(g + \delta) \tag{5.14}$$

其中，S_{j2009}^{rd} 为 j 国家或地区在基期 2009 年的研发资本存量，RD_{j2009} 为 j 国家或地区在基期 2009 年的研发费用支出，g 为 2009—2017 年每年研发费用支出增长率的平均值，δ 为折旧率，根据已有研究（Coe and Helpman，1995），本书将折旧率设为 10%。其余年份的研发资本存量则采用永续盘存法计算，公式为：

$$S_{jt}^{rd} = (1 - \delta)S_{j(t-1)}^{rd} + S_{j2009}^{rd} \tag{5.15}$$

其次，通过公式：

$$S_{it}^{ofdi} = (OFDI_{it}/OFDI_t)S_t^{ofdi} \tag{5.16}$$

计算我国 31 个省份通过对外直接投资渠道获得的国外研发资本存量溢出。其中，$OFDI_{it}/OFDI_t$ 表示我国 i 省份在 t 年的对外直接投资额占我国在 t 年的对外直接投资总额的比例。

第二，外商直接投资渠道的国外研发资本存量溢出。延续对外直接投资渠道的算法，仍然采用 L – P 法，公式为：

$$S_{it}^{fdi} = (FDI_{it}/FDI_t) S_t^{fdi} \qquad (5.17)$$

其中，S_{it}^{fdi} 为我国 i 省份通过外商直接投资渠道获得的国外研发资本存量溢出，FDI_{it}/FDI_t 表示我国 i 省份在 t 年的外商直接投资额占我国在 t 年的外商直接投资总额的比例，S_t^{fdi} 为我国整体通过外商直接投资渠道获得国外研发资本存量溢出，等于 $\sum (FDI_{jt}/GFCF_{jt}) S_{jt}^{rd}$。

第三，进口贸易渠道的国外研发资本存量溢出。延续对外直接投资渠道的算法，仍然采用 L-P 法，公式为：

$$S_{it}^{im} = (IMPORT_{it}/IMPORT_t) S_t^{im} \qquad (5.18)$$

其中，S_{it}^{im} 为我国 i 省份通过进口贸易渠道获得的国外研发资本存量溢出，$IMPORT_{it}/IMPORT_t$ 表示我国 i 省份在 t 年的进口贸易额占我国在 t 年的进口贸易总额的比例，S_t^{im} 为我国整体通过进口贸易渠道获得国外研发资本存量溢出，等于 $\sum (IMPORT_{jt}/GFCF_{jt}) S_{jt}^{rd}$。

第四，出口贸易渠道的国外研发资本存量溢出。延续对外直接投资渠道的算法，仍然采用 L-P 法，公式为：

$$S_{it}^{ex} = (EXPORT_{it}/EXPORT_t) S_t^{ex} \qquad (5.19)$$

其中，S_{it}^{ex} 为我国 i 省份通过出口贸易渠道获得的国外研发资本存量溢出，$EXPORT_{it}/EXPORT_t$ 表示我国 i 省份在 t 年的进口贸易额占我国在 t 年的进口贸易总额的比例，S_t^{ex} 为我国整体通过进口贸易渠道获得国外研发资本存量溢出，等于 $\sum (EXPORT_{jt}/GFCF_{jt}) S_{jt}^{rd}$。

3. 控制变量

省域其他控制变量包括经济规模（$Pregdp_{it}$），即我国 i 省份第 t 年的地区生产总值除以当年当地的总人口；产业结构（Ins_{it}），即我国 i 省份第 t 年的地区生产总值的第二产业比例（黄茂兴和李军军，

2009）；外商直接投资（Fdi_{it}），即我国 i 省份第 t 年的外商直接投资额在地区生产总值的比例；对外开放程度（$Trade_{it}$），即我国 i 省份第 t 年的进出口总额在地区生产总值的比例；基础设施（$Infra_{it}$），即我国 i 省份第 t 年单位平方千米的铁路、航运和水运的运营里程；城镇化率（Urb_{it}），即我国 i 省份第 t 年的城镇人口占比。人力资本（Hum_{it}），即我国 i 省份第 t 年的平均受教育年限，取未上学、小学、初中、高中（中等职业）、大学专科（高等职业）、大学本科、研究生的受教育年限分别为 0 年、6 年、9 年、12 年、15 年、16 年和 19 年，计算公式为：平均受教育年限 =（未上学比例 × 0 + 小学比例 × 6 + 初中比例 × 9 + 高中比例 × 12 + 大学专科比例 × 15 + 大学本科比例 × 16 + 研究生比例 × 19）。具体变量定义如表 5 - 1 所示。

表 5 - 1 　　　　　　　　　　　　　变量定义

变量名称	变量代码	变量定义
面板 A：被解释变量		
研发费用投入	RD_{it}	第 i 地区第 t 年的研发投入对 GDP 的占比
研发人员投入	$Labor_{it}$	第 i 地区第 t 年的研发劳动力投入
专利产出	$Patent_{it}$	第 i 地区第 t 年的专利产出
面板 B：核心解释变量		
营商环境便利度	DTF_{it}	第 i 地区第 t 年的营商环境便利度对数
外商直接投资渠道	S_{it}^{fdi}	第 i 地区第 t 年通过外商直接投资渠道获得研发资本存量溢出
对外直接投资渠道	S_{it}^{ofdi}	第 i 地区第 t 年通过对外直接投资渠道获得研发资本存量溢出

变量名称	变量代码	变量定义
出口贸易渠道	S_{it}^{im}	第 i 地区第 t 年通过对出口贸易渠道获得研发资本存量溢出
进口贸易渠道	S_{it}^{ex}	第 i 地区第 t 年通过对进口贸易渠道获得研发资本存量溢出
面板 C：控制变量		
经济规模	$Pregdp_{it}$	第 i 地区第 t 年的人均国内生产总值
产业结构	Ins_{it}	第 i 地区第 t 年的第二产业/地区 GDP
外商直接投资	Fdi_{it}	第 i 地区第 t 年的外商直接投资总额/地区 GDP
人力资本	Hum_{it}	第 i 地区第 t 年的 6 岁及以上平均受教育年限
对外开放程度	$Trade_{it}$	第 i 地区第 t 年的进出口总额/地区 GDP
基础设施	$Infra_{it}$	第 i 地区第 t 年的单位平方千米的铁路、航运和水运的运营里程
城镇化率	Urb_{it}	第 i 地区第 t 年的城镇人口/总人口
外商直接投资渠道研发溢出哑变量	$Dummy\_fdi_{it}$	若第 i 地区第 t 年从外商直接投资渠道获得的研发溢出量大于第 t 年的中位值，则取 1；否则，取 0
对外直接投资渠道研发溢出哑变量	$Dummy\_ofdi_{it}$	若第 i 地区第 t 年从对外直接投资渠道获得的研发溢出量大于第 t 年的中位值，则取 1；否则，取 0
进口贸易渠道研发溢出哑变量	$Dummy\_import_{it}$	若第 i 地区第 t 年从进口贸易渠道获得的研发溢出量大于第 t 年的中位值，则取 1；否则，取 0
出口贸易渠道研发溢出哑变量	$Dummy\_export_{it}$	若第 i 地区第 t 年从出口贸易渠道获得的研发溢出量大于第 t 年的中位值，则取 1；否则，取 0

三、数据来源

我国 31 个省份的技术创新能力相关数据来源于历年的《中国科技统计年鉴》。11 个样本国家（地区）的对外直接投资数据来源于《中国对外直接投资统计公报》、外商直接投资数据来源于《中国统计年鉴》、进出口贸易额数据和固定资本形成总额的数据来源于世界银行公开数据库、研发费用支出数据来源于联合国教文科组织统计研究所、营商环境数据来源于世界银行"营商环境项目数据库"。其他控制变量数据来源于31个省份历年的统计年鉴。

第三节 实证结果：空间自相关与实证回归结果分析

一、变量描述和相关性

本书空间计量模型的主要回归变量的描述性统计如表5－2所示。表中显示，我国 31 个省份的研发费用投入（RD）的中位值为0.012，最小值为 0.002，最大值为 0.059；研发人员投入（Labor）的中位值为 11.084，最小值为 7.030，最大值为 13.206；专利产出（Patent）的中位值为 9.681，最小值为 4.890，最大值为 12.465。我国 31 个省份营商环境便利度（DTF）的中位值为 2.304，最小值为 0.091，最大值为 5.743。我国 31 个省份的外商直接投资渠道的研发溢出的中位值为 13.628，最小值为 9.295，最大值为 16.774；对外直接投资渠道获得的研发溢出的中位值为 15.138，最小值为 7.883，最大值为 19.749；进口贸易获得的研发溢出的中位值为 16.137，最小值为 10.550，最大值为 19.612；出口贸易获得的研发溢出的中位值为 16.875，最小值为 12.864，最大值为 20.503。其他控制变量的描述性统计结果见表5－2。从表5－2描述性统计结果来看，我国 31

个省份的技术创新水平差异较大，尤其是在专利产出方面；31 个省份的营商环境便利度相对较差且存在明显的差异化；从研发溢出的角度来看，我国 31 个省份获得研发溢出的最主要渠道为出口贸易渠道，其次是进口贸易渠道。

表 5－2　　　　　　　　　描述性统计结果

变量	观测值	均值	标准差	最小值	中位数	最大值
RD_{it}	279	0.015	0.011	0.002	0.012	0.059
$Labor_{it}$	279	10.926	1.333	7.030	11.084	13.206
$Patent_{it}$	279	9.500	1.657	4.890	9.681	12.465
DTF_{it}	279	2.433	1.345	0.091	2.304	5.743
S_{it}^{fdi}	279	13.603	1.561	9.295	13.628	16.774
S_{it}^{ofdi}	279	14.845	2.322	7.883	15.138	19.749
S_{it}^{im}	279	16.075	1.885	10.550	16.137	19.612
S_{it}^{ex}	279	16.942	1.713	12.864	16.875	20.503
$Pregdp_{it}$	279	10.616	0.483	9.493	10.588	11.686
Ins_{it}	279	0.455	0.083	0.197	0.474	0.577
Fdi_{it}	279	0.327	0.329	0.053	0.186	1.709
Hum_{it}	279	9.623	1.220	5.844	9.718	13.392
$Trade_{it}$	279	2.612	2.894	0.159	1.295	13.522
$Infra_{it}$	279	1.106	1.646	0.052	0.892	14.001
Urb_{it}	279	54.366	13.814	22.710	53.020	89.300

表 5－3 显示了营商环境便利度、研发溢出与技术创新之间的相关性，其表现均为强烈显著的正向相关，呈现线性关系。

表 5 - 3   主要变量间的相关系数

变量	RD_{it}	$Labor_{it}$	$Patent_{it}$	DTF_{it}	S_{it}^{fdi}	S_{it}^{ofdi}	S_{it}^{im}	S_{it}^{ex}
RD_{it}	1.000							
$Labor_{it}$	0.650 *** (0.000)	1.000						
$Patent_{it}$	0.625 *** (0.000)	0.959 *** (0.000)	1.000					
DTF_{it}	0.693 *** (0.000)	0.814 *** (0.000)	0.866 *** (0.000)	1.000				
S_{it}^{fdi}	0.638 *** (0.000)	0.861 *** (0.000)	0.893 *** (0.000)	0.928 *** (0.000)	1.000			
S_{it}^{ofdi}	0.480 *** (0.000)	0.654 *** (0.000)	0.745 *** (0.000)	0.849 *** (0.000)	0.803 *** (0.000)	1.000		
S_{it}^{im}	0.700 *** (0.000)	0.890 *** (0.000)	0.879 *** (0.000)	0.922 *** (0.000)	0.923 *** (0.000)	0.756 *** (0.000)	1.000	
S_{it}^{ex}	0.673 *** (0.000)	0.881 *** (0.000)	0.907 *** (0.000)	0.953 *** (0.000)	0.925 *** (0.000)	0.765 *** (0.000)	0.965 *** (0.000)	1.000

注：表中下三角列示的是 Pearson 相关系数。*、**、***分别代表在10%、5%和1%水平上显著。括号内的值为 P 值。

二、空间自相关分析

采用探索性空间数据分析方法，运用度量全局空间自相关的"莫兰指数 I"（Moran's I）分析我国31个省份的研发投入是否存在空间相关性。分析结果如表5 - 4所示，研发费用投入和研发人员投入的 Moran's I 均在1%水平上显著为正，说明研发投入存在正向空间相关性。换言之，研发投入空间分布特性并非为均值。从时间层面分析，研发费用投入的 Moran's I 呈现一种倒"U"型趋势，即在2009—2015年，研发费用投入的 Moran's I 为上升时期，而在2015年

之后，研发费用投入的 Moran's I 出现了下降趋势；研发人员投入的
Moran's I 则在整个考察期内呈现了上升趋势，但在近两年趋于平稳状
态。可见，我国技术创新投入在金融危机期间呈现一种较大的空间依
赖性波动，而在近年来则趋于平缓。

表 5 - 4 　　　　　　　Moran's I 指数检验结果——技术创新

年份	Moran's I		Z 值		P 值	
	研发费用投入	研发人员投入	研发费用投入	研发人员投入	研发费用投入	研发人员投入
2009	0.184	0.248	2.229	2.397	0.013	0.008
2010	0.191	0.258	2.349	2.493	0.009	0.006
2011	0.227	0.288	2.618	2.757	0.004	0.003
2012	0.256	0.296	2.846	2.829	0.002	0.002
2013	0.272	0.316	2.926	3.002	0.002	0.001
2014	0.287	0.327	3.040	3.090	0.001	0.001
2015	0.301	0.331	3.128	3.133	0.001	0.001
2016	0.297	0.333	3.059	3.154	0.001	0.001
2017	0.268	0.333	2.759	3.139	0.003	0.001

　　图 5 - 1 ~ 图 5 - 4 则显示了我国 31 个省份的研发费用投入和研
发人员投入在 2009 年和 2017 年的空间关联的 Moran's I 散点图。在第
一象限中，表现为高值与高值聚集（High - High），即研发费用投入
和研发人员投入水平高的省份，其相邻的省份也较高；在第二象限
中，表现为高值与低值聚集（High - Low），即研发费用投入和研发
人员投入水平高的省份，其相邻省份的较低；在第三象限中，表现为
低值与低值聚集（Low - Low），即研发费用投入和研发人员投入水平
低的省份，其相邻的省份也较低；在第四象限中，表现为低值与高值

聚集（Low‐High），即研发费用投入和研发人员投入水平低的省份，其相邻的省份较高。从图5‐1至图5‐2可以看出，安徽省、福建省和重庆市的研发费用投入从初期的 Low‐High 聚集区跃升至 High‐High 聚集区，湖南省的研发费用投入则从初期的 Low‐Low 聚集区跃升

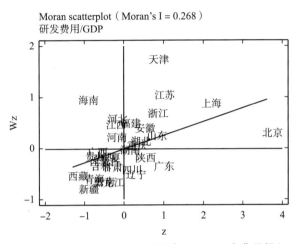

图5‐1　2017年 Moran's I 散点图——研发费用投入

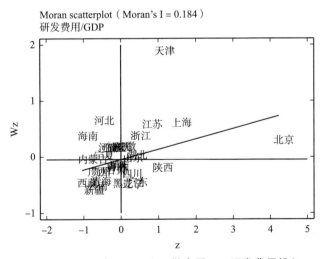

图5‐2　2009年 Moran's I 散点图——研发费用投入

至 Low – High 聚集区，其他省份的聚集分布则维持不变。从图 5 – 3
和图 5 – 4 可以看出，重庆市的研发人员投入从初期的 Low – High 聚
集区跃升至 High – High 聚集区，而山西省的研发人员投入从初期的
High – High 聚集区退化至 Low – High 聚集区。

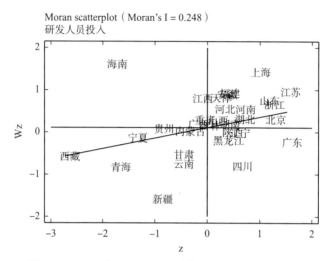

图 5 – 3 2009 年 Moran's I 散点图——研发人员投入

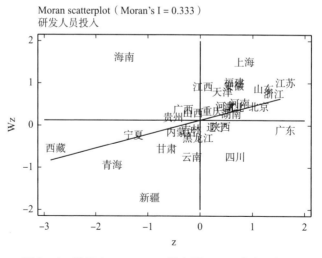

图 5 – 4 2017 年 Moran's I 散点图——研发人员投入

从 LISA 聚集图来看，大部分东部和中部地区属于 High – High 的聚集区域，原因在于东部地区的经济发展水平较高，相对开放，竞争程度也相对激烈，产品迭代更新速度快，企业为了实现持续发展和盈利，必然要保持较高创新水平；中部地区的产业发展战略正逐步得到实施和扶持，资源要素配置不断合理化，有效促进了中部创新水平。大部分西部地区仍属于 Low – Low 聚集区域，可能的原因在于受限于西部经济水平低下、产业发展完善程度低、人才流动性差，导致创新投入能力不足。

三、模型选择和回归结果分析

1. 营商环境对研发费用投入的影响

（1）模型选择。

在构建空间面板模型之后，首先对模型的空间依赖性进行 LM 检验，其结果如表 5 – 5 的模型（1）所示。结果显示，研发费用投入的误差项的拉格朗日乘数及其稳健形式均通过 1% 水平的显著性检验，滞后项仅有稳健性形式拉格朗日乘数通过 1% 水平的显著性检验；依据前文所述的 LM 检验的判别标准，本书认为模型（1）的结果显示了空间误差模型（SEM）和空间滞后模型（SAR）都较为合适。

为进一步确定空间回归面板模型，本书还进行 LR 检验、Hausman 检验和效应检验。从表 5 – 5 的检验结果来看，模型（2）和模型（3）都强烈拒绝原假设"空间杜宾模型可以简化为空间滞后模型"以及"空间杜宾模型可以简化为空间误差模型"。因此，进一步说明了空间杜宾模型不能简化为空间滞后模型和空间误差模型，故选择空

表 5-5　空间面板模型回归结果——研发费用投入

变量	传统计量模型 OLS	空间面板模型							
		SAR	SAR	SEM	静态空间面板模型 SDM 模型-固定效应			SDM 时空随机效应	动态空间面板模型 动态 SDM 时空固定效应
					空间效应	时间效应	时空效应		
	(1)	(2)	(3)	(4)	(5)	(6)	(7)	(8)	(9)
$W \times RD_{i(t-1)}$									0.371*** (0.139)
DTF_{it}	0.003*** (0.001)		0.002*** (0.000)	0.002*** (0.000)	0.002*** (0.000)	0.004*** (0.001)	0.003*** (0.000)	0.002*** (0.000)	0.002*** (0.000)
$Pregdp_{it}$	-0.007*** (0.002)	-0.012*** (0.002)	-0.009*** (0.002)	-0.012*** (0.002)	-0.013*** (0.002)	0.005*** (0.002)	-0.012*** (0.002)	-0.011*** (0.002)	-0.011*** (0.002)
Ins_{it}	-0.019*** (0.005)	0.012*** (0.004)	0.016*** (0.004)	0.019*** (0.004)	0.020*** (0.003)	-0.047*** (0.005)	0.013*** (0.004)	0.016*** (0.004)	0.012*** (0.004)
Fdi_{it}	-0.003 (0.002)	-0.001* (0.001)	-0.001 (0.001)	0.000 (0.001)	-0.001* (0.001)	0.002 (0.002)	-0.001** (0.001)	-0.000 (0.001)	-0.001 (0.001)
Hum_{it}	0.002** (0.001)	0.000 (0.000)	-0.000 (0.000)	-0.000 (0.000)	-0.000 (0.000)	0.002*** (0.001)	0.000 (0.000)	0.000 (0.000)	0.000 (0.000)
$Infra_{it}$	0.000 (0.000)	0.000 (0.000)	0.000 (0.000)	0.000 (0.000)	0.000 (0.000)	0.000 (0.000)	0.000 (0.000)	0.000 (0.000)	-0.000 (0.000)

续表

变量	传统计量模型 OLS	静态空间面板模型			SDM 模型 - 固定效应			SDM 时空随机效应	动态空间面板模型 动态 SDM 时空固定效应
		SAR	SAR	SEM	空间效应	时间效应	时空效应		
	(1)	(2)	(3)	(4)	(5)	(6)	(7)	(8)	(9)
$Trade_{it}$	-0.000 (0.000)	-0.001*** (0.000)	-0.001*** (0.000)	-0.001*** (0.000)	-0.001*** (0.000)	-0.001*** (0.000)	-0.001*** (0.000)	-0.001*** (0.000)	-0.001*** (0.000)
Urb_{it}	0.001*** (0.000)	0.000*** (0.000)	0.000*** (0.000)	0.000*** (0.000)	0.000*** (0.000)	0.000** (0.000)	0.000*** (0.000)	0.000*** (0.000)	0.000*** (0.000)
$W \times DTF_{it}$					-0.001** (0.001)	0.002 (0.001)	0.000 (0.001)	-0.002** (0.001)	-0.001 (0.001)
$W \times Ins_{it}$					-0.009 (0.006)	0.006 (0.012)	-0.025*** (0.008)	-0.005 (0.006)	-0.037*** (0.009)
$W \times Fdi_{it}$					-0.006*** (0.001)	0.002 (0.004)	-0.005*** (0.001)	-0.006*** (0.001)	-0.003* (0.001)
$W \times Hum_{it}$					0.000 (0.000)	-0.002 (0.001)	0.001 (0.001)	0.000 (0.000)	0.001 (0.000)
$W \times Infra_{it}$					0.000 (0.000)	0.002*** (0.000)	0.000 (0.000)	0.000 (0.000)	0.000 (0.000)

续表

变量	传统计量模型		静态空间面板模型						动态空间面板模型
	OLS	SAR	SAR	SEM	SDM 模型 – 固定效应			SDM 时空随机效应	动态 SDM 时空固定效应
					空间效应	时间效应	时空效应		
	(1)	(2)	(3)	(4)	(5)	(6)	(7)	(8)	(9)
$W \times Trade_{it}$					-0.000 (0.000)	-0.002*** (0.000)	-0.001 (0.000)	-0.000 (0.000)	0.000 (0.000)
$W \times Urb_{it}$					0.000 (0.000)	-0.000 (0.000)	0.000** (0.000)	0.000* (0.000)	0.000* (0.000)
ρ		0.329*** (0.073)	0.311*** (0.065)		0.354*** (0.071)	0.225*** (0.086)	0.286*** (0.075)	0.377*** (0.070)	0.171* (0.101)
λ				0.463*** (0.072)					
N	279	279	279	279	279	279	279	279	279
R^2	0.698	0.001	0.001	0.186	0.037	0.520	0.072	0.013	0.175
Log L	1034.169	1522.980	1510.299	1514.605	1537.154	1106.748	1546.161	1412.732	1395.366
空间依赖性检验									
Moran's I (error)	2.541***								
LM (error)	4.989**								

续表

变量	传统计量模型		静态空间面板模型						动态空间面板模型
	OLS	SAR	SAR	SEM	SDM 模型 – 固定效应			SDM 时空随机效应	动态 SDM 时空固定效应
					空间效应	时间效应	时空效应		
	(1)	(2)	(3)	(4)	(5)	(6)	(7)	(8)	(9)
空间依赖性检验									
Robust – LM（error）	9.712***								
LM（lag）	1.374								
Robust – LM（lag）	6.097***								
LR 检验									
LR 检验（是否简化为 SAR）			71.72***						
LR 检验（是否简化为 SEM）				63.11***					
效应检验									
空间效应					18.01**				
时间效应						878.83***			
Hausman 统计量								12.93*	

注：***、**、* 分别表示通过 1%、5% 和 10% 水平上的显著性检验，括号内的数值表示的是对应的标准误。

间杜宾模型。同时，模型（4）、模型（5）和模型（6）都强烈拒绝原假设，即在选择空间杜宾模型时，应该选择时空双重效应模型更优。从模型（7）中的 Hausman 检验结果来看，其统计量为 12.93，在 10% 水平上通过显著性检验，故应该采用固定效应（陈强，2014）。

（2）回归结果分析。

为了保证结果的稳健性，本书构建了以研发费用投入为被解释变量的传统计量模型、静态空间面板模型和动态空间面板三种模型，如表 5-5 所示。模型（1）采用 OLS 估计方法，其拟合度较好，营商环境的回归系数在 1% 水平上正向显著，但是该模型缺乏时空因素和空间溢出效应，故可能存在内生性问题；模型（2）~模型（8）为静态空间面板模型只考虑公式（5.8）和公式（5.9）左右两边的空间溢出效应，并未考虑时间因素，与实际情况并不十分符合；模型（9）为动态空间面板模型，该模型则同时考虑时间滞后和空间滞后，既时空滞后交互项，既可以解决内生性问题，又考虑了动态性。

模型（2）~模型（9）空间滞后反应系数 ρ 和空间误差反应系数 λ 均在 10% 及以上水平的显著性检验，说明当地技术创新水平与周边相邻地区存在高度的空间关联性，证明本书采用空间计量模型的合理性。模型（2）报告了无营商环境的影响结果，由 R^2 可知，模型（2）的 R^2 远小于其他模型，表明了营商环境是影响技术创新的重要因素。综合考虑 R^2 和 Log L，本书认为模型（9）的拟合效果最优，因此我国技术创新的时空效应采用模型（9）进行回归计量，并以此回归结果作为分析依据。

从模型（9）的回归结果可知，技术创新水平在时空滞后上均通过了 1% 水平的显著性检验，表明了技术创新投入水平的动态性、连续性特性以及空间溢出效应，即我国技术创新投入水平呈现时间累积和空间相关特征，当期技术创新投入不仅受到前一期创新投入的影响，还受到周边相邻地区技术创新投入的影响，这与空间自相关分析的结果一致。换言之，省域间技术创新投入存在相互影响并在一定程度上体现了空间集聚特征，其原因在于随着信息基础设施的不断健全，信息技术的不断完善和发展，创新要素（诸如知识、技术等）在省域间的流动速度不断加快和扩散，强化了省域间技术创新投入的相互影响。

营商环境的回归系数为 0.002，在 1% 水平上呈正向显著，说明营商环境对技术创新投入的正向影响。为了进一步说明营商环境对技术创新投入的作用程度，本书将时间效应分解为短期效应和长期效应，将空间效应分解为直接效应、间接效应和总效应（肖光恩等，2018），从而阐明营商环境对技术创新投入的时空作用效果。表 5 - 6 给出了以营商环境为核心的解释变量对技术创新投入影响的 6 种效应，分别为短期直接效应（Short - Direct）、短期间接效应（Short - Indirect）、短期总效应（Short - Totel Direct）、长期直接效应（Long - Direct）、长期间接效应（Long - Indirect）、长期总效应（Long - Totel Direct）。本书分解的 6 种效应均以模型（9）——动态空间杜宾模型的回归结果为准。

根据表 5 - 6 可知，无论是短期效应还是长期效应，营商环境对技术创新投入的直接效应均显著为正，说明营商环境对技术创新投入表现出正向的省域内空间反馈效应。同时，营商环境对技术创新投入的省域间空间溢出效应并不显著。其原因可能在于：省域间的制度趋同性导致省域间知识和技术等生产要素的流动出现障碍，最终抑制技术创新投入。

表 5 - 6   时空效应分解——研发费用投入

变量	短期			长期		
	动态空间面板模型 - 时空滞后 SDM					
	直接效应	间接效应	总效应	直接效应	间接效应	总效应
DTF_{it}	0.002 *** (0.000)	- 0.001 (0.001)	0.001 (0.001)	0.002 *** (0.000)	- 0.000 (0.002)	0.002 (0.002)
$Pregdp_{it}$	- 0.010 *** (0.002)	0.014 *** (0.004)	0.004 (0.004)	- 0.009 *** (0.002)	0.017 ** (0.007)	0.007 (0.008)
Ins_{it}	0.010 ** (0.004)	- 0.040 *** (0.012)	- 0.029 ** (0.014)	0.006 (0.005)	- 0.061 ** (0.026)	- 0.055 * (0.030)
Fdi_{it}	- 0.001 * (0.001)	- 0.003 ** (0.002)	- 0.005 ** (0.002)	- 0.002 ** (0.001)	- 0.007 * (0.004)	- 0.009 ** (0.004)
Hum_{it}	0.000 (0.000)	0.001 (0.001)	0.001 (0.001)	0.000 (0.000)	0.001 (0.001)	0.002 (0.001)
$Infra_{it}$	- 0.000 (0.000)	0.000 (0.000)	- 0.000 (0.000)	- 0.000 (0.000)	0.000 (0.000)	- 0.000 (0.000)
$Trade_{it}$	- 0.001 *** (0.000)	0.000 (0.000)	- 0.001 ** (0.001)	- 0.001 *** (0.000)	- 0.001 (0.001)	- 0.002 ** (0.001)
Urb_{it}	0.000 *** (0.000)	0.000 ** (0.000)	0.001 *** (0.000)	0.000 *** (0.000)	0.001 ** (0.000)	0.001 ** (0.001)

注: *** 、 ** 、 * 分别表示通过 1% 、5% 和 10% 水平上的显著性检验,括号内的数值表示的是对应的标准误。

2. 营商环境对研发人员投入的影响

依照前文检验步骤,首先对模型的空间依赖性进行 LM 检验,其结果如表 5 - 7 的模型(10)所示。结果显示,研发人员投入的误差项仅有拉格朗日乘数均通过 1% 水平的显著性检验,滞后项的拉格朗日乘数以及稳健性形式拉格朗日乘数均通过 1% 水平的显著性检验;依据前文所述的 LM 检验的判别标准,本书认为模型(10)的结果显示了空间滞后模型(SAR)较为合适。

为进一步确定空间回归面板模型，本书还进行 LR 检验、Hausman 检验和效应检验。从表 5 - 7 的检验结果来看，模型（11）和模型（12）都强烈拒绝原假设"空间杜宾模型可以简化为空间滞后模型"以及"空间杜宾模型可以简化为空间误差模型"。因此，进一步说明空间杜宾模型不能简化为空间滞后模型和空间误差模型，故选择空间杜宾模型。同时，模型（13）、模型（14）和模型（15）都强烈拒绝原假设，即在选择空间杜宾模型时，应该选择时空双重效应模型更优。从模型（16）中的 Hausman 检验结果来看，其统计量为 -7.46，故应该采用随机效应。

表 5 - 7 报告了营商环境对研发人员投入的空间面板模型回归结果，主要结论依然保持不变，再次为本书提出的研究假说提供了经验证据，不再赘述。

表 5 - 7　　　　　　　空间面板模型回归结果——研发人员投入

变量	传统计量模型	静态空间面板模型					
	OLS	SAR	SEM	SDM - 固定效应			SDM 时空随机效应
				空间效应	时间效应	时空效应	
	(10)	(11)	(12)	(13)	(14)	(15)	(16)
DTF_{it}	1.155 ***	0.282 ***	0.289 ***	0.259 ***	1.132 ***	0.277 ***	0.278 ***
	(0.043)	(0.030)	(0.031)	(0.031)	(0.039)	(0.031)	(0.033)
$Pregdp_{it}$	-1.945 ***	-0.242 *	-0.226 *	-0.115	-1.262 ***	-0.157	-0.075
	(0.144)	(0.127)	(0.132)	(0.144)	(0.150)	(0.143)	(0.148)
Ins_{it}	5.574 ***	1.625 ***	1.624 ***	1.512 ***	4.112 ***	1.651 ***	1.493 ***
	(0.397)	(0.317)	(0.319)	(0.285)	(0.355)	(0.330)	(0.297)
Fdi_{it}	-0.663 ***	-0.168 ***	-0.155 ***	-0.147 **	-0.351 **	-0.180 ***	-0.132 **
	(0.165)	(0.053)	(0.056)	(0.058)	(0.158)	(0.057)	(0.060)

变量	传统计量模型	静态空间面板模型					
	OLS	SAR	SEM	SDM - 固定效应			SDM 时空随机效应
				空间效应	时间效应	时空效应	
	(10)	(11)	(12)	(13)	(14)	(15)	(16)
Hum_{it}	0.096 *	0.020	0.019	0.026	0.127 ***	0.023	0.032
	(0.054)	(0.021)	(0.021)	(0.021)	(0.045)	(0.021)	(0.022)
$Infra_{it}$	0.055 ***	0.002	0.002	0.004	0.038 ***	0.002	0.003
	(0.018)	(0.005)	(0.005)	(0.005)	(0.014)	(0.005)	(0.005)
$Trade_{it}$	-0.100 ***	-0.083 ***	-0.086 ***	-0.069 ***	-0.118 ***	-0.072 ***	-0.064 ***
	(0.019)	(0.013)	(0.014)	(0.014)	(0.018)	(0.014)	(0.015)
Urb_{it}	0.058 ***	0.032 ***	0.033 ***	0.033 ***	0.038 ***	0.033 ***	0.035 ***
	(0.007)	(0.005)	(0.005)	(0.006)	(0.007)	(0.006)	(0.006)
$W \times DTF_{it}$				0.008	0.083	0.175 **	-0.015
				(0.057)	(0.161)	(0.072)	(0.060)
$W \times Pregdp_{it}$				-0.054	-2.138 ***	-0.598 **	-0.200
				(0.212)	(0.371)	(0.288)	(0.219)
$W \times Ins_{it}$				0.439	2.629 ***	1.787 **	0.586
				(0.508)	(0.962)	(0.763)	(0.532)
$W \times Fdi_{it}$				-0.341 ***	0.648 **	-0.226 *	-0.336 ***
				(0.116)	(0.319)	(0.119)	(0.118)
$W \times Hum_{it}$				-0.050	-0.520 ***	-0.031	-0.044
				(0.031)	(0.100)	(0.039)	(0.033)
$W \times Infra_{it}$				0.005	0.129 ***	-0.005	0.003
				(0.012)	(0.036)	(0.012)	(0.013)
$W \times Trade_{it}$				-0.034	-0.200 ***	-0.071 ***	-0.035
				(0.024)	(0.039)	(0.026)	(0.025)
$W \times Urb_{it}$				-0.018	0.104 ***	0.012	-0.013
				(0.012)	(0.015)	(0.014)	(0.012)
Obs.	279	279	279	279	279	279	279
ρ		0.181 ***		0.235 ***	0.150 *	0.020	0.275 ***
		(0.067)		(0.075)	(0.086)	(0.088)	(0.071)

续表

变量	传统计量模型	静态空间面板模型					SDM 时空随机效应
	OLS	SAR	SEM	SDM - 固定效应			
				空间效应	时间效应	时空效应	
	(10)	(11)	(12)	(13)	(14)	(15)	(16)
λ			0.112 (0.090)				
R²	0.878	0.662	0.677	0.573	0.892	0.715	0.620
Log L	-182.141	299.016	296.332	293.596	-100.462	306.732	170.871
空间依赖性检验							
Moran's I(error)	2.705 ***						
LM(error)	5.874 ***						
Robust - LM (error)	1.537						
LM(lag)	9.305 ***						
Robust - LM (lag)	4.969 **						
LR 检验							
LR 检验（是否简化为 SAR）		15.43 **					
LR 检验（是否简化为 SEM）			20.80 ***				
效应检验							
空间效应				26.27 ***			
时间效应					814.39 ***		
Hausman 统计量							-7.46

注：*** 、** 、*分别表示通过1%、5%和10%水平上的显著性检验，括号内的数值表示的是对应的标准误。

第四节 进一步研究：营商环境与技术 创新的影响机制检验

为了检验营商环境对技术创新投入的影响机制，即优化营商环境，可以通过外商直接投资、对外直接投资、进口贸易和出口贸易等渠道获得的研发溢出，进而加强本省域内的技术创新投入。为了验证这一猜测，本书构建如下模型：

$$
\begin{aligned}
\text{Innov}_{it} = {} & \gamma \text{DTF}_{it} + \delta_1 S_{it}^{fdi} + \delta_2 S_{it}^{ofdi} + \delta_3 S_{it}^{im} + \delta_4 S_{it}^{ex} + \gamma_1 \text{DTF}_{it} \times S_{it}^{fdi} \\
& + \gamma_2 \text{DTF}_{it} \times S_{it}^{ofdi} + \gamma_3 \text{DTF}_{it} \times S_{it}^{im} + \gamma_4 \text{DTF}_{it} \times S_{it}^{ex} \\
& + \sum_{k=1}^{M} \alpha_k \text{Control}_{itk} + \varepsilon_{it} \quad\quad\quad (5.20)
\end{aligned}
$$

其中，S_{it}^{fdi}，S_{it}^{ofdi}，S_{it}^{im} 和 S_{it}^{ex} 分别为通过外商直接投资渠道、对外直接投资渠道、进口贸易和出口贸易四种渠道获得的国外研发资本存量溢出；$\text{DTF}_{it} \times S_{it}^{fdi}$、$\text{DTF}_{it} \times S_{it}^{ofdi}$、$\text{DTF}_{it} \times S_{it}^{im}$ 和 $\text{DTF}_{it} \times S_{it}^{ex}$ 分别表示营商环境与四种渠道获得的国外研发资本存量溢出的交互项；公式（5.20）中的其他变量与公式（5.8）和公式（5.9）相同。本书构建了四种影响渠道哑变量，分别为外商直接投资渠道哑变量、对外直接投资渠道哑变量、进口贸易渠道哑变量、出口贸易渠道哑变量。若该机制存在，则可推测获得研发溢出较多的渠道中，营商环境对技术创新投入的影响更大。

从表5-8和表5-9的检验结果来看，营商环境便利度与四种研发资本存量溢出的交互项均在5%及以上水平显著为正，说明在获得研发资本存量溢出较多的地区，营商环境便利度的提升对技术创新投入（研发费用投入和研发人员投入）的影响显著较大。其中，在研发费用投入方面，营商环境将主要通过外商直接投资渠道和出口贸易渠道影响技术创新投入；在研发人员投入方面，营商环境将主要通过外商直接投资渠道和进口贸易渠道影响技术创新投入。

表 5 – 8   营商环境对技术创新投入的影响机制检验——研发费用投入

变量	外商直接投资渠道	对外直接投资渠道	进口贸易渠道	出口贸易渠道
	（17）	（19）	（21）	（23）
DTF_{it}	0. 002 *** (0. 000)	0. 002 *** (0. 001)	0. 002 *** (0. 001)	0. 002 *** (0. 001)
Dummy_fdi$_{it}$	− 0. 002 ** (0. 001)			
Dummy_fdi$_{it}$ × DTF$_{it}$	0. 002 *** (0. 000)			
Dummy_ofdi$_{it}$		− 0. 001 ** (0. 001)		
Dummy_ofdi$_{it}$ × DTF$_{it}$		0. 001 ** (0. 000)		
Dummy_import$_{it}$			− 0. 003 *** (0. 001)	
Dummy_import$_{it}$ × DTF$_{it}$			0. 001 *** (0. 000)	
Dummy_export$_{it}$				− 0. 003 *** (0. 001)
Dummy_export$_{it}$ × DTF$_{it}$				0. 002 *** (0. 000)
控制变量	Yes	Yes	Yes	Yes

续表

变量	外商直接 投资渠道	对外直接 投资渠道	进口贸易渠道	出口贸易渠道
	（17）	（19）	（21）	（23）
常数项	0.080 *** （0.018）	0.087 *** （0.023）	0.076 *** （0.022）	0.078 *** （0.021）
N	279	279	279	279
Adj_R^2	0.638	0.604	0.626	0.636
Log L	1520.451	1508.192	1515.857	1519.734

注：***、**、*分别表示通过1%、5%和10%水平上的显著性检验，括号内的数值表示的是对应的标准误。

表5-9 营商环境对技术创新投入的影响机制检验——研发人员投入

变量	外商直接 投资渠道	对外直接 投资渠道	进口贸易 渠道	出口贸易 渠道
	（24）	（25）	（26）	（27）
DTF_{it}	0.229 *** （0.064）	0.230 *** （0.064）	0.255 *** （0.057）	0.257 *** （0.059）
$Dummy\_fdi_{it}$	-0.183 ** （0.086）			
$Dummy\_fdi_{it} \times DTF_{it}$	0.096 *** （0.032）			
$Dummy\_ofdi_{it}$		-0.165 ** （0.063）		
$Dummy\_ofdi_{it} \times DTF_{it}$		0.086 *** （0.028）		
$Dummy\_import_{it}$			-0.217 ** （0.079）	

续表

变量	外商直接投资渠道	对外直接投资渠道	进口贸易渠道	出口贸易渠道
	（24）	（25）	（26）	（27）
$Dummy\_import_{it} \times DTF_{it}$			0.093 *** （0.032）	
$Dummy\_export_{it}$				− 0.213 *** （0.071）
$Dummy\_export_{it} \times DTF_{it}$				0.089 *** （0.032）
控制变量	Yes	Yes	Yes	Yes
常数项	9.581 *** （1.765）	9.890 *** （1.826）	9.435 *** （1.784）	9.779 *** （1.707）
N	279	279	279	279
Adj_R^2	0.822	0.819	0.820	0.820
Log L	308.028	306.254	306.467	306.987

注： *** 、 ** 、 * 分别表示通过1%、5%和10%水平上的显著性检验，括号内的数值表示的是对应的标准误。

第五节　稳健性分析

为了进一步检验上述结果的稳健性，本书以专利产出作为被解释变量，采用探索性空间数据分析方法，运用度量全局空间自相关的"莫兰指数 I"（Moran's I）分析我国 31 个省份的专利产出是否存在空间相关性。结果如表 5 − 10 所示，研发费用投入和研发人员投入的Moran's I 均在 1% 水平上显著为正，说明研发投入存在正向空间相关性。

表 5 - 10　　　　　Moran's I 指数检验结果——专利产出

年份	Moran's I	Z 值	P 值
2009	0. 278	2. 617	0. 004
2010	0. 291	2. 747	0. 003
2011	0. 316	2. 956	0. 002
2012	0. 318	2. 990	0. 001
2013	0. 307	2. 914	0. 002
2014	0. 321	3. 050	0. 001
2015	0. 307	2. 931	0. 002
2016	0. 316	3. 002	0. 001
2017	0. 322	3. 035	0. 001

图 5 - 5 和图 5 - 6 显示了专利产出 2009 年和 2017 年的空间关联的 Moran's I 散点图。由图 5 - 5 和图 5 - 6 可见，在第一象限中，该省份的专利产出较高，其相邻省份的专利产出也较高；在第二象限中，该省份的专利产出较高，但其相邻省份的专利产出则较低；在第三象限中，该省份的专利产出较低，其相邻省份的专利产出也较低；在第四象限中，该省份的专利产出较低，但其相邻省份的专利产出则较高。散点图趋势线的斜率为 Moran's I 指数值，从图 5 - 5 和图 5 - 6 可以看出，该斜率为正，其值分别为 0. 278 和 0. 322，并且大部分省份集中在第一象限和第三象限中。该结果说明我国 31 个省份的技术创新呈现空间正相关，换言之，我国 31 个省份存在专利产出的空间溢出效应现象。表 5 - 11 和表 5 - 12 的回归结果再次验证了本书结论的可靠性。

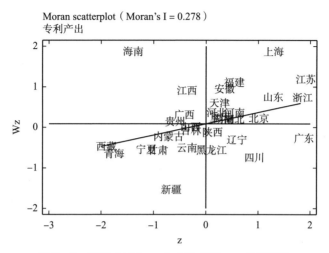

图 5 – 5　2009 年 Moran's I 散点图——专利产出

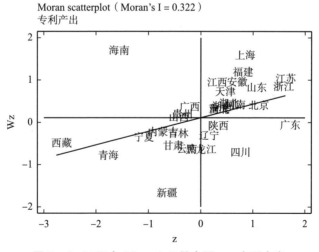

图 5 – 6　2017 年 Moran's I 散点图——专利产出

表 5 - 11　　　　　　　　　空间面板模型回归结果——专利产出

变量	传统计量模型	静态空间面板模型					
	OLS	SAR	SEM	SDM - 固定效应			SDM 时空随机效应
				空间效应	时间效应	时空效应	
	(28)	(29)	(30)	(31)	(32)	(33)	(34)
DTF_{it}	1.522 ***	0.304 ***	0.296 ***	0.341 ***	1.391 ***	0.323 ***	0.391 ***
	(0.055)	(0.064)	(0.064)	(0.065)	(0.057)	(0.064)	(0.069)
$Pregdp_{it}$	− 1.655 ***	0.338	0.588 *	1.161 ***	− 1.579 ***	0.847 ***	0.960 ***
	(0.183)	(0.281)	(0.315)	(0.304)	(0.213)	(0.306)	(0.304)
Ins_{it}	4.633 ***	0.272	0.128	− 0.584	4.096 ***	0.048	− 0.055
	(0.504)	(0.696)	(0.671)	(0.603)	(0.511)	(0.700)	(0.624)
Fdi_{it}	− 0.710 ***	0.058	0.081	0.175	− 0.424 *	0.259 **	0.073
	(0.209)	(0.116)	(0.116)	(0.120)	(0.229)	(0.119)	(0.124)
Hum_{it}	− 0.066	0.019	0.044	0.060	− 0.037	0.018	0.051
	(0.069)	(0.046)	(0.047)	(0.044)	(0.065)	(0.044)	(0.045)
$Infra_{it}$	0.059 **	− 0.009	− 0.005	− 0.012	0.046 **	− 0.018 *	− 0.010
	(0.023)	(0.010)	(0.010)	(0.010)	(0.021)	(0.010)	(0.011)
$Trade_{it}$	− 0.134 ***	0.025	0.025	0.032	− 0.130 ***	0.032	0.021
	(0.024)	(0.028)	(0.029)	(0.030)	(0.026)	(0.030)	(0.031)
Urb_{it}	0.052 ***	0.033 ***	0.034 ***	0.041 ***	0.054 ***	0.050 ***	0.034 ***
	(0.009)	(0.012)	(0.012)	(0.012)	(0.009)	(0.012)	(0.012)
ρ		0.155 *		0.368 ***	0.339 ***	0.097	0.366 ***
		(0.084)		(0.072)	(0.077)	(0.092)	(0.072)
λ			0.257 ***				
			(0.094)				
N	279	279	279	279	279	279	279
R^2	0.873	0.548	0.534	0.465	0.718	0.408	0.523
空间依赖性检验							
Moran's I (error)	5.243 ***						
LM(error)	24.118 ***						

续表

变量	传统计量模型			静态空间面板模型			
	OLS	SAR	SEM	SDM – 固定效应			SDM 时空随机效应
				空间效应	时间效应	时空效应	
	(28)	(29)	(30)	(31)	(32)	(33)	(34)
空间依赖性检验							
Robust – LM（error）	14. 495 ***						
LM(lag)	11. 478 ***						
Robust – LM（lag）	1. 855						
LR 检验							
LR 检验（是否简化为 SAR）		36. 53 ***					
LR 检验（是否简化为 SEM）			33. 10 ***				
效应检验							
空间效应				30. 94 ***			
时间效应					608. 12 ***		
Hausman 统计量							145. 91 ***

注：*** 、** 、* 分别表示通过 1% 、5% 和 10% 水平上的显著性检验，括号内的数值表示的是对应的标准误。

表 5 –12　　营商环境对技术创新产出的影响机制检验——专利产出

变量	外商直接投资渠道	对外直接投资渠道	进口贸易渠道	出口贸易渠道
	(35)	(36)	(37)	(38)
DTF_{it}	0. 001 *** (0. 000)	0. 002 *** (0. 000)	0. 002 *** (0. 000)	0. 002 *** (0. 000)

续表

变量	外商直接投资渠道	对外直接投资渠道	进口贸易渠道	出口贸易渠道
	（35）	（36）	（37）	（38）
$Dummy\_fdi_{it}$	-0.004^{***} （0.001）			
$Dummy\_fdi_{it} \times DTF_{it}$	0.002^{***} （0.000）			
$Dummy\_ofdi_{it}$		-0.001^{**} （0.001）		
$Dummy\_ofdi_{it} \times DTF_{it}$		0.001^{***} （0.000）		
$Dummy\_import_{it}$			-0.004^{***} （0.001）	
$Dummy\_import_{it} \times DTF_{it}$			0.002^{***} （0.000）	
$Dummy\_export_{it}$				-0.004^{***} （0.001）
$Dummy\_export_{it} \times DTF_{it}$				0.002^{***} （0.000）
控制变量	Yes	Yes	Yes	Yes
常数项	279	279	279	279
N	0.291	0.204	0.278	0.279
Adj_R^2	1582.953	1572.060	1574.188	1577.123

注：$***$、$**$、$*$分别表示通过1%、5%和10%水平上的显著性检验，括号内的数值表示的是对应的标准误。

第六章
营商环境对全要素生产率的
经济效应
——基于技术创新的调节效应

第一节 文献综述与理论分析

全要素生产率对经济增长的重要性不言而喻，有学者反驳了中国经济增长驱动因素仅有要素投入的观点，提出了全要素生产率提升对中国经济增长的贡献（易纲等，2003）。当前，现有文献对全要素生产率的研究大致经历了两个阶段：第一个阶段是对全要素生产率的估算及对经济增长的影响研究；第二个阶段是对全要素生产率的影响因素研究。

对于全要素生产率估算及对经济增长的影响研究，有学者的研究认为全要素生产率以改革开放为时间界限，呈现改革开放前剧烈波动，改革开放后明显提升的局面（张军和施少华，2003）。而有学者再次测算了改革开放后的全要素生产率并分析了经济增长源泉，认为中国经济仍然存在要素投入过多、技术效率低下等现象（郭庆旺和贾俊雪，2005），与其他学者（易纲等，2003）的观点形成对比。近年来，有关全要素生产率的测算逐渐从宏观层面向微观层面转变，具有代表性的研究为鲁晓东等对工业企业全要生产率的测算，在对比参数和半参数方法的估算结果之后，认为诸如 OP 法和 LP 法等半参数方法能较好解决内生性和样本选择问题（鲁晓东和连玉君，2012）。相应的研究还有从行业层面测算全要素生产率，如测算农业全要素生产率（陈卫平，2006）、测算服务业全要素生产率（王恕立和胡宗彪，2012）、测算制造业企业全要素生产率（杨汝岱，2015）以及金融全要素生产率（袁晓玲和张宝山，2009）等。

关于全要素生产率的影响因素呈现出多元化和单一化的特点。有学者认为技术效率和技术进步是全要素生产率增长的关键性因素，并证实了人力资本和制度因素对提升全要素生产率、技术进步有着重要影响（颜鹏飞和王兵，2004）。同时，也有学者认为贸易开放度和人力资本是影响全要素生产率增长的核心因素，阐明了贸易开放度通过人力资本的累积水平，进而对全要素生产率产生影响，并且这种影响存在地域差异性（许和连等，2006）。近年来，全要素生产率单一化的影响因素正逐渐成为学术界的研究热点。这些单一化因素包括环境管制（王兵等，2008）、环境效率（王兵等，2010）、研发溢出（张海洋，2005）、交通基础设施（刘秉镰等，2010）、国际贸易（李小平和朱钟棣，2006）、市场化进程（樊纲等，2011）以及所有制结构（孙早和刘李华，2016）等。有关营商环境对全要素生产率的影响，在近两年也逐渐出现，例如有学者认为营商环境对全要素生产率具有显著正向影响，这一结果适用于东、中和西部地区，但是对于东北三省并无明显影响（袁丽静和杜秀平，2018）。同时，有学者研究营商环境在企业家才能对企业全要素生产率的影响中起到门槛效应（薄文广等，2019）。然而，这些学者在对营商环境度量上不能真正诠释其内涵，即营商环境表现为政府监管效率和监管质量。

第二节 研究设计

一、模型设定

以往"索洛残差法"（SR）基于经济主体实现最优生产率的假设条件基础上，进而对全要素生产率（Total Factor Productivity，TFP）的增长率进行估算。然而，新兴工业国家相较于发达国家而言，市场机制完备程度较低、信息对称性不足以及制度失效，经济效率损失程度更加严重，中国工业企业的前沿技术水平也尚未达到最优状态（周晓艳和韩朝华，2009）。因此，采用上述方法估计全要素生产率（TFP）是有偏的。近年来，学者为解决这一问题，提高估算结果的正确率，前沿技术方法得到了前所未有的发展，尤其是随机前沿分析（Stochastic Frontier Analysis，SFA）。该方法自20世纪70年代被提出之后，逐渐形成以卡姆巴哈卡等为代表的学术流派（Kumbhakar and Lovell，2003），将TFP增长率分解为四部分：技术进步率（Technology Change，TC）表示产出的增长是由技术进步引起的；技术效率变化率（Technical Efficiency Change，TEC）表示技术和要素的应用效率的改变；规模效率变化率（Scale Efficiency Change，SEC）表示生产率变化是由规模经济引发的；配置效率变化率（Allocative Efficiency Change，AEC）衡量了由于要素投入比例变化导致的生产率改进（孙早和刘李华，2016）。其中，配置效率的提高更被认为是实现中国经济增长的根源（姚战琪，2009）。基于以上所言，为了分析营商环境对 TFP 的影响，本书首先采用 SFA 对 TFP 的变化进行估计。

1. SFA 生产函数模型及其分解

参照现有研究方法（Kumbhakar and Lovell，2003；孙早和刘李华，2016），本书的 SFA 生产函数模型的基本设定为：

$$y_{it} = f(x_{it}, \ t; \ \beta) \exp(v_{it} - u_{it}) \tag{6.1}$$

其中，y_{it} 表示 i 地区在 t 年的产出，x_{it} 表示 i 地区在 t 年的投入；$f(x_{it}, \ t; \ \beta)$ 为待估计参数，表示确定性最优产出前沿；v_{it} 表示不可控因素，u_{it} 则表示技术无效率项。

为了更好地拟合数据和反映投入对产出的交互作用，本书假定公式（6.1）为超越对数形式，假定 x 分别为劳动（L）和资本（K）两种要素投入，对公式（6.1）取对数得：

$$\ln y_{it} = \beta_0 + \beta_L \ln L_{it} + \beta_K \ln K_{it} + \frac{1}{2}\beta_{LL}(\ln L_{it})^2 + \frac{1}{2}\beta_{KK}(\ln K_{it})^2$$

$$+ \beta_{LK}\ln L_{it}\ln K_{it} + \beta_1 t + \frac{1}{2}\beta_2 t^2 + \beta_3 t\ln L_{it} + \beta_4 t\ln K_{it} + \upsilon_{it} - u_{it}$$

$$\tag{6.2}$$

其中，$t\ln L_{it}$ 表示劳动要素投入与时间趋势的交互项，$t\ln K_{it}$ 表示资本要素投入与时间趋势的交互项，引入这两者交互项的目的在于控制非中性技术进步。

对公式（6.2）进行估计，参考现有研究（Kumbhakar，2000），公式（6.3）代表了全要素生产率（TFP）的四个部分。

$$\dot{TFP}_{it} = \frac{\partial \ln(x_{it}, \ t; \ \beta)}{\partial t} - \frac{du_{it}}{dt} + (\varepsilon_{itL} - s_{itL})\dot{L}_{it} + (\varepsilon_{itK} - s_{itK})\dot{K}_{it}$$

$$= \frac{\partial \ln(x_{it}, \ t; \ \beta)}{\partial t} - \frac{du_{it}}{dt} + (RTS_{it} - 1)(\lambda_{itL}\dot{L}_{it} + \lambda_{itK}\dot{K}_{it})$$

$$+ (\lambda_{itL} - s_{itL})\dot{L}_{it} + (\lambda_{itK} - s_{itK})\dot{K}_{it} \tag{6.3}$$

其中，ε 为要素的产出弹性，即 $\varepsilon_{itL} = \partial \ln f(x_{it}, \ t; \ \beta)/\partial \ln L_{it}$，$\varepsilon_{itK} = \partial \ln f(x_{it}, \ t; \ \beta)/\partial \ln K_{it}$。$s$ 为要素的成本份额，即：$s_{itL} = w_{it}L_{it}/(w_{it}L_{it} + r_{it}K_{it})$，$s_{itK} = r_{it}K_{it}/(w_{it}L_{it} + r_{it}K_{it})$；$RTS_{it} = \varepsilon_{itL} + \varepsilon_{itK}$ 表示投入规模弹性，$RTS_{it} - 1$ 表示规模报酬；$\lambda_{itL} = \varepsilon_{itL}/RTS_{it}$ 表示劳动力在生产函数的相对产出弹性，$\lambda_{itK} = \varepsilon_{itK}/RTS_{it}$ 表示资本在生产函数的相对产出弹性。

显然，按照公式（6.3），TFP 的变化被分解为四项，代入生产函数公式可得：

技术进步率（TC）：

$$TC_{it} = \frac{\partial \ln(x_{it}, \ t; \ \beta)}{\partial t} = \beta_1 t + \beta_2 t + \beta_3 \ln L_{it} + \beta_4 \ln K_{it} \tag{6.4}$$

技术效率变化率（TEC）：

$$TEC_{it} = \partial \ln TE_{it}/\partial t = \frac{-du_{it}}{dt} \tag{6.5}$$

规模效率变化率（SEC）：

$$SEC_{it} = (RTS_{it} - 1)(\lambda_{itL}\dot{L}_{it} + \lambda_{itK}\dot{K}_{it})$$

$$= (\beta_L + \beta_{LL}\ln L_{it} + \beta_{LK}\ln K_{it} + \beta_3 t + \beta_K + \beta_{KK}\ln K_{it} + \beta_{LK}\ln L_{it} + \beta_3 t - 1)$$

$$\times \left(\frac{\beta_L + \beta_{LL}\ln L_{it} + \beta_{LK}\ln K_{it} + \beta_3 t}{\beta_L + \beta_{LL}\ln L_{it} + \beta_{LK}\ln K_{it} + \beta_3 t + \beta_K + \beta_{KK}\ln K_{it} + \beta_{LK}\ln L_{it} + \beta_3 t}\dot{L}_{it} \right.$$

$$\left. + \frac{\beta_K + \beta_{KK}\ln K_{it} + \beta_{LK}\ln L_{it} + \beta_3 t}{\beta_L + \beta_{LL}\ln L_{it} + \beta_{LK}\ln K_{it} + \beta_3 t + \beta_K + \beta_{KK}\ln K_{it} + \beta_{LK}\ln L_{it} + \beta_3 t}\dot{K}_{it} \right)$$

$$\tag{6.6}$$

配置效率变化率（AEC）：

$$AEC_{it} = (\lambda_{itL} - s_{itL})\dot{L}_{it} + (\lambda_{itK} - s_{itK})\dot{K}_{it}$$

$$= \left(\frac{\beta_L + \beta_{LL}\ln L_{it} + \beta_{LK}\ln K_{it} + \beta_3 t}{\beta_L + \beta_{LL}\ln L_{it} + \beta_{LK}\ln K_{it} + \beta_3 t + \beta_K + \beta_{KK}\ln K_{it} + \beta_{LK}\ln L_{it} + \beta_3 t} - s_{it}\right)\dot{L}_{it}$$

$$+ \left(\frac{\beta_K + \beta_{KK}\ln K_{it} + \beta_{LK}\ln L_{it} + \beta_3 t}{\beta_L + \beta_{LL}\ln L_{it} + \beta_{LK}\ln K_{it} + \beta_3 t + \beta_K + \beta_{KK}\ln K_{it} + \beta_{LK}\ln L_{it} + \beta_3 t} - s_{it}\right)\dot{K}_{it}$$

$$(6.7)$$

最后，将参数估计值代入公式（6.4）～公式（6.7）计算出 TC、TEC、SEC 和 AEC 后相加即得到 31 个省份 2009—2017 年的全要素生产率的变化情况。

2. 实证模型设定

通过 SFA 方法计算出 2009—2017 年 31 个省份 TFP 增长率，并将其分解为四个效率变化指标后，需进一步研究营商环境对 TFP 增长、配置效率增长等的影响。本书的计量模型如下：

$$TFP_{it} = \alpha_0 + \alpha_1 DTF_{it} + \sum \beta_i Control_{it} + \varepsilon_{it} \qquad (6.8)$$

其中，i 和 t 表示地区和时间，ε 表示随机扰动项；TFP 表示被解释变量，即 TFP 增长、技术进步、技术效率变化、规模效率变化和配置效率变化；Control 表示控制变量，与第五章中的控制变量相同，不再赘述。

二、样本选择和变量说明

为了与前文形成一致性，本书选取 2009～2017 年中国 31 个省份的样本数据进行研究，沿袭传统的划分方法，将 31 个省份划分为东部、中部和西部三个地区[①]。

---

① 东部地区包括北京、天津、河北、辽宁、上海、江苏、浙江、福建、山东、广东、海南共 11 个省份；中部地区包括山西、吉林、黑龙江、安徽、江西、河南、湖北、湖南共 8 个省；西部地区包括广西、内蒙古、重庆、四川、贵州、云南、陕西、甘肃、青海、宁夏、新疆、西藏共 11 个省份。

　　本书以地区生产总值（GRP）作为各省份的产出（y）的衡量指标，相应的投入要素包括资本投入（K）和劳动投入（L）。资本投入采用各省份的固定资本形成总额的资本存量衡量，劳动投入以各省份的"从业人员"来衡量。为了消除价格因素的影响，本书以1978年为基期的分省份价格指数对得到的国内生产总值（GDP）数据进行平减，得到不变价格的实际GDP。相关指标数据来源于历年《中国统计年鉴》、中国经济与社会发展统计数据库。

　　各省份的资本存量采用目前通行的永续盘存法进行估算。具体公式为：$K_{it} = (1 - \delta_{it}) K_{it-1} + I_{it}$，其中，$K_{it}$，$K_{it-1}$ 分别表示 i 省份在第 t 年和第 t－1 年的实际资本存量，I_{it} 为 i 省份第 t 年的实际固定资本形成总额，δ_{it} 表示资本折旧率。按照该方法，估算各省份在第 t 年的资本存量需要以下数据：基年（即1978年）的固定资本存量，历年的固定资本形成总额 I_{it}，历年资本折旧率 δ_{it}。本书根据现有研究的方法计算（张军等，2004），基期固定资本存量用1978年的固定资本形成总额除以10%，作为该省份的初始资本存量，并依据现有研究的算法（单豪杰，2008），取折旧率的平均值为10.9%。相关指标的数据来源于《中国国内生产总值核算历史资料1952—1995》《中国国内生产总值历史资料1952—2004》《中国统计年鉴（2004—2017）》《新中国60年统计资料汇编》。

　　在采用增长核算法计算 TFP 增长率时，需要计算各投入要素的成本份额。出于数据的可得性，本书参照现有研究的做法（孙早和刘李华，2016；张军等，2009），采用各省份的固定资产折旧和工业企业利息支出作为资本投入的成本，采用劳动力报酬总额作为劳动投入的成本。上述指标的数据分别来自《中国统计年鉴》《中国劳动统计年鉴》，时间范围为2009～2017年。其他变量的定义见表6－1。

表 6 - 1　　　　　　　　　　　　　变量定义

变量名称	变量代码	变量定义
面板 A：被解释变量		
全要素生产率	TFP_{it}	第 i 地区第 t 年的全要素生产率
技术效率	TC_{it}	第 i 地区第 t 年的技术效率
技术进步效率	TE_{it}	第 i 地区第 t 年的技术进步效率
规模效率	SEC_{it}	第 i 地区第 t 年的规模效率
配置效率	AEC_{it}	第 i 地区第 t 年的配置效率
面板 B：核心解释变量		
营商环境便利度	DTF_{it}	第 i 地区第 t 年的营商环境便利度对数
研发费用投入	RD_{it}	第 i 地区第 t 年的研发投入对 GDP 的占比
研发人员投入	$Labor_{it}$	第 i 地区第 t 年的研发劳动力投入
面板 C：控制变量		
经济规模	$Pregdp_{it}$	第 i 地区第 t 年的人均国内生产总值
产业结构	Ins_{it}	第 i 地区第 t 年的第二产业/地区 GDP
外商直接投资	Fdi_{it}	第 i 地区第 t 年的外商直接投资总额/地区 GDP
人力资本	Hum_{it}	第 i 地区第 t 年的 6 岁及以上平均受教育年限
对外开放程度	$Trade_{it}$	第 i 地区第 t 年的进出口总额/地区 GDP
基础设施	$Infra_{it}$	第 i 地区第 t 年的单位平方公里的铁路、航运和水运的运营里程
城镇化率	Urb_{it}	第 i 地区第 t 年的城镇人口/总人口

第三节　实证结果：随机前沿超越对数生产函数估计与实证回归结果分析

一、随机前沿超越对数生产函数估计结果分析

1. 模型选择和估计结果

本书使用 stata15 软件，分别从技术无效率成分不随时间改变和随时间改变两种角度进行分析，得到模型（1）和模型（2），如表 6 - 2 所示。

表 6 - 2 　　　　31 省份随机前沿超越对数生产函数估计结果

变量	系数	Frontier – TI (1)	Frontier – TVD (2)
常数项	β_0	0.007 (0.01)	4.025 *** (3.41)
$\ln L_{it}$	β_L	1.368 *** (3.84)	0.839 *** (3.14)
$\ln K_{it}$	β_K	0.044 (0.55)	-0.042 (-0.17)
$(\ln L_{it})^2$	β_{LL}	-0.245 *** (-4.20)	-0.092 * (-1.72)
$(\ln K_{it})^2$	β_{KK}	0.007 (0.52)	0.063 (1.43)
$\ln L_{it} \times \ln K_{it}$	β_{LK}	0.073 *** (5.05)	-0.012 (-0.36)
t	β_1		0.129 *** (3.23)
t^2	β_2		-0.002 ** (-2.14)
$t \times \ln L_{it}$	β_3		0.006 (1.40)
$t \times \ln K_{it}$	β_4		-0.013 ** (-2.38)
σ^2		0.192 ***	0.569 ***
γ		0.994 ***	0.999 ***
μ		0.846 *** (6.88)	1.290 *** (7.25)

变量	系数	Frontier – TI (1)	Frontier – TVD (2)
η			-0.006^{***} (-2.73)
AIC		-840.772	-950.870
BIC		-808.091	-900.033
Log lik.		429.386	489.435
N		279	279

注：***、**、*分别表示通过1%、5%和10%水平上的显著性检验，括号内的数值表示的是对应的标准误。

根据上表分析比较模型（1）和模型（2）的估计结果可知，两个模型γ值都非常接近1，且都通过1%水平的显著性检验，而模型（2）的γ值比模型（1）的γ值更大，这不仅说明使用随机前沿超然对数生产函数的合理性，而且说明模型（2）的回归结果比模型（1）更加符合实际情况，意义更加清晰，因此，以下分析以模型（2）为主。

2. 我国各地区全要素生产率分解

由表6－3可知，我国2009～2017年全要素生产率年平均在0.374，其中，东部地区的全要素生产率年平均值更是达到了0.486，其次是中部地区的0.397，最后是西部地区的0.241，呈现由东向西依次递减的区域特征。我国东部、中部和西部地区的全要素生产率随时间变化的波动较小，但是各地区在不同年份的差异较大，并且出现下降趋势。由此可知，当前我国的经济增长呈现不均衡势态并且逐渐疲软，东部地区仍处于领跑位置，而西部地区的经济仍然相对落后。

表6-3　　　　我国东、中、西部地区2009~2017年全要素生产率分解

分解项	地区	2009年	2010年	2011年	2012年	2013年	2014年	2015年	2016年	2017年	均值
技术进步率（TC）	东	0.043	0.039	0.035	0.031	0.028	0.024	0.021	0.018	0.014	0.028
	中	0.049	0.045	0.041	0.037	0.033	0.029	0.025	0.022	0.019	0.033
	西	0.053	0.048	0.044	0.040	0.036	0.032	0.028	0.024	0.021	0.036
技术效率（TE）	东	0.450	0.448	0.446	0.444	0.442	0.440	0.438	0.436	0.434	0.442
	中	0.347	0.345	0.343	0.341	0.338	0.336	0.334	0.331	0.329	0.338
	西	0.193	0.191	0.189	0.187	0.185	0.183	0.182	0.180	0.178	0.185
规模报酬收益率（SEC）	东	-0.087	-0.076	-0.075	-0.065	-0.060	-0.050	-0.040	-0.035	-0.028	-0.057
	中	-0.119	-0.113	-0.102	-0.088	-0.079	-0.067	-0.056	-0.051	-0.037	-0.079
	西	-0.081	-0.085	-0.078	-0.072	-0.065	-0.057	-0.050	-0.043	-0.031	-0.062
配置效率（AEC）	东	0.102	0.102	0.067	0.081	0.066	0.070	0.064	0.058	0.049	0.073
	中	0.162	0.112	0.126	0.114	0.104	0.094	0.086	0.080	0.063	0.105
	西	0.099	0.109	0.092	0.095	0.083	0.077	0.071	0.061	0.051	0.082
全要生产率（TFP）	东	0.508	0.512	0.473	0.491	0.475	0.484	0.482	0.476	0.469	0.486
	中	0.440	0.389	0.408	0.403	0.397	0.393	0.389	0.382	0.374	0.397
	西	0.263	0.263	0.248	0.250	0.239	0.235	0.231	0.222	0.219	0.241

从全要素生产率的分解结果来看，在技术进步率方面，我国的技术进步增长率年平均值为0.032，东部、中部和西部地区的技术进步变化年平均值分别为0.028、0.033和0.036，西部地区的技术进步率最大，中部次之，东部最后，且中部数值略高于全国年平均值。我国各地区的技术进步率随时间变化比较明显，下降趋势显著，如东部地区从2009年的0.043下降至2017年的0.014。由此可知，西部地区相对于东部地区和中部地区来讲，在保持资本、劳动等要素投入不变的情况下，因技术改进引起的经济增长最为明显。

在技术效率方面，我国的技术效率年平均值为0.322，东部、中部和西部地区的技术效率依次为0.442、0.338、0.185。可见，技术效率

与全要素生产率的变化特征相同，同样呈现由东向西依次递减的区域特征。我国各地区的技术效率随时间推移虽然略微有所下降，但是这种趋势并不明显且较为平稳。此项结果说明，东部地区的实际产出和潜在最大产出之间差距变化较小，中部次之，西部的差异变化最大。

在规模报酬收益率方面，我国的年平均值为 - 0.063，东部、中部和西部地区的年平均值依次为 - 0.057， - 0.079 和 - 0.062，区域特征仍然较为明显，东部最大，中部最小，西部则略高于全国平均水平。从时间轴来看，我国各地区的规模报酬收益率呈现上升趋势，说明我国的产出变化要大于投入要素的变化比例。

在配置效率方面，我国的配置效率年平均值为 0.083，东部地区最小，为 0.073，中部地区最大，为 0.105，西部地区居中，略低于全国平均值，为 0.082，区域特征同样存在。然而，我国各地区的配置效率随时间逐渐下降，中部地区的变化最为明显。中部地区的配置效率在 2009 年为 0.162，但是到了 2017 年，变为 0.063，下降了近 10%。东部地区和西部地区的变化相对平缓，两个地区差异较小。

由表 6 - 4 可知，我国 2009 ~ 2017 年全要素生产率前五名依次为广东省（1.030）、江苏省（0.670）、上海市（0.645）、山东省（0.642）、浙江省（0.538），均为东部沿海省份。后五名依次为海南省（0.170）、新疆维吾尔自治区（0.165）、宁夏回族自治区（0.116）、青海省（0.109）和西藏自治区（0.107），其中四个省份为西部地区。

表 6 - 4　　　　　　　　　我国全要素生产率分解结果

省（区、市）	TC	TE	SEC	AEC	TFP
北京市	0.025	0.283	- 0.033	0.042	0.317
天津市	0.026	0.333	- 0.053	0.057	0.364

省（区、市）	TC	TE	SEC	AEC	TFP
河北省	0.026	0.379	− 0.069	0.094	0.431
山西省	0.034	0.231	− 0.058	0.064	0.271
内蒙古自治区	0.019	0.210	− 0.057	0.081	0.253
辽宁省	0.027	0.417	− 0.049	0.068	0.463
吉林省	0.028	0.219	− 0.056	0.067	0.259
黑龙江省	0.036	0.306	− 0.061	0.081	0.362
上海市	0.025	0.621	− 0.029	0.028	0.645
江苏省	0.016	0.620	− 0.064	0.099	0.670
浙江省	0.026	0.489	− 0.052	0.075	0.538
安徽省	0.040	0.421	− 0.084	0.103	0.481
福建省	0.035	0.374	− 0.072	0.085	0.422
江西省	0.030	0.212	− 0.061	0.082	0.263
山东省	0.024	0.594	− 0.079	0.104	0.642
河南省	0.027	0.376	− 0.104	0.138	0.437
湖北省	0.030	0.418	− 0.079	0.114	0.483
湖南省	0.038	0.371	− 0.087	0.127	0.449
广东省	0.024	0.981	− 0.080	0.105	1.030
广西壮族自治区	0.035	0.198	− 0.092	0.133	0.275
海南省	0.046	0.125	− 0.048	0.047	0.170
重庆市	0.037	0.298	− 0.055	0.073	0.352
四川省	0.033	0.434	− 0.078	0.105	0.494
贵州省	0.043	0.158	− 0.075	0.103	0.228
云南省	0.037	0.179	− 0.091	0.125	0.250
西藏自治区	0.050	0.062	− 0.037	0.032	0.107
陕西省	0.031	0.256	− 0.066	0.096	0.318
甘肃省	0.036	0.173	− 0.054	0.070	0.225
青海省	0.038	0.060	− 0.042	0.053	0.109
宁夏回族自治区	0.040	0.066	− 0.044	0.054	0.116
新疆维吾尔自治区	0.034	0.130	− 0.056	0.058	0.165
总计	0.032	0.322	− 0.063	0.083	0.374

在技术进步率方面，前五名依次为西藏自治区（0.050）、海南省（0.046）、贵州省（0.043）、安徽省（0.040）和宁夏回族自治区（0.040），后五名依次为北京市（0.025）、广东省（0.024）、山东省（0.024）、内蒙古自治区（0.019）和江苏省（0.016）。

在技术效率方面，前五名依次为广东省（0.981）、上海市（0.621）、江苏省（0.620）、山东省（0.594）和浙江省（0.489），后五名依次为新疆维吾尔自治区（0.130）、海南省（0.125）、宁夏回族自治区（0.066）、西藏自治区（0.062）和青海省（0.060）。

在规模报酬收益率方面，前五名依次为上海市（－0.029）、北京市（－0.033）、西藏自治区（－0.037）、青海省（－0.042）和宁夏回族自治区（－0.044），后五名依次为安徽省（－0.084）、湖南省（－0.087）、云南省（－0.091）、广西壮族自治区（－0.092）和河南省（－0.104）。

在配置效率方面，前五名依次为河南省（0.138）、广西壮族自治区（0.133）、湖南省（0.127）、云南省（0.125）和湖北省（0.114），后五名依次为青海省（0.053）、海南省（0.047）、北京市（0.042）、西藏自治区（0.032）和上海市（0.028）。

二、实证模型回归结果分析

1. 营商环境对全要素生产率的影响

表6-5报告了营商环境对全要素生产率（TFP）及其分解项的回归结果。表6-5的回归结果显示，营商环境对全要素生产率（TFP）及其分解项的影响均通过1%水平上显著性检验。具体地，表6-5的模型（3）表示营商环境对全要素生产率（TFP）的影响参

数估计为 0.513，显著促进全要素生产率；模型（4）反映了营商环境对技术效率的作用，其影响参数估计为 0.104，显著促进技术效率；模型（5）说明了营商环境对技术进步率的作用，参数估计系数 – 0.003，营商环境对技术进步率产生抑制作用；模型（6）为营商环境对规模报酬收益率的作用，参数估计系数为 – 0.016，显著负向影响，说明营商环境对其同样产生抑制作用；模型（7）为营商环境对配置效率的作用，参数估计系数为 0.026，显著正向影响，说明营商环境越优越，配置效率越高。模型（3）~模型（7）中的 R^2 显示该五种模型的拟合优度较高，说明模型和回归结果较为合理。

表 6 – 5　　　营商环境对全要素生产率及其分解项的回归结果

变量	TFP	TE	TC	SEC	AEC
	（3）	（4）	（5）	（6）	（7）
DTF_{it}	0.513 *** (19.543)	0.104 *** (17.695)	– 0.003 *** (– 7.490)	– 0.016 *** (– 7.055)	0.026 *** (7.853)
$Pregdp_{it}$	– 0.440 *** (– 4.473)	– 0.042 * (– 1.931)	– 0.008 *** (– 5.117)	0.012 (1.388)	– 0.016 (– 1.307)
Ins_{it}	1.427 *** (6.194)	0.315 *** (6.132)	– 0.034 *** (– 9.131)	– 0.077 *** (– 3.938)	0.113 *** (3.860)
Fdi_{it}	– 0.062 (– 0.706)	– 0.038 * (– 1.958)	0.004 ** (2.547)	– 0.005 (– 0.605)	0.007 (0.634)
Hum_{it}	– 0.092 *** (– 3.040)	– 0.027 *** (– 3.932)	– 0.003 *** (– 5.279)	– 0.002 (– 0.730)	0.002 (0.532)
$Infra_{it}$	0.005 (0.477)	– 0.001 (– 0.247)	– 0.000 ** (– 2.147)	– 0.000 (– 0.154)	– 0.000 (– 0.083)

续表

变量	TFP	TE	TC	SEC	AEC
	（3）	（4）	（5）	（6）	（7）
$Trade_{it}$	-0.028 ** （-2.380）	0.011 *** （4.248）	0.000 * （1.663）	0.003 *** （2.901）	-0.006 *** （-3.858）
Urb_{it}	0.012 *** （2.945）	0.001 （0.954）	0.000 ** （2.220）	0.001 *** （2.628）	-0.001 ** （-1.989）
常数项	2.309 *** （2.671）	0.579 *** （3.003）	0.162 *** （11.733）	-0.184 ** （-2.489）	0.216 * （1.966）
年份	控制	控制	控制	控制	控制
区域	控制	控制	控制	控制	控制
N	279	279	279	279	279
R^2	0.824	0.863	0.905	0.644	0.466

注：***、**、* 分别表示通过1%、5%和10%水平上的显著性检验，括号内的数值表示的是对应的标准误。

2. 营商环境子项环境对全要素生产率的影响

为了考察营商环境各个方面对全要素生产率的作用是否存在差异，本书在公式的回归模型中采用营商环境的开办企业便利度（DTF1）、办理建筑许可便利度（DTF2）、获得电力便利度（DTF3）、登记财产便利度（DTF4）、获得信贷便利度（DTF5）、保护少数投资者便利度（DTF6）、纳税便利度（DTF7）、跨境贸易便利度（DTF8）、执行合同便利度（DTF9）和办理破产便利度（DTF10）10个子项环境指标逐个替代营商环境总指标，回归结果见表6-6至表6-10。

由表6-6可知，在对全要素生产率的作用方面，营商环境的10个子项环境指标均通过了1%水平上的显著性检验，即开办企业便利度（DTF1）、办理建筑许可便利度（DTF2）、获得电力便利度（DTF3）、登记财产便利度（DTF4）、获得信贷便利度（DTF5）、保护少数投资者便利度（DTF6）、纳税便利度（DTF7）、跨境贸易便利度（DTF8）、执行合同便利度（DTF9）和办理破产便利度（DTF10）10个子项环境指标均对全要素生产率有显著的正向作用。其中，法治制度，如执行合同便利度（DTF9）和办理破产便利度（DTF10）对全要素生产率的作用最大，产权制度（登记财产便利度（DTF4））对全要素生产率的作用次之，市场准入（开办企业便利度（DTF1））和纳税便利度（DTF7）对全要素生产率的作用最小。由此可见，加快营商环境法治化、市场化和国际化建设是推动全要素生产率增长的当务之急。

在对技术效率的作用方面，表6-7的结果显示，营商环境的10个子项环境均通过了1%水平上的显著性检验，与对全要素生产率的作用效果相同。在对技术进步率的作用方面，表6-8的结果显示，营商环境的10个子项环境对技术进步率的作用效果呈现1%水平上的显著负向作用。同样，在对规模报酬收益率的作用方面，营商环境的10个子项环境对其作用效果呈现1%水平上的显著负向作用，如表6-9所示。在对配置效率的作用方面，表6-10的结果显示，营商环境的10个子项环境对其作用呈现1%水平上的显著正向作用，并且作用效果呈现均衡状态。由以上结果可知，优化营商环境能够提高技术和要素应用效率，使得技术和要素投入达到最佳比例，进而提高全要素生产率增长。

表6-6至表6-10的回归结果进一步验证了营商环境对全要素生产率及其分解项的作用结果的稳健性。

表6-6　　营商环境对全要素生产率的回归结果

变量	(8)	(9)	(10)	(11)	(12)	(13)	(14)	(15)	(16)	(17)
DTF1	0.503*** (19.674)									
DTF2		0.512*** (19.511)								
DTF3			0.506*** (19.530)							
DTF4				0.523*** (19.340)						
DTF5					0.520*** (19.533)					
DTF6						0.517*** (19.516)				
DTF7							0.503*** (19.682)			
DTF8								0.505*** (19.654)		
DTF9									0.523*** (19.370)	
DTF10										0.526*** (19.441)

续表

变量	(8)	(9)	(10)	(11)	(12)	(13)	(14)	(15)	(16)	(17)
$Pregdp_{it}$	-0.426*** (-4.347)	-0.436*** (-4.423)	-0.426*** (-4.334)	-0.457*** (-4.606)	-0.454*** (-4.602)	-0.447*** (-4.530)	-0.423*** (-4.325)	-0.428*** (-4.364)	-0.457*** (-4.611)	-0.463*** (-4.677)
Ins_{it}	1.405*** (6.120)	1.427*** (6.187)	1.419*** (6.157)	1.452*** (6.265)	1.437*** (6.233)	1.432*** (6.209)	1.401*** (6.108)	1.409*** (6.134)	1.453*** (6.273)	1.455*** (6.296)
Fdi_{it}	-0.060 (-0.681)	-0.065 (-0.740)	-0.063 (-0.722)	-0.062 (-0.704)	-0.061 (-0.696)	-0.064 (-0.729)	-0.061 (-0.700)	-0.061 (-0.697)	-0.062 (-0.697)	-0.061 (-0.689)
Hum_{it}	-0.095*** (-3.135)	-0.093*** (-3.073)	-0.094*** (-3.086)	-0.089*** (-2.918)	-0.090*** (-2.981)	-0.091*** (-3.008)	-0.095*** (-3.150)	-0.094*** (-3.125)	-0.089*** (-2.911)	-0.088*** (-2.895)
$Infra_{it}$	0.005 (0.477)	0.005 (0.478)	0.005 (0.465)	0.004 (0.452)	0.005 (0.508)	0.005 (0.492)	0.005 (0.500)	0.005 (0.475)	0.005 (0.471)	0.005 (0.468)
$Trade_{it}$	-0.026** (-2.294)	-0.027** (-2.322)	-0.026** (-2.239)	-0.029** (-2.478)	-0.029** (-2.497)	-0.028** (-2.428)	-0.026** (-2.276)	-0.027** (-2.300)	-0.029** (-2.486)	-0.030** (-2.537)
Urb_{it}	0.011*** (2.884)	0.012*** (2.945)	0.011** (2.875)	0.012*** (2.997)	0.012*** (3.001)	0.012*** (2.988)	0.011*** (2.890)	0.011*** (2.899)	0.012*** (2.987)	0.012*** (3.003)
常数项	2.184** (2.541)	2.285*** (2.641)	2.215** (2.564)	2.459*** (2.822)	2.392*** (2.764)	2.355*** (2.720)	2.162*** (2.516)	2.204** (2.562)	2.443*** (2.806)	2.480*** (2.854)
年份	控制	控制	控制	控制	控制	控制	控制	控制	控制	控制
区域	控制	控制	控制	控制	控制	控制	控制	控制	控制	控制
N	279	279	279	279	279	279	279	279	279	279
R^2	0.825	0.824	0.824	0.822	0.824	0.824	0.826	0.825	0.822	0.823

注：***、**、*分别表示通过1%、5%和10%水平上的显著性检验，括号内的数值表示的是对应的标准误。

表 6-7 营商环境对技术效率的回归结果

变量	(18)	(19)	(20)	(21)	(22)	(23)	(24)	(25)	(26)	(27)
DTF1	0.101 *** (17.634)									
DTF2		0.103 *** (17.669)								
DTF3			0.102 *** (17.584)							
DTF4				0.106 *** (17.714)						
DTF5					0.105 *** (17.771)					
DTF6						0.105 *** (17.738)				
DTF7							0.101 *** (17.638)			
DTF8								0.102 *** (17.652)		
DTF9									0.106 *** (17.742)	
DTF10										0.107 *** (17.792)

续表

变量	(18)	(19)	(20)	(21)	(22)	(23)	(24)	(25)	(26)	(27)
$Pregdp_{it}$	-0.039* (-1.782)	-0.042* (-1.887)	-0.039* (-1.791)	-0.046** (-2.098)	-0.045** (-2.064)	-0.044** (-1.996)	-0.039* (-1.762)	-0.040* (-1.804)	-0.046** (-2.101)	-0.047** (-2.156)
Ins_{it}	0.311*** (6.032)	0.315*** (6.125)	0.314*** (6.080)	0.320*** (6.234)	0.317*** (6.183)	0.316*** (6.157)	0.310*** (6.021)	0.312*** (6.051)	0.321*** (6.242)	0.321*** (6.260)
Fdi_{it}	-0.038* (-1.942)	-0.039** (-1.988)	-0.039** (-1.974)	-0.038* (-1.947)	-0.038* (-1.947)	-0.039** (-1.977)	-0.039* (-1.960)	-0.038* (-1.955)	-0.038* (-1.941)	-0.038* (-1.936)
Hum_{it}	-0.027*** (-3.981)	-0.027*** (-3.962)	-0.027*** (-3.950)	-0.026*** (-3.860)	-0.026*** (-3.898)	-0.026*** (-3.918)	-0.027*** (-3.994)	-0.027*** (-3.980)	-0.026*** (-3.856)	-0.026*** (-3.841)
$Infra_{it}$	-0.001 (-0.239)	-0.001 (-0.246)	-0.001 (-0.251)	-0.001 (-0.279)	-0.000 (-0.225)	-0.001 (-0.237)	-0.000 (-0.218)	-0.001 (-0.243)	-0.001 (-0.263)	-0.001 (-0.266)
$Trade_{it}$	0.011*** (4.399)	0.011*** (4.306)	0.011*** (4.416)	0.011*** (4.061)	0.011*** (4.102)	0.011*** (4.179)	0.011*** (4.420)	0.011*** (4.383)	0.011*** (4.060)	0.010*** (4.020)
Urb_{it}	0.001 (0.877)	0.001 (0.956)	0.001 (0.883)	0.001 (1.031)	0.001 (1.014)	0.001 (1.001)	0.001 (0.882)	0.001 (0.894)	0.001 (1.020)	0.001 (1.030)
常数项	0.551*** (2.856)	0.575*** (2.976)	0.559*** (2.888)	0.613*** (3.174)	0.598*** (3.102)	0.590*** (3.059)	0.547*** (2.834)	0.556*** (2.881)	0.610*** (3.161)	0.618*** (3.202)
年份	控制	控制	控制	控制	控制	控制	控制	控制	控制	控制
区域	控制	控制	控制	控制	控制	控制	控制	控制	控制	控制
N	279	279	279	279	279	279	279	279	279	279
R^2	0.863	0.863	0.862	0.864	0.864	0.864	0.863	0.863	0.864	0.864

注：***、**、* 分别表示通过1%、5%和10%水平上的显著性检验，括号内的数值表示的是对应的标准误。

表 6 - 8　营商环境对技术进步效率的回归结果

变量	(28)	(29)	(30)	(31)	(32)	(33)	(34)	(35)	(36)	(37)
DTF1	-0.003*** (-7.534)									
DTF2		-0.003*** (-7.452)								
DTF3			-0.003*** (-7.472)							
DTF4				-0.003*** (-7.420)						
DTF5					-0.003*** (-7.526)					
DTF6						-0.003*** (-7.474)				
DTF7							-0.003*** (-7.535)			
DTF8								-0.003*** (-7.517)		
DTF9									-0.003*** (-7.463)	
DTF10										-0.003*** (-7.499)

续表

变量	(28)	(29)	(30)	(31)	(32)	(33)	(34)	(35)	(36)	(37)
$Pregdp_{it}$	-0.008*** (-5.184)	-0.008*** (-5.138)	-0.008*** (-5.178)	-0.008*** (-5.040)	-0.008*** (-5.057)	-0.008*** (-5.089)	-0.008*** (-5.195)	-0.008*** (-5.175)	-0.008*** (-5.039)	-0.008*** (-5.015)
Ins_{it}	-0.034*** (-9.102)	-0.034*** (-9.122)	-0.034*** (-9.114)	-0.034*** (-9.158)	-0.034*** (-9.154)	-0.034*** (-9.135)	-0.034*** (-9.097)	-0.034*** (-9.105)	-0.034*** (-9.168)	-0.034*** (-9.179)
Fdi_{it}	0.004** (2.536)	0.004** (2.563)	0.004** (2.555)	0.004** (2.548)	0.004** (2.540)	0.004** (2.557)	0.004** (2.544)	0.004** (2.543)	0.004** (2.542)	0.004** (2.538)
Hum_{it}	-0.003*** (-5.244)	-0.003*** (-5.264)	-0.003*** (-5.258)	-0.003*** (-5.323)	-0.003*** (-5.303)	-0.003*** (-5.293)	-0.003*** (-5.238)	-0.003*** (-5.248)	-0.003*** (-5.326)	-0.003*** (-5.337)
$Infra_{it}$	-0.000** (-2.146)	-0.000** (-2.149)	-0.000** (-2.143)	-0.000** (-2.138)	-0.000** (-2.156)	-0.000** (-2.153)	-0.000** (-2.155)	-0.000** (-2.146)	-0.000** (-2.143)	-0.000** (-2.141)
$Trade_{it}$	0.000 (1.641)	0.000 (1.625)	0.000 (1.604)	0.000* (1.684)	0.000* (1.725)	0.000* (1.675)	0.000 (1.634)	0.000 (1.636)	0.000* (1.706)	0.000* (1.736)
Urb_{it}	0.000** (2.249)	0.000** (2.220)	0.000** (2.248)	0.000** (2.190)	0.000** (2.194)	0.000** (2.201)	0.000** (2.247)	0.000** (2.243)	0.000** (2.194)	0.000** (2.190)
常数项	0.163*** (11.817)	0.163*** (11.742)	0.163*** (11.786)	0.162*** (11.629)	0.162*** (11.688)	0.162*** (11.704)	0.163*** (11.830)	0.163*** (11.802)	0.162*** (11.644)	0.161*** (11.629)
年份	控制	控制	控制	控制	控制	控制	控制	控制	控制	控制
区域	控制	控制	控制	控制	控制	控制	控制	控制	控制	控制
N	279	279	279	279	279	279	279	279	279	279
R^2	0.906	0.905	0.905	0.905	0.906	0.905	0.906	0.905	0.905	0.905

注：***、**、* 分别表示通过1%、5%和10%水平上的显著性检验，括号内的数值表示的是对应的标准误。

表 6—9 营商环境对规模报酬收益率的回归结果

变量	(38)	(39)	(40)	(41)	(42)	(43)	(44)	(45)	(46)	(47)
DTF1	-0.016*** (-7.121)									
DTF2		-0.016*** (-6.983)								
DTF3			-0.015*** (-6.970)							
DTF4				-0.016*** (-6.923)						
DTF5					-0.016*** (-7.165)					
DTF6						-0.016*** (-7.065)				
DTF7							-0.016*** (-7.141)			
DTF8								-0.016*** (-7.100)		
DTF9									-0.016*** (-7.000)	
DTF10										-0.016*** (-7.092)

续表

变量	(38)	(39)	(40)	(41)	(42)	(43)	(44)	(45)	(46)	(47)
$Pregdp_{it}$	0.011 (1.344)	0.011 (1.359)	0.011 (1.324)	0.012 (1.427)	0.012 (1.456)	0.012 (1.413)	0.011 (1.339)	0.011 (1.348)	0.012 (1.442)	0.012 (1.478)
Ins_{it}	-0.077*** (-3.908)	-0.077*** (-3.932)	-0.077*** (-3.919)	-0.078*** (-3.966)	-0.078*** (-3.963)	-0.078*** (-3.946)	-0.077*** (-3.905)	-0.077*** (-3.913)	-0.078*** (-3.974)	-0.078*** (-3.985)
Fdi_{it}	-0.005 (-0.622)	-0.004 (-0.582)	-0.004 (-0.586)	-0.004 (-0.588)	-0.005 (-0.626)	-0.004 (-0.599)	-0.005 (-0.618)	-0.005 (-0.613)	-0.005 (-0.602)	-0.005 (-0.619)
Hum_{it}	-0.002 (-0.691)	-0.002 (-0.728)	-0.002 (-0.726)	-0.002 (-0.785)	-0.002 (-0.733)	-0.002 (-0.739)	-0.002 (-0.683)	-0.002 (-0.698)	-0.002 (-0.777)	-0.002 (-0.772)
$Infra_{it}$	-0.000 (-0.148)	-0.000 (-0.162)	-0.000 (-0.159)	-0.000 (-0.157)	-0.000 (-0.153)	-0.000 (-0.158)	-0.000 (-0.155)	-0.000 (-0.150)	-0.000 (-0.156)	-0.000 (-0.145)
$Trade_{it}$	0.003*** (2.901)	0.003*** (2.845)	0.003*** (2.812)	0.003*** (2.872)	0.003*** (3.000)	0.003*** (2.923)	0.003*** (2.906)	0.003*** (2.892)	0.003*** (2.916)	0.003*** (2.978)
Urb_{it}	0.001*** (2.656)	0.001*** (2.630)	0.001*** (2.658)	0.001*** (2.604)	0.001*** (2.601)	0.001*** (2.610)	0.001*** (2.653)	0.001*** (2.650)	0.001*** (2.605)	0.001*** (2.599)
常数项	-0.180** (-2.452)	-0.182** (-2.465)	-0.180** (-2.434)	-0.187** (-2.522)	-0.188** (-2.548)	-0.185** (-2.510)	-0.180** (-2.448)	-0.181** (-2.456)	-0.187** (-2.533)	-0.190** (-2.568)
年份	控制	控制	控制	控制	控制	控制	控制	控制	控制	控制
区域	控制	控制	控制	控制	控制	控制	控制	控制	控制	控制
N	279	279	279	279	279	279	279	279	279	279
R^2	0.645	0.643	0.643	0.642	0.646	0.645	0.646	0.645	0.643	0.645

注：***、**、*分别表示通过1%、5%和10%水平上的显著性检验，括号内的数值表示的是对应的标准误。

表6—10　营商环境对配置效率的回归结果

变量	(48)	(49)	(50)	(51)	(52)	(53)	(54)	(55)	(56)	(57)
DTF1	0.026*** (7.890)									
DTF2		0.026*** (7.806)								
DTF3			0.026*** (7.791)							
DTF4				0.027*** (7.771)						
DTF5					0.027*** (7.941)					
DTF6						0.026*** (7.866)				
DTF7							0.026*** (7.903)			
DTF8								0.026*** (7.877)		
DTF9									0.027*** (7.807)	
DTF10										0.027*** (7.889)

续表

变量	(48)	(49)	(50)	(51)	(52)	(53)	(54)	(55)	(56)	(57)
$Pregdp_{it}$	-0.016 (-1.252)	-0.016 (-1.282)	-0.016 (-1.242)	-0.017 (-1.364)	-0.017 (-1.377)	-0.017 (-1.335)	-0.016 (-1.244)	-0.016 (-1.258)	-0.017 (-1.370)	-0.018 (-1.406)
Ins_{it}	0.112*** (3.824)	0.113*** (3.855)	0.113*** (3.841)	0.114*** (3.896)	0.114*** (3.885)	0.113*** (3.869)	0.112*** (3.820)	0.112*** (3.830)	0.114*** (3.901)	0.115*** (3.912)
Fdi_{it}	0.007 (0.647)	0.007 (0.614)	0.007 (0.619)	0.007 (0.626)	0.007 (0.652)	0.007 (0.628)	0.007 (0.641)	0.007 (0.639)	0.007 (0.634)	0.007 (0.648)
Hum_{it}	0.002 (0.495)	0.002 (0.523)	0.002 (0.522)	0.002 (0.581)	0.002 (0.541)	0.002 (0.541)	0.002 (0.487)	0.002 (0.500)	0.002 (0.581)	0.002 (0.579)
$Infra_{it}$	-0.000 (-0.085)	-0.000 (-0.077)	-0.000 (-0.081)	-0.000 (-0.087)	-0.000 (-0.080)	-0.000 (-0.078)	-0.000 (-0.077)	-0.000 (-0.085)	-0.000 (-0.083)	-0.000 (-0.092)
$Trade_{it}$	-0.006*** (-3.840)	-0.006*** (-3.816)	-0.006*** (-3.780)	-0.006*** (-3.860)	-0.006*** (-3.946)	-0.006*** (-3.882)	-0.006*** (-3.842)	-0.006*** (-3.836)	-0.006*** (-3.880)	-0.006*** (-3.937)
Urb_{it}	-0.001** (-2.020)	-0.001* (-1.990)	-0.001** (-2.021)	-0.001* (-1.959)	-0.001* (-1.960)	-0.001* (-1.968)	-0.001** (-2.018)	-0.001** (-2.014)	-0.001** (-1.963)	-0.001* (-1.956)
常数项	0.210* (1.915)	0.214* (1.946)	0.210* (1.912)	0.223** (2.021)	0.222** (2.022)	0.219** (1.990)	0.209* (1.907)	0.211* (1.921)	0.223** (2.021)	0.226** (2.053)
年份	控制	控制	控制	控制	控制	控制	控制	控制	控制	控制
区域	控制	控制	控制	控制	控制	控制	控制	控制	控制	控制
N	279	279	279	279	279	279	279	279	279	279
R^2	0.467	0.465	0.464	0.464	0.468	0.466	0.467	0.467	0.465	0.467

注：***、**、*分别表示通过1%、5%和10%水平上的显著性检验，括号内的数值表示的是对应的标准误。

第四节 进一步研究：地区异质性和调节效应分析

一、地区异质性分析

本书从地区异质性的角度阐释我国东、中、西部地区的营商环境对全要素生产率及其分解项的影响作用，结果如表6-11、表6-12和表6-13所示。在全要素生产率方面，东部、中部和西部地区的营商环境的影响作用均通过10%或1%水平的正向显著检验。其中，西部地区的作用效果最大，东部地区次之，中部地区最小，这可能与近年来我国加快推进西部大开发战略有关。在技术效率方面，东部、中部和西部地区虽然均通过显著性检验，但是也表现出了差异性，东部的营商环境对技术效率的作用最大，西部次之，而中部仍然最小。对于技术进步和规模报酬收益率，中部地区呈现了1%和10%水平上的显著正向作用，而东部和西部地区却呈现了1%水平上的显著负向作用。营商环境对配置效率影响的地区差异结果与技术进步和规模报酬收益率完全相反，东部和西部地区在1%水平上呈现显著正向作用，而中部地区是负向作用，但结果并不显著。

表6-11　　我国东、中、西部地区全要生产率和技术效率影响分析

变量	TFP			TE		
	东部	中部	西部	东部	中部	西部
	(58)	(59)	(60)	(61)	(62)	(63)
DTF$_{it}$	0.437 *** (13.62)	0.224 * (1.92)	0.632 *** (17.30)	0.120 *** (16.84)	0.052 * (1.96)	0.112 *** (13.88)

续表

变量	TFP			TE		
	东部	中部	西部	东部	中部	西部
	（58）	（59）	（60）	（61）	（62）	（63）
Pregdp$_{it}$	-1.176*** （-7.83）	0.810*** （2.77）	0.457*** （3.56）	-0.299*** （-8.95）	0.151** （2.27）	0.120*** （4.23）
Ins$_{it}$	2.238*** （8.45）	-2.135*** （-3.10）	1.056* （1.85）	0.542*** （9.20）	-0.513*** （-3.26）	0.176 （1.40）
Fdi$_{it}$	-0.168** （-2.35）	-0.779* （-1.73）	-0.401 （-1.14）	-0.047*** （-2.99）	-0.274** （-2.67）	0.061 （0.79）
Hum$_{it}$	-0.056 （-1.20）	-0.439*** （-6.34）	0.033 （0.80）	-0.007 （-0.71）	-0.117*** （-7.42）	0.001 （0.13）
Infra$_{it}$	0.232*** （3.92）	0.011 （1.46）	0.502*** （7.91）	0.041*** （3.15）	0.004** （2.28）	0.072*** （5.15）
Trade$_{it}$	-0.004 （-0.33）	-0.362*** （-2.96）	-0.255*** （-7.40）	0.012*** （4.41）	-0.084*** （-3.02）	-0.043*** （-5.72）
Urb$_{it}$	0.024*** （4.54）	0.005 （0.45）	-0.027*** （-4.10）	0.004*** （3.47）	0.005* （1.86）	-0.006*** （-3.78）
常数项	8.492*** （6.47）	-3.983* （-1.80）	-5.910*** （-5.09）	2.716*** （9.30）	-0.058 （-0.11）	-0.948*** （-3.71）
R^2	0.906	0.886	0.873	0.951	0.898	0.803
N	117	54	108	117	54	108

注：***、**、*分别表示通过1%、5%和10%水平上的显著性检验，括号内的数值表示的是对应的标准误。

表6-12　　我国东、中、西部地区技术进步率和规模报酬率影响分析

变量	TC			SEC		
	东部	中部	西部	东部	中部	西部
	（64）	（65）	（67）	（68）	（69）	（70）
DTF$_{it}$	-0.004*** （-5.11）	0.013*** （4.86）	-0.006*** （-12.54）	-0.009*** （-3.10）	0.022* （1.98）	-0.019*** （-3.94）

续表

变量	TC			SEC		
	东部	中部	西部	东部	中部	西部
	(64)	(65)	(67)	(68)	(69)	(70)
$Pregdp_{it}$	0.002 (0.70)	-0.056 *** (-8.22)	-0.009 *** (-5.22)	-0.006 (-0.41)	-0.123 *** (-4.46)	0.007 (0.43)
Ins_{it}	-0.039 *** (-6.57)	0.028 * (1.72)	-0.000 (-0.01)	-0.080 *** (-3.16)	0.056 (0.86)	-0.085 (-1.11)
Fdi_{it}	0.004 ** (2.62)	-0.019 * (-1.79)	0.015 *** (3.29)	-0.003 (-0.37)	0.028 (0.65)	-0.047 (-1.00)
Hum_{it}	-0.003 ** (-2.60)	-0.002 (-1.33)	-0.001 * (-1.84)	-0.009 * (-1.92)	0.025 *** (3.76)	-0.005 (-0.97)
$Infra_{it}$	-0.005 *** (-3.98)	-0.000 (-1.42)	0.005 *** (5.39)	0.013 ** (2.27)	-0.000 (-0.09)	-0.010 (-1.13)
$Trade_{it}$	0.001 ** (2.31)	-0.015 *** (-5.43)	0.004 *** (7.78)	-0.001 (-0.52)	0.023 * (1.97)	0.011 ** (2.44)
Urb_{it}	-0.000 (-0.14)	0.002 *** (6.84)	-0.000 ** (-2.46)	0.002 *** (3.40)	0.005 *** (5.22)	0.002 * (1.75)
常数项	0.071 ** (2.39)	0.533 *** (10.37)	0.151 *** (9.84)	-0.001 (-0.01)	0.571 *** (2.73)	-0.127 (-0.81)
R^2	0.919	0.961	0.965	0.781	0.942	0.509
N	117	54	108	117	54	108

注：*** 、** 、* 分别表示通过1%、5%和10%水平上的显著性检验，括号内的数值表示的是对应的标准误。

表6-13　　　　　　我国东、中、西部地区配置效率影响分析

变量	AEC		
	东部	中部	西部
	(71)	(72)	(73)
DTF_{it}	0.020 *** (3.36)	-0.032 (-1.20)	0.029 *** (5.09)

变量	AEC		
	东部	中部	西部
	（71）	（72）	（73）
$Pregdp_{it}$	0.002 （0.07）	0.263*** （3.91）	− 0.013 （− 0.67）
Ins_{it}	0.092* （1.85）	− 0.252 （− 1.59）	0.155* （1.74）
Fdi_{it}	0.000 （0.03）	0.071 （0.68）	0.038 （0.69）
Hum_{it}	0.007 （0.75）	− 0.030* （− 1.88）	0.006 （0.97）
$Infra_{it}$	− 0.014 （− 1.31）	− 0.001 （− 0.57）	0.018* （1.83）
$Trade_{it}$	− 0.001 （− 0.52）	− 0.014 （− 0.50）	− 0.020*** （− 3.64）
Urb_{it}	− 0.002* （− 1.89）	− 0.010*** （− 4.08）	− 0.002* （− 1.68）
常数项	0.055 （0.22）	− 1.592*** （− 3.12）	0.162 （0.89）
R^2	0.517	0.742	0.498
N	117	54	108

注：***、**、*分别表示通过1%、5%和10%水平上的显著性检验，括号内的数值表示的是对应的标准误。

二、调节效应分析

由前文分析可知，营商环境与全要素生产率及其分解项之间存在一定的影响关系，但是本书认为技术创新作为一种实现经济高质量可持续发展的选择（黄茂兴和李军军，2009），可能会对营商环境和全要素生产率及其分解项起到调节效应，即加强本省域内技术创新投入，会促进营商环境与全要素生产率、技术效率、技术进步率等的影响关系。为了验证这一推测，本书在公式（6.8）中，分别增加研发创新投入，构建如下模型：

$$\mathrm{TFP}_{it} = \alpha_0 + \alpha_1 \mathrm{DTF}_{it} + \alpha_2 \mathrm{RD}_{it} + \alpha_3 \mathrm{DTF}_{it} \times \mathrm{RD}_{it}$$

$$+ \sum \beta_i \mathrm{Control}_{it} + \varepsilon_{it} \tag{6.9}$$

$$\mathrm{TFP}_{it} = \omega_0 + \omega_1 \mathrm{DTF}_{it} + \omega_2 \mathrm{RDhum}_{it} + \omega_3 \mathrm{DTF}_{it} \times \mathrm{RDhum}_{it}$$

$$+ \sum \zeta_i \mathrm{Control}_{it} + \varepsilon_{it} \tag{6.10}$$

其中，RD 和 RDhum 分别表示研发费用投入和研发人员投入，其他变量与公式中相同，不再赘述。

根据表 6-14 至表 6-18 的回归结果，可以发现，除了配置效率，营商环境与技术创新投入的交互项对全要素生产率及其分解项均在 5% 及以上水平显著为正，说明随着技术创新投入的加强，营商环境对全要素生产率及其分解项产生影响作用更加显著。其中，营商环境与研发费用投入的交互项对全要素生产率及其分解项的作用效果要显著大于营商环境与研发人员投入的交互项。

表 6-14　　　　　　　　影响机制检验结果——全要素生产率

变量	TFP			
	RD	DTF × RD	RDhum	DTF × RDhum
	（74）	（75）	（76）	（77）
DTF_{it}	0.085 *** （2.84）	-0.161 ** （-2.13）	0.052 * （1.94）	-0.065 （-1.18）
RD_{it}	-0.140 ** （-2.43）	-0.193 *** （-3.32）		

续表

变量	TFP			
	RD	DTF × RD	RDhum	DTF × RDhum
	（74）	（75）	（76）	（77）
RD × RD$_{it}$		0.016 *** （3.53）		
RDhum$_{it}$			− 0.019 （− 0.79）	− 0.023 （− 0.98）
DTF × RDhum$_{it}$				0.010 ** （2.40）
Pregdp$_{it}$	− 0.455 *** （− 4.15）	− 0.389 *** （− 3.59）	− 0.462 *** （− 4.18）	− 0.426 *** （− 3.85）
Ins$_{it}$	0.328 （1.13）	0.344 （1.21）	0.092 （0.33）	0.044 （0.16）
Fdi$_{it}$	− 0.044 （− 0.97）	− 0.054 （− 1.20）	− 0.024 （− 0.53）	− 0.028 （− 0.62）
Hum$_{it}$	− 0.026 （− 1.44）	− 0.028 （− 1.60）	− 0.022 （− 1.22）	− 0.023 （− 1.29）
Infra$_{it}$	0.009 ** （2.28）	0.007 * （1.87）	0.009 ** （2.17）	0.008 * （1.87）
Trade$_{it}$	0.008 （0.64）	0.022 * （1.80）	0.020 * （1.78）	0.030 ** （2.53）
Urb$_{it}$	0.016 *** （3.23）	0.016 *** （3.36）	0.012 *** （2.60）	0.012 ** （2.50）
AIC	− 698.277	− 710.965	− 691.994	− 696.902
BIC	− 632.915	− 641.972	− 626.632	− 627.909
Log lik.	367.139	374.483	363.997	367.451
N	279	279	279	279

注：*** 、 ** 、 * 分别表示通过 1% 、5% 和 10% 水平上的显著性检验，括号内的数值表示的是对应的标准误。

表 6 - 15　　　　　　　　　影响机制检验结果——技术效率

变量	TE			
	RD	DTF × RD	RDhum	DTF × RDhum
	（78）	（79）	（80）	（81）
DTF_{it}	- 0. 014 （ - 1. 59）	- 0. 100 *** （ - 4. 69）	0. 034 *** （3. 47）	- 0. 007 （ - 0. 36）
RD_{it}	0. 082 *** （15. 08）	0. 074 *** （13. 45）		
$RD \times RD_{it}$		0. 006 *** （4. 40）		
$RDhum_{it}$			0. 042 *** （8. 23）	0. 038 *** （6. 96）
$DTF \times RDhum_{it}$				0. 004 ** （2. 59）
$Pregdp_{it}$	0. 031 * （1. 86）	0. 003 （0. 16）	0. 007 （0. 34）	- 0. 012 （ - 0. 56）
Ins_{it}	- 0. 045 （ - 1. 01）	- 0. 006 （ - 0. 14）	0. 160 *** （3. 23）	0. 176 *** （3. 56）
Fdi_{it}	0. 005 （0. 37）	0. 005 （0. 32）	- 0. 012 （ - 0. 67）	- 0. 011 （ - 0. 64）
Hum_{it}	- 0. 033 *** （ - 6. 62）	- 0. 031 *** （ - 6. 34）	- 0. 021 *** （ - 3. 41）	- 0. 018 *** （ - 2. 98）
$Infra_{it}$	- 0. 002 （ - 1. 56）	- 0. 003 （ - 1. 63）	- 0. 002 （ - 0. 91）	- 0. 002 （ - 0. 87）
$Trade_{it}$	0. 028 *** （12. 61）	0. 026 *** （12. 12）	0. 017 *** （7. 14）	0. 016 *** （6. 41）
Urb_{it}	- 0. 003 *** （ - 4. 68）	- 0. 003 *** （ - 3. 64）	- 0. 001 （ - 1. 55）	- 0. 001 （ - 0. 88）

续表

变量	TE			
	RD	DTF × RD	RDhum	DTF × RDhum
	（78）	（79）	（80）	（81）
常数项	− 0.729 *** （− 4.40）	− 0.400 ** （− 2.26）	− 0.078 （− 0.41）	0.112 （0.56）
年份	控制	控制	控制	控制
区域	控制	控制	控制	控制
adj. R²	0.922	0.927	0.884	0.886
AIC	− 999.850	− 1018.029	− 888.830	− 893.976
BIC	− 927.225	− 941.774	− 816.206	− 817.721
F	173.757	177.734	112.241	109.307
Log lik.	519.925	530.015	464.415	467.988
N	279	279	279	279

注：***、**、*分别表示通过1%、5%和10%水平上的显著性检验，括号内的数值表示的是对应的标准误。

表 6 – 16　　　　影响机制检验结果——技术进步率

变量	TC			
	RD	DTF × RD	RDhum	DTF × RDhum
	（82）	（83）	（84）	（85）
DTF_{it}	0.066 ** （2.59）	− 0.344 *** （− 5.84）	0.091 *** （4.24）	− 0.169 *** （− 4.14）
RD_{it}	− 0.001 （− 0.01）	− 0.089 * （− 1.96）		
$RD × RD_{it}$		0.027 *** （7.55）		
$RDhum_{it}$			− 0.082 *** （− 4.30）	− 0.091 *** （− 5.29）

续表

变量	TC			
	RD	DTF × RD	RDhum	DTF × RDhum
	（82）	（83）	（84）	（85）
DTF × RDhum$_{it}$				0.023 *** （7.24）
Pregdp$_{it}$	− 0.565 *** （− 6.09）	− 0.456 *** （− 5.39）	− 0.544 *** （− 6.09）	− 0.464 *** （− 5.69）
Ins$_{it}$	0.550 ** （2.23）	0.576 *** （2.60）	0.578 *** （2.60）	0.474 ** （2.35）
Fdi$_{it}$	0.005 （0.14）	− 0.011 （− 0.31）	0.012 （0.31）	0.003 （0.09）
Hum$_{it}$	− 0.019 （− 1.23）	− 0.023 （− 1.63）	− 0.018 （− 1.22）	− 0.020 （− 1.52）
Infra$_{it}$	− 0.000 （− 0.02）	− 0.003 （− 0.97）	− 0.001 （− 0.26）	− 0.004 （− 1.20）
Trade$_{it}$	− 0.038 *** （− 3.77）	− 0.014 （− 1.42）	− 0.036 *** （− 4.01）	− 0.014 （− 1.60）
Urb$_{it}$	− 0.014 *** （− 3.32）	− 0.013 *** （− 3.60）	− 0.011 *** （− 2.84）	− 0.012 *** （− 3.51）
常数项	7.584 *** （7.86）	7.649 *** （8.84）	7.850 *** （9.98）	7.251 *** （10.12）
年份	控制	控制	控制	控制
区域	控制	控制	控制	控制
adj. R^2	0.994	0.995	0.995	0.996
AIC	− 790.279	− 849.997	− 811.787	− 867.056
BIC	− 724.917	− 781.004	− 746.425	− 798.063
F	2758.675	3239.574	2980.833	3444.642
Log lik.	413.140	443.999	423.893	452.528
N	279	279	279	279

注：*** 、** 、* 分别表示通过 1%、5% 和 10% 水平上的显著性检验，括号内的数值表示的是对应的标准误。

表 6 - 17 影响机制检验结果——规模效率

变量	SEC			
	RD	DTF × RD	RDhum	DTF × RDhum
	（86）	（87）	（88）	（89）
DTF_{it}	0. 573 *** （3. 03）	- 0. 937 * （- 1. 96）	0. 347 ** （2. 07）	- 0. 380 （- 1. 09）
RD_{it}	- 0. 891 ** （- 2. 45）	- 1. 216 *** （- 3. 31）		
$RD × RD_{it}$		0. 100 *** （3. 43）		
$RDhum_{it}$			- 0. 077 （- 0. 52）	- 0. 104 （- 0. 71）
$DTF × RDhum_{it}$				0. 065 ** （2. 37）
$Pregdp_{it}$	- 2. 570 *** （- 3. 73）	- 2. 166 *** （- 3. 17）	- 2. 631 *** （- 3. 77）	- 2. 407 *** （- 3. 45）
Ins_{it}	1. 609 （0. 88）	1. 702 （0. 95）	0. 088 （0. 05）	- 0. 206 （- 0. 12）
Fdi_{it}	- 0. 321 （- 1. 11）	- 0. 380 （- 1. 34）	- 0. 194 （- 0. 67）	- 0. 218 （- 0. 76）
Hum_{it}	- 0. 145 （- 1. 27）	- 0. 158 （- 1. 42）	- 0. 122 （- 1. 06）	- 0. 128 （- 1. 12）
$Infra_{it}$	0. 058 ** （2. 28）	0. 047 * （1. 88）	0. 057 ** （2. 19）	0. 049 * （1. 89）
$Trade_{it}$	0. 078 （1. 03）	0. 169 ** （2. 15）	0. 155 ** （2. 20）	0. 217 *** （2. 92）
Urb_{it}	0. 103 *** （3. 36）	0. 104 *** （3. 48）	0. 079 *** （2. 67）	0. 075 ** （2. 57）

变量	SEC			
	RD	DTF × RD	RDhum	DTF × RDhum
	（86）	（87）	（88）	（89）
常数项	31.811 *** (4.44)	32.049 *** (4.58)	22.671 *** (3.69)	20.995 *** (3.43)
年份	控制	控制	控制	控制
区域	控制	控制	控制	控制
adj. R^2	0.690	0.704	0.682	0.689
AIC	328.453	316.514	335.306	330.565
BIC	393.815	385.507	400.667	399.558
F	39.172	39.377	37.892	36.816
Log lik.	−146.226	−139.257	−149.653	−146.282
N	279	279	279	279

注：*** 、 ** 、 * 分别表示通过1%、5%和10%水平上的显著性检验，括号内的数值表示的是对应的标准误。

表6-18　　　　　　　　　影响机制检验结果——配置效率

变量	AEC			
	RD	DTF × RD	RDhum	DTF × RDhum
	（90）	（91）	（92）	（93）
DTF_{it}	−0.003 (−0.52)	0.026 (1.62)	0.005 (0.79)	0.020 * (1.70)
RD_{it}	0.021 *** (5.09)	0.023 *** (5.49)		
$RD × RD_{it}$		−0.002 ** (−2.00)		
$RDhum_{it}$			0.013 *** (4.10)	0.015 *** (4.38)

续表

变量	AEC			
	RD	DTF × RD	RDhum	DTF × RDhum
	（90）	（91）	（92）	（93）
DTF × RDhum$_{it}$				− 0. 001 （ − 1. 51）
Pregdp$_{it}$	0. 002 （0. 17）	0. 012 （0. 90）	− 0. 001 （ − 0. 09）	0. 006 （0. 43）
Ins$_{it}$	0. 023 （0. 68）	0. 009 （0. 27）	0. 065 ** （2. 12）	0. 059 * （1. 92）
Fdi$_{it}$	0. 018 * （1. 66）	0. 018 * （1. 70）	0. 015 （1. 38）	0. 015 （1. 36）
Hum$_{it}$	0. 000 （0. 13）	− 0. 000 （ − 0. 08）	0. 004 （1. 03）	0. 003 （0. 77）
Infra$_{it}$	− 0. 001 （ − 0. 50）	− 0. 001 （ − 0. 50）	− 0. 000 （ − 0. 40）	− 0. 001 （ − 0. 43）
Trade$_{it}$	− 0. 002 （ − 0. 93）	− 0. 001 （ − 0. 59）	− 0. 004 ** （ − 2. 46）	− 0. 003 ** （ − 2. 04）
Urb$_{it}$	− 0. 002 *** （ − 3. 90）	− 0. 002 *** （ − 4. 29）	− 0. 002 *** （ − 3. 22）	− 0. 002 *** （ − 3. 50）
常数项	− 0. 113 （ − 0. 91）	− 0. 227 * （ − 1. 68）	0. 013 （0. 11）	− 0. 056 （ − 0. 45）
年份	控制	控制	控制	控制
区域	控制	控制	控制	控制
adj. R^2	0. 479	0. 485	0. 462	0. 464
AIC	− 1164. 520	− 1166. 799	− 1155. 390	− 1155. 860
BIC	− 1091. 896	− 1090. 543	− 1082. 765	− 1079. 605
F	14. 448	14. 083	13. 544	13. 046
Log lik.	602. 260	604. 399	597. 695	598. 930
N	279	279	279	279

注： *** 、 ** 、 * 分别表示通过1% 、5% 和10% 水平上的显著性检验，括号内的数值表示的是对应的标准误。

第五节　稳健性检验

为了进一步检验上述结果的稳健性，本书以曼奎斯特指数（Malmquist 指数）作为被解释变量。本书同样以地区生产总值（GRP）作为产出指标，资本存量（K）和劳动力（L）作为投入指标，三个指标的取值与前文相同，利用 DEAP2.1 软件，对 31 个省份的曼奎斯特指数进行了测度，并以此作为被解释变量对公式进行回归，结果如表 6 – 19 和表 6 – 20 所示，再一次证明本书结果的稳健性。

表6 – 19　　　　　　　　稳健性检验结果——曼奎斯特指数

变量	MAL	RD	DTF × RD
	(94)	(95)	(96)
DTF_{it}	0.003 *** (4.56)	0.001 (0.90)	– 0.003 (– 1.36)
RD_{it}		0.002 *** (2.72)	0.001 ** (2.09)
$DTF \times RD_{it}$			0.000 * (1.90)
$Pregdp_{it}$	– 0.008 *** (– 3.05)	– 0.007 *** (– 3.02)	– 0.008 *** (– 3.32)
Ins_{it}	– 0.003 (– 0.44)	– 0.010 * (– 1.70)	– 0.009 (– 1.39)
Fdi_{it}	0.003 ** (2.11)	0.004 *** (2.80)	0.004 ** (2.49)

续表

变量	MAL	RD	DTF × RD
	（94）	（95）	（96）
Hum_{it}	-0.000 （-0.39）	-0.001 （-0.93）	-0.001 （-0.87）
$Infra_{it}$	-0.000 （-0.07）	-0.000 （-0.18）	-0.000 （-0.23）
$Trade_{it}$	-0.001 *** （-3.09）	-0.001 ** （-2.03）	-0.001 ** （-2.01）
Urb_{it}	-0.000 （-0.43）	-0.000 （-1.14）	-0.000 （-0.76）
常数项	1.089 *** （48.26）	1.065 *** （48.45）	1.078 *** （46.67）
年份	控制	控制	控制
区域	控制	控制	控制
N	279	279	279

注： *** 、 ** 、 * 分别表示通过 1% 、5% 和 10% 水平上的显著性检验，括号内的数值表示的是对应的标准误。

表 6 - 20 　　　　地区异质性稳健性检验结果——曼奎斯特指数

变量	MAL		
	东部	中部	西部
	（97）	（98）	（99）
DTF_{it}	0.002 *** （2.76）	0.005 （1.00）	0.001 ** （1.98）
$Pregdp_{it}$	-0.003 （-0.94）	-0.001 （-0.06）	-0.006 *** （-2.90）
Ins_{it}	-0.000 （-0.05）	-0.046 （-1.61）	-0.004 （-0.46）

续表

变量	MAL		
	东部	中部	西部
	（97）	（98）	（99）
Fdi_{it}	0.002 （1.52）	0.015 （0.83）	0.001 （0.17）
Hum_{it}	−0.001 （−0.48）	−0.003 （−0.93）	0.001 （1.05）
$Infra_{it}$	0.000 （0.08）	−0.000 （−0.76）	0.007*** （7.08）
$Trade_{it}$	−0.001* （−1.80）	−0.002 （−0.48）	−0.001** （−2.10）
Urb_{it}	−0.000 （−0.70）	−0.000 （−0.35）	−0.000** （−2.00）
常数项	1.044*** （33.77）	1.066*** （11.72）	1.071*** （55.55）
年份	控制	控制	控制
区域	控制	控制	控制
N	117	54	108

注：***、**、*分别表示通过1%、5%和10%水平上的显著性检验，括号内的数值表示的是对应的标准误。

第七章
数字经济背景下我国优化营商环境的可行路径

第一节　优化营商环境的市场化路径

一、持续深化"放管服"改革

本书的研究已经证明营商环境在全球范围内的竞争是存在的，并且这种竞争呈现出空间溢出效应。随着全球化进程不断加速，如何能在这场竞赛中不断前进并取得胜利，将是国家治理体系治理能力现代化的一场比拼。营商环境在一定程度上代表了国家治理体系和治理能力，要进一步明确政府在营商环境上的责任和界限，需要政府与市场主体、社会主体达成共识、建立信任体系、厘清双方边界，共同提升营商环境的市场化水平。

二、地方政府从产业政策向竞争政策导向转变

首先，地方政府间应加强政府制度创新合作，在制定政策时要全面分析自身所处的经济发展环境，因地制宜地采取不同的措施来避免竞争政策千篇一律，以期实现经济与制度的协调发展。其次，完善知识产权制度、商事登记和纠纷制度、行政审批制度等，提升营商环境法治化水平。最后，政府要进一步扩大开放，打造开放型经济体系，激发市场主体创新能力，构建全球化创业生态，从而提升营商环境国际化水平。

三、建立区域间制度协同共建机制

一方面，营商环境优化效果较好的地区应充分发挥示范和扩散效应，加强与周边地区的制度交流与合作，实现双方共赢。另一方面，不同地区的各级政府之间也应打破各自为政的行政垄断，推进以优化营商环境为核心的跨区域制度合作，积极地推行深化"放管服"改革。

四、进一步激发企业创新内生动力

政府需进一步提高公共资源利用率，优化公共资源配置，为企业创新提供保障；完善相关法律法规，加强产权保护力度，为企业创新提供规范的法律环境；进一步提高通关效率，提升企业国际竞争力，降低其制度性交易成本；持续深化税制改革，减轻企业税务负担，为

企业创新提供宽松的纳税环境。确保创新要素的供给和服务水平，进一步激发企业创新活力，为科技创新发展提供全链条支撑。

五、全方位提升全要素生产率

在经济新常态下，全要素生产率是企业技术升级、管理模式转变、驱动创新、产品迭代、企业结构转型等的集成驱动力。基于综合判断，资源配置、知识资本、研发投入、产业集聚、政商关系、环境制度等应成为影响企业全要素生产率的关键要素。首先，依托"低门槛、宽领域、多方式、严监管"等体制环境，转变监管方式的前提下充分动员民间资源潜力，通过有效引导促使更多资源流向以实体经济为基础的创新活动中，借助资本作用加快创新型企业成长为龙头企业，促进高收益部门高速演变为新支柱产业；其次，加大力度支持地方高校、科研院所进行高质量研发活动，加快科研成果产业化进程，全方位优化城市创业创新体系。形成创新大环境、搭建大平台、凝聚大团队、集成大项目、支撑大产业、产生大影响的营商生态，使高新技术产业、战略性新兴产业成为主导产业，加快传统产业改造升级，着力提升全要素生产率；再次，良性的政商关系是焕发营商环境活力的内生逻辑，积极探索"贴地飞行""依势而变""先行先试"等突破性举措，从源头激发企业保持长期和稳定的预期，以此来打造优胜劣汰的公平竞争的市场环境，以先行先试的名义去除一些制度和政策壁垒，更好地激发企业活力；最后，从深层次破解体制机制障碍，调整公共支出结构，构建合理的地方财政金融资金互补替代机制，研究出台吸引外资流入的税收优惠政策，设立政府引导基金并发挥其对私人投资的引导作用，支撑实体经济快速发展。

第二节 优化营商环境的国际化路径

一、加快营商环境国际化建设

政府要进一步扩大开放，打造开放型经济体系，激发市场主体创新能力，构建全球化创业生态，从而提升营商环境国际化水平。加快营商环境国际化建设，激励技术创新机制。营商环境可以通过对外直接投资、外商直接投资、出口贸易和进口贸易四种渠道影响技术创新，为此我国应该加快营商环境国际化建设，进一步吸引外资促进技术创新。一是结合"互联网＋政务"的服务体系，建设高效便捷的行政审批制度；二是制定外商投资负面清单，打造开放便利的投资氛围和宽松的准入机制；三是加快信用体系建设，营造公平稳定的市场环境；四是出台减免税收政策，提升市场信心，释放企业创新活力。

二、提升我国营商环境国际知名度

（1）需要集中精力改善我国营商环境在国际排名中的弱项指标，弥补短板、加强薄弱环节。尽管我国的营商环境一直在不断改善，但根据世界银行发布的《2020 年营商环境报告》，仍有一些指标表现明显滞后，严重制约了我国国际化营商环境建设的进程。特别是在纳税和获得信贷方面，我国的全球排名分别为 105 位和 80 位。因此，在持续建设国际一流营商环境的过程中，需要突出重点，加强税务营商环境建设以及信贷和融资营商环境建设。针对税务营商环境存在的企业税费负担过重、办税时间过长等短板问题，应进一步推进税收数字化转型，提高税收征管和服务水平。

（2）需要建设更加开放的国际一流营商环境。改善营商环境的关键是进一步扩大开放，学习先进经验，参照国际一流营商环境的实践和国际通行规则，不断优化开放的营商环境。在当前整体经济增长缓慢的趋势下，发达国家和发展中国家都在营商环境建设方面进行了许多有益的改革和创新。我国建设国际一流营商环境必须在自主探索和实践的基础上，借鉴和吸收先进经验和做法。因此，应当聚焦于营商环境建设领域的最佳实践，持续跟踪和研究，并结合我国的国情和实际情况，推出一系列具有国际化水准的营商环境改革举措。可以借鉴全球营商环境排名前十的经济体的成功做法，如新加坡在简化审批流程、完善税收制度、采用信息化服务、打造良好和透明的政商关系等方面的经验。

（3）应以特大城市和大城市的营商环境建设为重点，引领国际一流营商环境建设。城市不仅是对外开放的前沿，也是国际一流营商环境的典范和展示窗口。在区域发展中，城市竞争是一种客观存在。这种竞争不仅体现在经济增长、基础设施建设等硬性条件和环境方面，也体现在营商环境、公共服务等软性条件和环境方面。在建设国际一流营商环境的过程中，应顺势而为，将重点放在大城市的营商环境建设上，从而带动中小城市乃至全国整体营商环境的建设。事实上，世界银行对我国营商环境的评价主要基于北京、上海等样本城市，因此，推进大城市营商环境的评价不仅有助于推动我国整体营商环境的优化，也是在国际营商环境评价中获得相对优势的重要举措。因此，应深入推进北京、上海、重庆等六大城市的营商环境创新试点，率先在特大城市建设国际一流营商环境。

第三节 优化营商环境的法治化路径

一、完善知识产权法律法规，促进技术创新

完善知识产权制度、商事登记和纠纷制度、公司治理制度等，提升营商环境法治化水平。加快营商环境法治化建设，推动技术创新进程。通过构建知识产权运营服务生态圈，搭建知识产权交易平台和推动知识产权运营服务试点，进而完善知识产权法律法规体系建设。加快我国地区间知识产权信息交流和信息共享机制建设，拓展各级海关知识产权执法合作空间，从而深化全国知识产权合作与交流。完善司法裁判、知识产权纠纷解决机制，加快建设知识产权保护中心，进而加大知识产权保护力度。尽快建立知识产权诚信机制以及失信主体惩罚机制。深化法院数字化改革，加快建设"智慧法院"，使得中小投资者维权更加便利化。推广电子送达模式，规范合同执行程序。实现破产管理专业化，建立破产案件立、审、破三流程协调机制。

二、推进法治政府建设，巩固体制机制改革成果

（1）推动法治政府建设是关键，以确保各级政府在行政活动和决策中遵循法律，并以法治思维和方式改善商业环境。只有建立起法治政府，实现政府行为法治化，才能为市场参与者提供公平、稳定和

可预测的制度保障。法治政府建设是营商环境法治化的核心内容，它超越了简单的商业环境改善，而依赖于全面实施和推进法治国家建设的有效性。

（2）需要努力实施《优化营商环境条例》，不断加强对营商环境建设的法治保障和制度保障。应该将"放管服"改革和优化营商环境的成功经验及做法及时转化为制度规范和法治规范，通过法治手段来巩固营商环境优化的成果。

（3）需要建立规范化和制度化的保障机制和管理机制，以巩固"放管服"改革和优化营商环境的成果。例如，在新增行政许可方面，应按照行政许可的法定原则建立审查机制和法治化的备案管理机制，以确保简政放权改革的进程不会逆转。在营商环境优化和改革试点过程中，相关部门应坚持以法律为依据的原则，加强对改革所需法治保障的落实。

三、打造公平竞争市场秩序，强化数字知识产权保护

（1）建立数字化平台经济监管分析系统，精准抓取非公平市场竞争行为。对"大数据杀熟"等垄断及不正当竞争行为进行靶向监管，依托公共数据管理平台，建立数据抓取和识别模型，创新运用大数据、云计算、人工智能等互联网技术，对重点平台开展广覆盖、多方位、全天候的监测、感知、分析和预警，提升对不正当竞争行为线索发现、预警能力，加强网络违法防范和处置。深化互联网司法、公证、仲裁建设，构建一站式网上诉讼服务和司法公开体系。

（2）建立数据公平竞争有关制度。针对数据市场"搭便车""不劳而获""大数据杀熟"等竞争乱象，规定市场主体不得以不正当手

段收集或者利用其他市场主体的数据，侵害其他市场主体或者消费者的合法权益；不得通过数据分析，无正当理由对交易条件相同的交易相对人实施差别待遇；不得通过达成垄断协议、滥用在数据市场的支配地位、违法实施经营者集中，排除、限制数据市场竞争；推动数据公平竞争有关制度的建立。

（3）强化知识产权保护。运用大数据技术实现主动侦测和扩线研判，完善数据化打假情报导侦工作机制。依托公共数据平台，归集并完善重复侵权、非正常申请等知识产权领域严重失信行为数据，加快知识产权相关业务数据的有序共享和安全开放。健全侵权假冒线索智能发现机制，通过大数据、人工智能、区块链等技术手段，探索创新网上网下一体化查处打击模式，实现全方位执法保护。完善知识产权黑名单制度，将依法认定的严重侵犯知识产权行为的企业和个人名单纳入国家企业信用信息公示平台。加强智慧法院建设，完善涉网案件审理新型诉讼规则，推广应用互联网法院司法区块链电子存证平台，接入已经具备区块链存证系统的公证机构，拓展区块链技术的司法应用场景，推动审判方式、诉讼制度与信息技术深度融合。

第四节　优化营商环境的数字化路径

一、加大数字基础设施投入，提前布局新基建战略

（1）提高5G基站利用率，优化5G应用场景的配套设施。以适度超前、相互衔接、满足未来需求为原则，针对典型应用场景实现

5G 技术精准覆盖。在 5G 城市应用规划中不仅将基站建设数量列入目标，对 5G 通信网络能力、管道等方面也要实行更为细化的规划，实现 5G 基础设施与城市建设协调发展。在 5G 基站建设时，也可以考虑根据不同用户的特殊需求进行个性化定制，在某些对 5G 技术具有特殊要求的应用场景，比如自动驾驶等，根据需要适度优化网络并提高 5G 信号强度。在提高 5G 技术在先进地区的覆盖率的同时，也要考虑 5G 技术的使用率和应用场景。

（2）统筹规划数据中心建设，维持数据算力市场的供需平衡。加强数据中心统筹规划和规范管理，开展数据中心、网络、土地、用能、水、电等方面的政策协同，以"绿色集约"为原则，严格控制数据中心能耗。对新建及改建互联网数据中心的 PUE 值进行标准化管理。对于新型数据中心的建设，遵循总量控制原则，聚焦质量提升，促进存量的小规模、低效率的分散数据中心向集约化、高效率转变。

二、畅通数据共享渠道，提升数据安全监管水平

（1）出台数据专项法律法规，明确公共数据共享原则，为数据安全保护提供法律保障。为数据的共享与安全保护进行专项立法。确立公共数据收集的基本原则，实行公共数据统筹采购，并要求对于可通过共享方式获得的数据不得再另行收集。明确公共数据以共享为原则，不共享为例外，建立以公共数据资源目录体系为基础的公共数据共享需求对接机制。

（2）加强对数据管理机制的顶层设计，对数据的开放和保护工作进行统筹规划。设立数据工作委员会，负责研究、协调全国数据管

理工作中的重大事项，同时在数据工作委员会中设立若干专业委员会，对数据管理细分领域负责，完善网络安全工作责任制。加大公共数据统一管理和应用力度，推动构建主体多元、权责清晰、标准完善的公共数据治理体系。制定完善重点领域公共数据专项标准，健全公共数据分层采集体系，依托大数据资源平台实现公共数据的实时归集和同步更新。持续推进自然人、法人、空间地理三大综合库以及各行业领域主题库建设，全面提高数据质量。拓展公共数据开放清单，深化普惠金融、交通出行、卫生健康等领域数据分级分类向企业等市场主体开放，进一步加强公共数据安全管控。建立数据资源产权、交易流通、跨境传输和安全保护等基础制度和标准规范，探索数据资源统一登记确权体系。强化数据安全保障，加强数据资源在采集、存储、应用等环节的安全评估，建立面向企业的数据安全备案机制，加快形成数据市场安全风险预警机制，加强个人和企业信息隐私保护。

（3）强化教育、医疗、人文、生态等领域数据应用。汇聚终身教育领域资源。推动"百千万"教育资源开放共享，推动"互联网＋教育"发展，加快智慧教室建设。构建学分银行信息系统，探索为市民建立终身学习成果档案。持续优化产教融合模式，打造实训基地。支持高校、研究机构构建教育科研数据专区，提供公共政策设计与仿真、政府管理创新等创新支撑。激发医疗健康领域动能。健全覆盖全人群、全生命周期的健康信息服务体系，支撑以社区智慧家医为抓手、中西医结合的基层信息惠民服务。推动电子病历、医学影像等数据在不同层级医疗卫生机构间的授权使用；探索医学人工智能基层辅助系统的应用，优化疫情防控数据共享机制。丰富人文环境智慧应用。推动数字图书馆、数字文化馆、数字博物馆建设，延伸公共文化服务能力进基层，推进公共文化设施运营管理平台建设，推进文化惠民。推动生态环保领域协同。加强感知统筹，建立生态环保"测管治"一体化协同体系，提升生态环保综合执法效率。提高重污染天气、地质灾害、地震灾害、森林火灾等场景一体化应急管理服务能力，加强水环境管理、水旱灾防御、农业农村管理、公园管理等智慧化应用。鼓励社会企业创新生态环保应用，激活企业绿色技术创新动能。

三、加强数字监管，完善政务服务机制

（1）开发统一的数字化政务平台，畅通政府部门数据共享渠道。加快推进数字化政府转型，实现办事数据、办事材料全域共享。利用统一的政务服务中台，一口收件，由政务中台"智能路由"到相应的部门审批系统，实现"全国无差别收件"。利用人工智能、大数据、区块链等技术，连通各地和部门，集中人口、房屋、电子证照、公共信用等数据资源，推动数据跨部门、跨层级、跨地域、跨业务共享互通。在受理审批环节实行无人干预自动审批，在业务申报环节实行少填或不填信息的无感申办。

（2）推进数字化监管创新，开发智能监管应用。利用"互联网＋监管"模式，创新非现场监管。对一些重点监管领域推出智能监管应用，以机防代替人防，减少监管盲区，提升监管效能。建立多元共治体系。健全平台经济治理体系，制定实施平台企业竞争合规指引，强化平台企业合规经营，推动行业自律，支持平台企业守正创新，形成既有活力又有秩序的数字经济生态圈。探索政企信息交互共治机制，完善守信联合激励和失信联合惩戒机制，形成政府监管、企业自治、行业自律、市场监督"四位一体"的新治理机制。开展数据资

源利用与保护、平台经济发展与监管等立法研究。建立市场化、法治化、数字化的协同创新监管机制，深化信用监管、"互联网＋监管"等新模式应用，探索监管"沙盒"措施。探索建立面向轻微违法违规行为的清单式容错免责、减责机制，推动创新与规范发展。

四、加强数字人才建设，助推数字经济创新发展

（1）实施积极开放的数字化转型人才政策。建立数字化转型和公共数据开放的勤勉尽职和容错机制。支持数字化转型事业单位设置创新性特设岗位，不受本单位岗位总量、结构比例和岗位等级限制。对数字领军人才等高级专家，聘用为正高级专业技术岗位的（含"双肩挑"人员），可不占所在单位的正高级岗位结构比例。允许高校、科研院所自主认定数字化转型高层次人才，采取年薪制、协议工资等办法自主决定薪酬水平，经费自筹，不受单位绩效工资总量限制。

（2）加强高水平数字人才建设。深化科教结合、产教融合，推动产教融合联盟和人才实训基地建设，培养数字化转型工程技术和应用技能型人才。加强从业人员数字技能培训，实施专业技术人员数字化技术知识更新工程，开展专业技术人员共享科目培训；研究引进国内外优质数字化技术培训项目，将其纳入全国专业技术人员继续教育体系。将数字化基本技能培训纳入各部门、各地初任公务员的单位内部培训范围。探索数字人才资源共享，培育一批复合型"数字工匠"。构建数字经济智库体系，加强领导干部、工作人员数字素养培养，强化舆论宣传引导，营造良好发展环境。

（3）优化数字人才发展环境。建立完善市场导向的人才评价机制，完善职称评审办法，推进信息技术专业职称评审互认试点工作。

优化人才停居留政策，完善重点园区教育、医疗等配套建设。调控公租房数量及享用政策，营造数字人才发展最优环境。

（4）加大对数字经济企业融资支持和金融创新力度。支持各类风投创投机构设立数字经济领域投资基金，投向初创期数字经济企业。支持社会风投机构与政府性引导基金开展合作，依托产业集聚发展，引导社会资本加大投入数字经济产业领域。发挥企业债直通车政策优势，争取通过专项债券等多种形式支持较大规模的企业进行直接融资。支持银行机构通过银团贷款、联合授信等形式成立专项贷款，发挥规模放贷优势，整合形成低成本专项信贷资金。支持符合条件的银行业金融机构开展融资服务模式创新，面向数字经济企业推出知识产权质押等多种专属信贷产品，为轻资产、未盈利的数字技术企业提供有效的金融服务。探索实施"人才投""人才贷""人才保"项目，创新人才金融服务。充分发挥科技型中小企业信贷风险补偿、普惠贷款风险补偿等中小微企业融资风险补偿机制的作用，支持商业机构加大对初创期和成长期数字经济企业的信贷支持力度。

参 考 文 献

[1] 白俊红，蒋伏心．协同创新、空间关联与区域创新绩效 [J]．经济研究，2015，50（7）：174 – 187．

[2] 白雪洁，宋莹．环境规制、技术创新与中国火电行业的效率提升 [J]．中国工业经济，2009（8）：68 – 77．

[3] 薄文广，周燕愉，陆定坤．企业家才能、营商环境与企业全要素生产率——基于我国上市公司微观数据的分析 [J]．商业经济与管理，2019（8）：85 – 97．

[4] 蔡春林．广东自贸区建设的基本思路和建议 [J]．国际贸易，2015（1）：15 – 21．

[5] 蔡晓慧，茹玉骢．地方政府基础设施投资会抑制企业技术创新吗？——基于中国制造业企业数据的经验研究 [J]．管理世界，2016（11）：32 – 52．

[6] 陈建勋．转轨国家外向与内向营商效率的差异与比较研究——基于转轨国家 2005—2010 年的经验数据分析 [J]．国际经贸探索，2012，28（5）：25 – 34．

[7] 陈强．高级计量经济学及 Stata 应用（第二版）[M]．北京：高等教育出版社，2014．

[8] 陈万灵，卢万青．我国如何实现从制造业大国向制造业强

国的转变——基于政府转型的研究视角 [J]. 财经科学，2017 (11)：53 - 64.

[9] 陈卫平. 中国农业生产率增长、技术进步与效率变化：1990—2003 年 [J]. 中国农村观察，2006 (1)：18 - 23 + 38 + 80.

[10] 陈耀. 新一轮东北振兴战略要思考的几个关键问题 [J]. 经济纵横，2017 (1)：8 - 12.

[11] 崔日明，黄英婉. "一带一路" 沿线国家贸易投资便利化评价指标体系研究 [J]. 国际贸易问题，2016 (9)：153 - 164.

[12] 崔日明，黄英婉. "一带一路" 沿线国家贸易投资便利化水平及其对中国出口的影响——基于面板数据的实证分析 [J]. 广东社会科学，2017 (3)：5 - 13 + 254.

[13] 代明. 从打造营商环境看政府投资的乘数效应 [J]. 开发研究，2005 (1)：16 - 19.

[14] 邓海滨，廖进中. 制度质量与国际 R&D 溢出 [J]. 国际贸易问题，2010 (3)：105 - 112.

[15] 董志强，魏下海，汤灿晴. 制度软环境与经济发展——基于30 个大城市营商环境的经验研究 [J]. 管理世界，2012 (4)：9 - 20.

[16] 樊纲，王小鲁，马光荣. 中国市场化进程对经济增长的贡献 [J]. 经济研究，2011，46 (9)：4 - 16.

[17] 冯涛，张美莎. 营商环境、金融发展与企业技术创新 [J]. 科技进步与对策，2020，37 (6)：147 - 153.

[18] 高良谋，李宇. 企业规模与技术创新倒 U 关系的形成机制与动态拓展 [J]. 管理世界，2009 (8)：113 - 123.

[19] 高凌云，王永中. R&D 溢出渠道、异质性反应与生产率：基于178 个国家面板数据的经验研究 [J]. 世界经济，2008 (2)：

65 – 73.

[20] 葛玉御. 税收"放管服"改善营商环境的路径研究 [J]. 税务研究, 2017 (11): 32 – 36.

[21] 龚柏华. 国际化和法治化视野下的上海自贸区营商环境建设 [J]. 学术月刊, 2014, 46 (1): 38 – 44.

[22] 龚唯平, 刘岳忠. 澳门中小微型企业营商环境研究 [J]. 产经评论, 2014, 5 (2): 121 – 131.

[23] 郭庆旺, 贾俊雪. 中国全要素生产率的估算: 1979—2004 [J]. 经济研究, 2005 (6): 51 – 60.

[24] 何冰, 刘钧霆. 非正规部门的竞争、营商环境与企业融资约束——基于世界银行中国企业调查数据的经验研究 [J]. 经济科学, 2018 (2): 115 – 128.

[25] 何代欣. 对税收服务"放管服"与改善营商环境的思考 [J]. 税务研究, 2018 (4): 10 – 14.

[26] 何江, 张馨之. 中国区域经济增长及其收敛性: 空间面板数据分析 [J]. 南方经济, 2006 (5): 44 – 52.

[27] 何凌云, 陶东杰. 营商环境会影响企业研发投入吗? ——基于世界银行调查数据的实证分析 [J]. 江西财经大学学报, 2018: 50 – 57.

[28] 胡关子. "一带一路"软件基础设施联通研究——以中国—中南半岛经济走廊方向为例 [J]. 中国流通经济, 2018, 32 (4): 102 – 109.

[29] 胡凯, 吴清, 胡毓敏. 知识产权保护的技术创新效应——基于技术交易市场视角和省级面板数据的实证分析 [J]. 财经研究, 2012, 38 (8): 15 – 25.

［30］胡晓珍，张卫东，杨龙．制度环境、技术效率与区域经济增长差异［J］．公共管理学报，2010，7（2）：79－88＋126.

［31］黄茂兴，李军军．技术选择、产业结构升级与经济增长［J］．经济研究，2009，44（7）：143－151.

［32］黄振饶．"一带一路"国家战略视野下的广西营商环境建设［J］．社会科学家，2015（10）：41－44.

［33］江静．制度、营商环境与服务业发展——来自世界银行《全球营商环境报告》的证据［J］．学海，2017（1）：176－183.

［34］蒋伏心，王竹君，白俊红．环境规制对技术创新影响的双重效应——基于江苏制造业动态面板数据的实证研究［J］．中国工业经济，2013（7）：44－55.

［35］蒋冠宏．中国企业对"一带一路"沿线国家市场的进入策略［J］．中国工业经济，2017（9）：119－136.

［36］李林木，宛江，潘颖．我国税务营商环境的国际比较与优化对策［J］．税务研究，2018（4）：3－9.

［37］李猛．营建粤港澳大湾区良好法治营商环境——以对接国际高标准投资贸易规则为视角［J］．当代经济管理，2018，40（4）：30－38.

［38］李瑞峰．如何构建更加和谐的营商环境［J］．人民论坛，2018（11）：82－83.

［39］李小平，卢现祥，朱钟棣．国际贸易、技术进步和中国工业行业的生产率增长［J］．经济学（季刊），2008（2）：549－564.

［40］李小平，朱钟棣．国际贸易、R&D溢出和生产率增长［J］．经济研究，2006（2）：31－43.

［41］李志军，张世国，牛志伟，等．中国城市营商环境评价的理

论逻辑、比较分析及对策建议 [J]. 管理世界. 2021: 98 – 112 + 8.

[42] 刘秉镰, 武鹏, 刘玉海. 交通基础设施与中国全要素生产率增长——基于省域数据的空间面板计量分析 [J]. 中国工业经济, 2010 (3): 54 – 64.

[43] 刘冬. 境外工业园建设与中阿产能合作 [J]. 西亚非洲, 2017 (6): 114 – 136.

[44] 刘伟, 李绍荣. 所有制变化与经济增长和要素效率提升 [J]. 经济研究, 2001 (1): 3 – 9 + 93.

[45] 刘晓光, 时英. 东北应走出"单一经济结构困局" [J]. 宏观经济管理, 2016 (6): 46 – 50.

[46] 刘镇, 邱志萍, 朱丽萌. 海上丝绸之路沿线国家投资贸易便利化时空特征及对贸易的影响 [J]. 经济地理, 2018, 38 (3): 11 – 20.

[47] 龙小宁. 科技创新与实体经济发展 [J]. 中国经济问题, 2018 (6): 21 – 30.

[48] 卢庆芳, 彭伟辉. 中国城市"宜居、宜业、宜商"评价体系研究——以四川省为例 [J]. 四川师范大学学报 (社会科学版), 2018, 45 (3): 24 – 30.

[49] 卢万青, 陈万灵. 营商环境、技术创新与比较优势的动态变化 [J]. 国际经贸探索, 2018, 34 (11): 61 – 77.

[50] 鲁桐, 党印. 投资者保护、行政环境与技术创新: 跨国经验证据 [J]. 世界经济, 2015, 38 (10): 99 – 124.

[51] 鲁晓东, 连玉君. 中国工业企业全要素生产率估计: 1999—2007 [J]. 经济学 (季刊), 2012, 11 (2): 541 – 558.

[52] 吕铁, 王海成. 劳动力市场管制对企业技术创新的影响——

基于世界银行中国企业调查数据的分析［J］.中国人口科学，2015（4）：32－46＋127.

［53］罗秦.税务营商环境的国际经验比较与借鉴［J］.税务研究，2017（11）：26－31.

［54］罗天正，关皓.政治关联、营商环境与企业创新投入——基于模糊集定性比较分析［J］.云南财经大学学报，2020，36（1）：67－77.

［55］马骆茹，朱博恩.需求波动、营商环境与企业的研发行为——以长三角和珠三角为例［J］.北京工业大学学报（社会科学版），2017，17（2）：47－57.

［56］明秀南，黄玖立，冼国明.进入管制、创新与生产率［J］.世界经济文汇，2018（1）：1－21.

［57］彭文心.欠发达地区营商环境对招商引资影响研究［J］.经营管理者，2015（3）：155－156.

［58］彭羽，陈争辉.中国（上海）自由贸易试验区投资贸易便利化评价指标体系研究［J］.国际经贸探索，2014，30（10）：63－75.

［59］阮舟一龙，许志端.县域营商环境竞争的空间溢出效应研究——来自贵州省的经验证据［J］.经济管理，2020，42（7）：75－92.

［60］单豪杰.中国资本存量 K 的再估算：1952—2006 年［J］.数量经济技术经济研究，2008，25（10）：17－31.

［61］史宇鹏，顾全林.知识产权保护、异质性企业与创新：来自中国制造业的证据［J］.金融研究，2013（8）：136－149.

［62］史长宽，梁会君.营商环境省际差异与扩大进口——基于30 个省级横截面数据的经验研究［J］.山西财经大学学报，2013，35（5）：12－23.

［63］宋林霖，何成祥．优化营商环境视阈下放管服改革的逻辑与推进路径——基于世界银行营商环境指标体系的分析［J］．中国行政管理，2018（4）：67－72．

［64］苏屹，林周周．区域创新活动的空间效应及影响因素研究［J］．数量经济技术经济研究，2017，34（11）：63－80．

［65］孙楚仁，王松，陈瑾．国家制度、行业制度密集度与出口比较优势［J］．国际贸易问题，2018（2）：33－42．

［66］孙玉山，刘新利．推进纳税服务现代化　营造良好营商环境——基于优化营商环境的纳税服务现代化思考［J］．税务研究，2018（1）：5－12．

［67］孙早，刘李华．中国工业全要素生产率与结构演变：1990—2013 年［J］．数量经济技术经济研究，2016，33（10）：57－75．

［68］唐清泉，巫岑．银行业结构与企业创新活动的融资约束［J］．金融研究，2015（7）：116－134．

［69］田泽，董海燕．中国投资拉丁美洲的环境评价［J］．商业研究，2016（4）：33－38．

［70］佟明亮．法制环境、金融市场化程度与民营企业贷款——来自2012 年世界银行中国营商环境企业调查的证据［J］．技术经济与管理研究，2015（10）：73－78．

［71］万建香，汪寿阳．社会资本与技术创新能否打破"资源诅咒"？——基于面板门槛效应的研究［J］．经济研究，2016，51（12）：76－89．

［72］王兵，吴延瑞，颜鹏飞．环境管制与全要素生产率增长：APEC 的实证研究［J］．经济研究，2008（5）：19－32．

［73］王兵，吴延瑞，颜鹏飞．中国区域环境效率与环境全要素

生产率增长［J］.经济研究，2010，45（5）：95 – 109.

［74］王德文，王美艳，陈兰.中国工业的结构调整、效率与劳动配置［J］.经济研究，2004（4）：41 – 49.

［75］王绍乐，刘中虎.中国税务营商环境测度研究［J］.广东财经大学学报，2014，29（3）：33 – 39.

［76］王恕立，胡宗彪.中国服务业分行业生产率变迁及异质性考察［J］.经济研究，2012，47（4）：15 – 27.

［77］王晓洁，郭宁，李昭逸.优化税务营商环境的"加减乘除法"［J］.税务研究，2017（11）：16 – 20.

［78］王永进，冯笑.行政审批制度改革与企业创新［J］.中国工业经济，2018（2）：24 – 42.

［79］王子君，张伟.外国直接投资、技术许可与技术创新［J］.经济研究，2002（3）：69 – 75 + 95 – 96.

［80］韦影.企业社会资本与技术创新：基于吸收能力的实证研究［J］.中国工业经济，2007（9）：119 – 127.

［81］魏升民，向景.从省际比较看我国税务营商环境变化态势——来自我国ABC三省的调查数据［J］.税务研究，2017（11）：21 – 25.

［82］魏下海，董志强.城市商业制度环境影响劳动者工资扭曲吗？——基于世界银行和中国工业企业数据的经验研究［J］.财经研究，2014，40（5）：4 – 18.

［83］魏下海，董志强，张永璟.营商制度环境为何如此重要？——来自民营企业家"内治外攘"的经验证据［J］.经济科学，2015（2）：105 – 116.

[84] 吴超鹏，唐茜. 知识产权保护执法力度、技术创新与企业绩效——来自中国上市公司的证据 [J]. 经济研究，2016，51（11）：125-139.

[85] 吴先明，纪玉惠. 决定中国企业海外并购绩效的因素分析 [J]. 科学决策，2016（10）：1-19.

[86] 吴小康，于津平. 进口国通关成本对中国出口的影响 [J]. 世界经济，2016，39（10）：103-126.

[87] 武靖州. 振兴东北应从优化营商环境做起 [J]. 经济纵横，2017（1）：31-35.

[88] 夏后学，谭清美. 简政放权与政府补贴如何影响技术创新 [J]. 财贸经济，2017，38（5）：129-146.

[89] 夏后学，谭清美，白俊红. 营商环境、企业寻租与市场创新——来自中国企业营商环境调查的经验证据 [J]. 经济研究，2019，54（4）：84-98.

[90] 夏杰长，刘诚. 行政审批改革、交易费用与中国经济增长 [J]. 管理世界，2017（4）：47-59.

[91] 肖光恩，刘锦学，谭赛明月. 空间计量经济学——基于MATLAB 的应用分析 [M]. 北京：北京大学出版社，2018.

[92] 肖文，林高榜. 政府支持、研发管理与技术创新效率——基于中国工业行业的实证分析 [J]. 管理世界，2014（4）：71-80.

[93] 熊琦. 菲律宾陷入"中等收入陷阱"的原因探析 [J]. 南洋问题研究，2017（3）：94-104.

[94] 徐浩，冯涛. 制度环境优化有助于推动技术创新吗？——基于中国省际动态空间面板的经验分析 [J]. 财经研究，2018，44（4）：47-61.

［95］徐浩，张美莎．营商环境、关系型融资与技术创新［J］.
当代财经，2019（12）：73－83.

［96］徐浩，祝志勇，李珂．营商环境优化、同群偏向性与技术
创新［J］.经济评论，2019（6）：17－30.

［97］徐建斌，朱芸．税收营商环境对企业技术创新的影响［J］.
税务研究，2020（2）：99－105.

［98］许和连，亓朋，祝树金．贸易开放度、人力资本与全要素
生产率：基于中国省际面板数据的经验分析［J］.世界经济，2006
（12）：3－10＋96.

［99］许可，王瑛．后危机时代对中国营商环境的再认识——基
于世界银行对中国2700家私营企业调研数据的实证分析［J］.改革
与战略，2014，30（7）：118－124.

［100］许先国，汪永成．香港特区政府中小企业扶持政策分析
［J］.武汉大学学报（社会科学版），2003（2）：177－182.

［101］许志端，阮舟一龙．营商环境、技术创新和企业绩效——
基于我国省级层面的经验证据［J］.厦门大学学报（哲学社会科学
版），2019（5）：123－134.

［102］颜鹏飞，王兵．技术效率、技术进步与生产率增长：基
于DEA的实证分析［J］.经济研究，2004（12）：55－65.

［103］杨汝岱．中国制造业企业全要素生产率研究［J］.经济研
究，2015，50（2）：61－74.

［104］杨涛．营商环境评价指标体系构建研究——基于鲁苏浙
粤四省的比较分析［J］.商业经济研究，2015（13）：28－31.

［105］姚战琪．生产率增长与要素再配置效应：中国的经验研
究［J］.经济研究，2009，44（11）：130－143.

[106] 叶宁华，张伯伟．政府补贴和企业出口动态：营商环境的重要性 [J]．南开学报（哲学社会科学版），2018（3）：57-67.

[107] 易纲，樊纲，李岩．关于中国经济增长与全要素生产率的理论思考 [J]．经济研究，2003（8）：13-20+90.

[108] 尹政平，李光辉，杜国臣．自贸试验区主动对接国际经贸新规则研究 [J]．经济纵横，2017（11）：39-44.

[109] 袁红英．新一轮世界减税潮：特征、影响与应对 [J]．东岳论丛，2018，39（4）：20-28+2+191.

[110] 袁丽静，杜秀平．营商环境与工业全要素生产率——基于中国省区1994—2014年工业行业面板数据的实证分析 [J]．哈尔滨商业大学学报（社会科学版），2018：55-67.

[111] 袁晓玲，张宝山．中国商业银行全要素生产率的影响因素研究——基于DEA模型的Malmquist指数分析 [J]．数量经济技术经济研究，2009，26（4）：93-104+116.

[112] 张波．企业营商环境指标的国际比较及我国的对策 [J]．经济纵横，2006（10）：62-65.

[113] 张海洋．R&D两面性、外资活动与中国工业生产率增长 [J]．经济研究，2005（5）：107-117.

[114] 张会清．地区营商环境对企业出口贸易的影响 [J]．南方经济，2017（10）：75-89.

[115] 张季平，骆温平，刘永亮．营商环境对制造业与物流业联动发展影响研究 [J]．管理学刊，2017，30（5）：25-33.

[116] 张杰，芦哲．知识产权保护、研发投入与企业利润 [J]．中国人民大学学报，2012，26（5）：88-98.

[117] 张杰，宋志刚．当前中国制造业营商环境的突出问题、

形成机制与解决思路 [J]. 人文杂志, 2018 (2): 35 - 42.

[118] 张景华, 刘畅. 全球化视角下中国企业纳税营商环境的优化 [J]. 经济学家, 2018 (2): 54 - 61.

[119] 张军, 陈诗一, Gary H. Jefferson. 结构改革与中国工业增长 [J]. 经济研究, 2009, 44 (7): 4 - 20.

[120] 张军, 施少华. 中国经济全要素生产率变动: 1952—1998 [J]. 世界经济文汇, 2003 (2): 17 - 24.

[121] 张军, 吴桂英, 张吉鹏. 中国省际物质资本存量估算: 1952—2000 [J]. 经济研究, 2004 (10): 35 - 44.

[122] 张莉. "一带一路" 战略下中国与东盟营商环境差异与协同构建研究 [J]. 经济与管理, 2017, 31 (2): 27 - 32.

[123] 张龙鹏, 蒋为, 周立群. 行政审批对创业的影响研究——基于企业家才能的视角 [J]. 中国工业经济, 2016 (4): 57 - 74.

[124] 张美莎, 徐浩, 冯涛. 营商环境、关系型借贷与中小企业技术创新 [J]. 山西财经大学学报, 2019, 41 (2): 35 - 49.

[125] 张三保, 曹锐. 中国城市营商环境的动态演进、空间差异与优化策略 [J]. 经济学家, 2019 (12): 78 - 88.

[126] 张三保, 康璧成, 张志学. 中国省份营商环境评价: 指标体系与量化分析 [J]. 经济管理, 2020, 42 (4): 5 - 19.

[127] 张威. 我国营商环境存在的问题及优化建议 [J]. 理论学刊, 2017 (5): 60 - 72.

[128] 张小蒂, 李风华. 技术创新、政府干预与竞争优势 [J]. 世界经济, 2001 (7): 44 - 49.

[129] 张瑄. 先进国家和地区优化 国际营商环境的经验对广东的借鉴 [J]. 新经济, 2014 (13): 22 - 26.

[130] 张夔, 孙浦阳. 双边营商环境、契约依赖和贸易持续期——基于中国企业微观数据的实证研究 [J]. 财经研究, 2016, 42 (4): 49-60.

[131] 郑开如. 税务部门深化"放管服"营商环境更添"获得感"——税务部门"放管服"改革与税务营商环境建设的若干思考 [J]. 税务研究, 2018 (4): 15-19.

[132] 钟飞腾, 凡帅帅. 投资环境评估、东亚发展与新自由主义的大衰退——以世界银行营商环境报告为例 [J]. 当代亚太, 2016 (6): 118-154+158-159.

[133] 周超, 刘夏, 辜转. 营商环境与中国对外直接投资——基于投资动机的视角 [J]. 国际贸易问题, 2017 (10): 143-152.

[134] 周晓艳, 韩朝华. 中国各地区生产效率与全要素生产率增长率分解 (1990—2006) [J]. 南开经济研究, 2009 (5): 26-48.

[135] Acs, Z. J., S. Desai, and L. F. Klapper. What Does "Entrepreneurship" Data Really Show? [J]. Small Business Economics, 2008, 31 (3): 265-281.

[136] Alemu, A. M. The Nexus between Governance Infrastructure and the Ease of Doing Business in Africa [A]. IGI Global, 2015: 110-131.

[137] Alzahrani, M., and M. Lasfer. Investor Protection, Taxation, and Dividends [J]. Journal of Corporate Finance, 2012, 18 (4): 745-762.

[138] Amin, M., and J. I. Haidar. The Cost of Registering Property: Does Legal Origin Matter? [J]. Empirical Economics, 2012, 42 (3): 1035-1050.

［139］ Andonova, V. , and L. Diaz – Serrano. Political Institutions and Telecommunications ［J］. Journal of Development Economics, 2009, 89 (1): 77 – 83.

［140］ Anselin, L. Lagrange Multiplier Test Diagnostics for Spatial Dependence and Spatial Heterogeneity ［J］. Geographical Analysis, 1988a, 20 (1): 1 – 17.

［141］ Anselin, L. Spatial Econometrics: Methods and Models ［M］. Springer Science & Business Media, 1988b.

［142］ Anselin, L. Local Indicators of Spatial Association – Lisa ［J］. Geographical Analysis, 1995, 27 (2): 93 – 115.

［143］ Anselin, L. , A. K. Bera, R. Florax, and M. J. Yoon. Simple Diagnostic Tests for Spatial Dependence ［J］. Regional Science and Urban Economics, 1996, 26 (1): 77 – 104.

［144］ Araujo, A. P. , R. V. X. Ferreira, and B. Funchal. The Brazilian Bankruptcy Law Experience ［J］. Journal of Corporate Finance, 2012, 18 (4): 994 – 1004.

［145］ Arrow, K. J. , and L. Hurwicz. Competitive Stability under Weak Gross Substitutability: Nonlinear Price Adjustment and Adaptive Expectations ［J］. International Economic Review, 1962, 3 (2): 233 – 255.

［146］ Aterido, R. , M. Hallward – Driemeier, and C. Pages. Big Constraints to Small Firms' Growth? Business Environment and Employment Growth across Firms ［J］. Economic Development and Cultural Change, 2011, 59 (3): 609 – 647.

［147］ Autio, E. , and K. Fu. Economic and Political Institutions and

Entry into Formal and Informal Entrepreneurship [J]. Asia Pacific Journal of Management, 2015, 32 (1): 67 - 94.

[148] Autio, E., M. Kenney, P. Mustar, D. Siegel, and M. Wright. Entrepreneurial Innovation: The Importance of Context [J]. Research Policy, 2014, 43 (7): 1097 - 1108.

[149] Ayyagari, M., A. Demirguc - Kunt, and V. Maksimovic. Who Creates Jobs in Developing Countries? [J]. Small Business Economics, 2014, 43 (1): 75 - 99.

[150] Ayyagari, M., A. Demirguec - Kunt, and V. Maksimovic. How Important Are Financing Constraints? The Role of Finance in the Business Environment [J]. World Bank Economic Review, 2008, 22 (3): 483 - 516.

[151] Baliamoune - Lutz, M., and P. Garello. Tax Structure and Entrepreneurship [J]. Small Business Economics, 2014, 42 (1): 165 - 190.

[152] Beck, T., A. Demirguc - Kunt, L. Laeven, and V. Maksimovic. The Determinants of Financing Obstacles [J]. Journal of International Money and Finance, 2006, 25 (6): 932 - 952.

[153] Bertrand, M., and F. Kramarz. Does Entry Regulation Hinder Job Creation? Evidence from the French Retail Industry [J]. Quarterly Journal of Economics, 2002, 117 (4): 1369 - 1413.

[154] Besley, T. Law, Regulation, and the Business Climate: The Nature and Influence of the World Bank Doing Business Project [J]. Journal of Economic Perspectives, 2015, 29 (3): 99 - 120.

[155] Branstetter, L., F. Lima, L. J. Taylor, and A. Venancio. Do

Entry Regulations Deter Entrepreneurship and Job Creation? Evidence from Recent Reforms in Portugal [J]. Economic Journal, 2014, 124 (577): 805 – 832.

[156] Brewerton, P. M. , and L. J. Millward. Organizational Research Methods: A Guide for Students and Researchers [M]. Sage, 2001.

[157] Brown, J. D. , J. S. Earle, and D. Lup. What Makes Small Firms Grow? Finance, Human Capital, Technical Assistance, and the Business Environment in Romania [J]. Economic Development and Cultural Change, 2005, 54 (1): 33 – 70.

[158] Bruno, V. , and S. Claessens. Corporate Governance and Regulation: Can There Be Too Much of a Good Thing? [J]. Journal of Financial Intermediation, 2010, 19 (4): 461 – 482.

[159] Cai, S. , and Z. Yang. On the Relationship between Business Environment and Competitive Priorities: The Role of Performance Frontiers [J]. International Journal of Production Economics, 2014, 151: 131 – 145.

[160] Carney, M. , and E. Gedajlovic. The Coupling of Ownership and Control and the Allocation of Financial Resources: Evidence from Hong Kong [J]. Journal of Management Studies, 2002, 39 (1): 123 – 146.

[161] Chava, S. , A. Oettl, A. Subramanian, and K. V. Subramanian. Banking Deregulation and Innovation [J]. Journal of Financial Economics, 2013, 109 (3): 759 – 774.

[162] Chen, Y. , and T. Puttitanun. Intellectual Property Rights and Innovation in Developing Countries [J]. Journal of Development Economics, 2005, 78 (2): 474 – 493.

[163] Ciccone, A. , and E. Papaioannou. Red Tape and Delayed Entry [J]. Journal of The European Economic Association, 2007, 5 (2 – 3): 444 – 458.

[164] Claessens, S. , K. Ueda, and Y. Yafeh. Institutions and Financial Frictions: Estimating with Structural Restrictions on Firm Value and Investment [J]. Journal of Development Economics, 2014, 110: 107 – 122.

[165] Coe, D. T. , and E. Helpman. International R&D Spillovers [J]. European Economic Review, 1995, 39 (5): 859 – 887.

[166] Commander, S. , and J. Svejnar. Business Environment, Exports, Ownership, and Firm Performance [J]. Review of Economics and Statistics, 2011, 93 (1): 309 – 337.

[167] Corcoran, A. , and R. Gillanders. Foreign Direct Investment and the Ease of Doing Business [J]. Review of World Economics, 2015, 151 (1): 103 – 126.

[168] Cull, R. , and L. C. Xu. Institutions, Ownership, and Finance: The Determinants of Profit Reinvestment among Chinese Firms [J]. Journal of Financial Economics, 2005, 77 (1): 117 – 146.

[169] Dabla – Norris, E. , M. Gradstein, and G. Inchauste. What Causes Firms to Hide Output? The Determinants of Informality [J]. Journal of Development Economics, 2008, 85 (1 – 2): 1 – 27.

[170] Demirguc – Kunt, A. , I. Love, and V. Maksimovic. Business Environment and the Incorporation Decision [J]. Journal of Banking & Finance, 2006, 30 (11): 2967 – 2993.

[171] Djankov, S. The Regulation of Entry: A Survey [J]. World Bank Research Observer, 2009, 24 (2): 183 – 203.

[172] Djankov, S. The Doing Business Project: How It Started [J]. Journal of Economic Perspectives, 2016, 30 (1): 247 – 248.

[173] Djankov, S. , C. Freund, and C. S. Pham. Trading on Time [J]. Review of Economics and Statistics, 2010a, 92 (1): 166 – 173.

[174] Djankov, S. , T. Ganser, C. McLiesh, R. Ramalho, and A. Shleifer. The Effect of Corporate Taxes on Investment and Entrepreneurship [J]. American Economic Journal – Macroeconomics, 2010b, 2 (3): 31 – 64.

[175] Djankov, S. , O. Hart, C. McLiesh, and A. Shleifer. Debt Enforcement around the World [J]. Journal of Political Economy, 2008a, 116 (6): 1105 – 1149.

[176] Djankov, S. , R. La Porta, F. Lopez – De – Silanes, and A. Shleifer. The Regulation of Entry [J]. Quarterly Journal of Economics, 2002, 117 (1): 1 – 37.

[177] Djankov, S. , R. La Porta, F. Lopez-de – Silanes, and A. Shleifer. Courts [J]. Quarterly Journal of Economics, 2003, 118 (2): 453 – 517.

[178] Djankov, S. , R. La Porta, F. Lopez-de – Silanes, and A. Shleifer. The Law and Economics of Self – Dealing [J]. Journal of Financial Economics, 2008b, 88 (3): 430 – 465.

[179] Djankov, S. , C. McLiesh, and R. M. Ramalho. Regulation and Growth [J]. Economics Letters, 2006a, 92 (3): 395 – 401.

[180] Djankov, S. , C. McLiesh, and A. Shleifer. Private Credit in 129 Countries [J]. Journal of Financial Economics, 2007, 84 (2): 299 – 329.

［181］ Djankov, S. , E. Miguel, Y. Y. Qian, G. Roland, and E. Zhuravskaya. Who Are Russia's Entrepreneurs? ［J］. Journal of The European Economic Association, 2005, 3 (2 – 3): 587 – 597.

［182］ Djankov, S. , and P. Murrell. Enterprise Restructuring in Transition: A Quantitative Survey ［J］. Journal of Economic Literature, 2002, 40 (3): 739 – 792.

［183］ Djankov, S. , Y. Qian, G. Roland, and E. Zhuravskaya. Entrepreneurship in China and Russia Compared ［J］. Journal of The European Economic Association, 2006b, 4 (2 – 3): 352 – 365.

［184］ Djankov, S. , Y. Y. Qian, G. Roland, and E. Zhuravskaya. Who Are China's Entrepreneurs? ［J］. American Economic Review, 2006c, 96 (2): 348 – 352.

［185］ Duvanova, D. Economic Regulations, Red Tape, and Bureaucratic Corruption in Post – Communist Economies ［J］. World Development, 2014, 59: 298 – 312.

［186］ Elhorst, J. P. Unconditional Maximum Likelihood Estimation of Linear and Log – Linear Dynamic Models for Spatial Panels ［J］. Geographical Analysis, 2005, 37 (1): 85 – 106.

［187］ Elhorst, J. P. Spatial Panel Data Models ［A］. Berlin, Heidelberg: Springer, 2014: 37 – 93.

［188］ Enikolopov, R. , M. Petrova, and S. Stepanov. Firm Value in Crisis: Effects of Firm – Level Transparency and Country – Level Institutions ［J］. Journal of Banking & Finance, 2014, 46: 72 – 84.

［189］ Fink, A. Conducting Research Literature Reviews: From the Internet to Paper ［M］. SAGE Publications, 2019.

[190] Fisman, R. , and J. Svensson. Are Corruption and Taxation Really Harmful to Growth? Firm Level Evidence [J]. Journal of Development Economics, 2007, 83 (1): 63 – 75.

[191] Freund, C. , and B. Bolaky. Trade, Regulations, and Income [J]. Journal of Development Economics, 2008, 87 (2): 309 – 321.

[192] Freund, C. , M. Hallward – Driemeier, and B. Rijkers. Deals and Delays: Firm – Level Evidence on Corruption and Policy Implementation Times [J]. World Bank Economic Review, 2016, 30 (2): 354 – 382.

[193] Gao, Y. Government Intervention, Perceived Benefit, and Bribery of Firms in Transitional China [J]. Journal of Business Ethics, 2011, 104 (2): 175 – 184.

[194] Geary, R. C. The Contiguity Ratio and Statistical Mapping [M]. The Incorporated Statistician [C]. 1954: 115 – 146.

[195] Geginat, C. , and R. Ramalho. Electricity Connections and Firm Performance in 183 Countries [J]. Energy Economics, 2018, 76: 344 – 366.

[196] Getis, A. , and D. A. Griffith. Comparative Spatial Filtering in Regression Analysis [J]. Geographical Analysis, 2002, 34 (2): 130 – 140.

[197] Grajek, M. , and L. H. Roeller. Regulation and Investment in Network Industries: Evidence from European Telecoms [J]. Journal of Law & Economics, 2012, 55 (1): 189 – 216.

[198] Green, A. , and C. Moser. Do Property Rights Institutions Matter at the Local Level? Evidence from Madagascar [J]. Journal of De-

velopment Studies，2013，49（1）：95 – 109.

［199］ Griffiths，M. D. ，J. Kickul，and A. L. Carsrud. Government Bureaucracy，Transactional Impediments，and Entrepreneurial Intentions ［J］. International Small Business Journal，2009，27（5）：626 – 645.

［200］ Griliches，Z. The Search for R&D Spillovers ［R］. Working Paper，1991.

［201］ Gruber，H. ，and F. Verboven. The Diffusion of Mobile Tele-communications Services in the European Union ［J］. European Economic Review，2001，45（3）：577 – 588.

［202］ Gust，C. ，and J. Marquez. International Comparisons of Pro-ductivity Growth：The Role of Information Technology and Regulatory Prac-tices ［J］. Labour Economics，2004，11（1）：33 – 58.

［203］ Haidar，J. I. The Impact of Business Regulatory Reforms on Economic Growth ［J］. Journal of The Japanese and International Econo-mies，2012，26（3）：285 – 307.

［204］ Hansen，L. Large Sample Properties of Generalized – Method of Moments Estimators ［J］. Econometrica，1982，50（4）：1029 – 1054.

［205］ Haselmann，R. ，and P. Wachtel. Institutions and Bank Be-havior：Legal Environment，Legal Perception，and the Composition of Bank Lending ［J］. Journal of Money Credit and Banking，2010，42（5）：965 – 984.

［206］ Hausman，J. A. ，B. H. Hall，and Z. Griliches. Econometric Models for Count Data with an Application to the Patents – R&D Relation-ship ［R］. Working Paper，1984.

[207] Herrendorf, B. , and A. Teixeira. Barriers to Entry and Development [J]. International Economic Review, 2011, 52 (2): 573 – 602.

[208] Houston, J. F. , C. Lin, P. Lin, and Y. Ma. Creditor Rights, Information Sharing, and Bank Risk Taking [J]. Journal of Financial Economics, 2010, 96 (3): 485 – 512.

[209] Jaffe, A. B. Technological Opportunity and Spillovers of R & D: Evidence from Firms' Patents, Profits, and Market Value [J]. The American Economic Review, 1986, 76 (5): 984 – 1001.

[210] Jayasuriya, D. Improvements in the World Bank's Ease of Doing Business Rankings: Do They Translate into Greater Foreign Direct Investment Inflows? [R]. SSRN Scholarly Paper, 2011.

[211] Jerbashian, V. , and A. Kochanova. The Impact of Doing Business Regulations on Investments in ICT [J]. Empirical Economics, 2016, 50 (3): 991 – 1008.

[212] Jing, R. , and J. L. Graham. Values versus Regulations: How Culture Plays Its Role [J]. Journal of Business Ethics, 2008, 80 (4): 791 – 806.

[213] John, K. , L. Litov, and B. Yeung. Corporate Governance and Risk – Taking [J]. Journal of Finance, 2008, 63 (4): 1679 – 1728.

[214] Johnson, S. , J. McMillan, and C. Woodruff. Property Rights and Finance [J]. American Economic Review, 2002, 92 (5): 1335 – 1356.

[215] Koski, H. , and T. Kretschmer. Entry, Standards and Com-

petition: Firm Strategies and the Diffusion of Mobile Telephony [J]. Review of Industrial Organization, 2005, 26 (1): 89 – 113.

[216] Kumbhakar, S. C. Estimation and Decomposition of Productivity Change When Production Is Not Efficient: A Panel Data Approach [J]. Econometric Reviews, 2000, 19 (4): 425 – 460.

[217] Kumbhakar, S. C., and C. A. K. Lovell. Stochastic Frontier Analysis [M]. Cambridge University Press, 2003.

[218] La Porta, R., F. Lopez De Silanes, A. Shleifer, and R. M. Vishny. Legal Determinants of External Finance [J]. Journal of Finance, 1997, 52 (3): 1131 – 1150.

[219] La Porta, R., F. Lopez-de – Silanes, A. Shleifer, and R. W. Vishny. Law and Finance [J]. Journal of Political Economy, 1998, 106 (6): 1113 – 1155.

[220] Mai, T. T. T., and E. Turkina. Macro – Level Determinants of Formal Entrepreneurship versus Informal Entrepreneurship [J]. Journal of Business Venturing, 2014, 29 (4): 490 – 510.

[221] Mayring, P. Qualitative Content Analysis: A Step-by-Step Guide [M]. Sage, 2022.

[222] Meredith, J. Theory Building through Conceptual Methods [J]. International Journal of Operations & Production Management, 1993, 13 (5): 3 – 11.

[223] Messner, S. F., L. Anselin, R. D. Baller, D. F. Hawkins, G. Deane, and S. E. Tolnay. The Spatial Patterning of County Homicide Rates: An Application of Exploratory Spatial Data Analysis [J]. Journal of Quantitative Criminology, 1999, 15 (4): 423 – 450.

[224] Moran, P. A. P. Notes on Continuous Stochastic Phenomena [J]. Biometrika, 1950: 17 – 23.

[225] Morris, R. , and A. Aziz. Ease of Doing Business and FDI Inflow to Sub – Saharan Africa and Asian Countries [J]. Cross Cultural Management-an International Journal, 2011, 18 (4): 400 – 411.

[226] Moser, P. How Do Patent Laws Influence Innovation? Evidence from Nineteenth – Century World's Fairs [J]. American Economic Review, 2005, 95 (4): 1214 – 1236.

[227] Norback, P. J. , L. Persson, and R. Douhan. Entrepreneurship Policy and Globalization [J]. Journal of Development Economics, 2014, 110: 22 – 38.

[228] Paunov, C. Corruption's Asymmetric Impacts on Firm Innovation [J]. Journal of Development Economics, 2016, 118: 216 – 231.

[229] Prajogo, D. I. The Strategic Fit between Innovation Strategies and Business Environment in Delivering Business Performance [J]. International Journal of Production Economics, 2016, 171: 241 – 249.

[230] Rey, S. J. , and B. D. Montouri. US Regional Income Convergence: A Spatial Econometric Perspective [J]. Regional Studies, 1999, 33 (2): 143 – 156.

[231] Schivardi, F. , and E. Viviano. Entry Barriers in Retail Trade [J]. Economic Journal, 2011, 121 (551): 145 – 170.

[232] Si, S. , X. Yu, A. Wu, Shouming Chen, Song Chen, and Y. Su. Entrepreneurship and Poverty Reduction: A Case Study of Yiwu, China [J]. Asia Pacific Journal of Management, 2015, 32 (1): 119 – 143.

［233］Tobler，W. R. A Computer Movie Simulating Urban Growth in the Detroit Region ［J］. Economic Geography，1970：234 – 240.

［234］Wang，Y．，and J. You. Corruption and Firm Growth：Evidence from China ［J］. China Economic Review，2012，23（2）：415 – 433.

［235］World Bank. Doing Business 2018：Reforming to Create Jobs ［M］. Washington，DC：World Bank，2018.

［236］World Bank. Doing Business 2019：Training for Reform ［M］. Washington，DC：World Bank，2019.

［237］World Bank. Doing Business 2020 ［M］. Washington，DC：World Bank，2020.

［238］Wu，X. Determinants of Bribery in Asian Firms：Evidence from the World Business Environment Survey ［J］. Journal of Business Ethics，2009，87（1）：75 – 88.

［239］Zhou，W. Political Connections and Entrepreneurial Investment：Evidence from China's Transition Economy ［J］. Journal of Business Venturing，2013，28（2）：299 – 315.

［240］Zhu，J．，and D. Zhang. Does Corruption Hinder Private Businesses? Leadership Stability and Predictable Corruption in China ［J］. Governance-an International Journal of Policy Administration and Institutions，2017，30（3）：343 – 363.

后　记

随着《优化营商环境的经济效应研究》的完成，我们不仅对营商环境、技术创新和全要素生产率之间的复杂关系有了更深入的理解，而且对中国经济的转型和发展有了全新的视角。本书的撰写过程，是一次对现有文献的全面梳理，也是对理论框架和实证分析方法的探索之旅。

在本书的研究过程中，我们深刻体会到了优化营商环境对于激发市场活力、促进技术创新和提升全要素生产率的重要性。通过深入分析，我们发现营商环境的改善能够显著促进经济的高质量发展，这对于政策制定者来说是一个重要的启示。我们希望通过本书的研究成果，能够为政府和相关部门提供决策参考，为推动中国经济的持续健康发展贡献力量。

在此，我们要感谢所有支持和帮助过我们的个人和机构。感谢我们的研究团队，他们的辛勤工作和卓越贡献是本书能够顺利完成的关键。同时，我们也要感谢参与调研的企业、专家和学者，他们的宝贵意见和经验分享极大地丰富了我们的研究内容。

此外，我们也要感谢出版社的工作人员，他们的专业指导和耐心协助使得本书得以顺利出版。我们希望本书能够成为学术界和实务界交流的桥梁，为进一步优化营商环境提供理论和实践上的支持。

最后，我们期待读者能够从本书中获得有价值的信息和启示，也期待与广大读者就书中的观点和发现进行深入交流和讨论。由于时间和能力所限，书中可能存在不足之处，我们诚挚地欢迎读者提出宝贵的意见和建议。

愿本书能够为中国乃至全球的经济发展和营商环境的优化提供有益的参考和指导。

阮舟一龙　许志端
于福建厦门
2024 年 1 月 10 日